Bruno Waldvogel: Psychoanalyse und Gestaltpsychologie

JAHRBUCH
DER
PSYCHOANALYSE

Beiheft 18

Bruno Waldvogel

Psychoanalyse und Gestaltpsychologie

Historische und theoretische Berührungspunkte

frommann-holzboog

Die Deutsche Bibliothek – CIP-Einheitsaufnahme

Waldvogel, Bruno:
Psychoanalyse und Gestaltpsychologie :
historische und theoretische Berührungspunkte /
Bruno Waldvogel. –
Stuttgart-Bad Cannstatt : frommann-holzboog, 1992
(Jahrbuch der Psychoanalyse : Beiheft ; 18)
ISBN 3-7728-1500-6
NE: Jahrbuch der Psychoanalyse / Beiheft

Druck: Proff GmbH, Eurasburg
Einband: Otto W. Zluhan, Bietigheim
Gedruckt auf säurefreiem und alterungsbeständigem Papier

Inhalt

Danksagung

Die Gestalt dieses Buches entstand vor einem von vielen hilfreichen Personen gebildeten Hintergrund. Zum Dank möchte ich sie hier zuvorderst aus dem Hintergrund hervorheben.

Mit Prof. Dr. Jürgen Körner (Berlin) teilte ich schon vor der Entstehung dieses Buches das Interesse an bestehenden Verbindungen zwischen Psychoanalyse und Gestaltpsychologie. Er wies in verschiedenen Publikationen auf solche Verbindungen hin und bestärkte mich, diesen einmal systematisch nachzugehen. Ich verdanke ihm zahlreiche Anregungen und sehr konstruktive Diskussionen.

Prof. Dr. Rolf Vogt (Bremen/Heidelberg) und Prof. Dr. Michael Stadler (Bremen) gaben mir Gelegenheit, mit dieser Arbeit an der Universität Bremen zu promovieren. Diese Gelegenheit war mit der besonderen Chance und Herausforderung verbunden, Unterstützung und Kritik sowohl von kompetenter psychoanalytischer wie von kompetenter gestaltpsychologischer Seite zu erhalten.

Prof. Dr. Michael Ermann und jenen Kolleginnen und Kollegen, die während der Entstehung dieser Arbeit mit mir in der Abteilung für Psychotherapie und Psychosomatik der Universitäts-Nervenklinik München zusammenarbeiteten, danke ich für das sehr anregende psychoanalytische Diskussionsklima, das sich mittelbar und unmittelbar in dieser Arbeit niedergeschlagen hat.

Dr. Ria Schüttpelz (München) hat mich auf die neueren Ergebnisse der Kleinkindforschung aufmerksam und neugierig gemacht und damit zur empirischen Fundierung meiner Untersuchungen wesentlich beigetragen.

Dipl.-Psych. Sebastian Krutzenbichler (Bad Berleburg) half mir bei meinen historischen Recherchen mit seiner profunden Kenntnis der frühen psychoanalytischen Zeitschriftenlandschaft. Dipl.-Psych. Erhard Tietel (Bremen) und Dr. Peter Kruse (Bremen) sahen Teile dieser Arbeit durch und halfen mir mit klärenden Diskussionen weiter.

Auch möchte ich mich an dieser Stelle noch einmal bei allen bedanken, die meine schriftlichen Anfragen beantworteten und dabei meine historischen Recherchen mit ihren persönlichen Erinnerungen oder ihrer Dokumentenkenntnis bereicherten: Als Zeitzeugen gaben mir bereitwillig Auskunft Prof. Dr. Giuseppe Galli (Macerata), Prof. Dr. Wolfgang Hochheimer (Berlin), Prof. Dr. Erwin Levy (New York), Prof. Dr. Edwin Rausch (Oberursel) und Frau Eva Maria Spitz Blum, Ph.D. (Woodside, California). Prof. Dr. Wolfgang Hochheimer und Prof. Dr. Erwin Levy können diesen Dank leider nicht mehr entgegennehmen, da sie inzwischen leider verstorben sind. Dr. Wilhelm Hemecker (Graz), der die Herausgabe des Briefwechsels zwischen Sigmund Freud und Christian von Ehrenfels vorbereitet, gab mir ebenfalls bereitwillig Auskunft über dessen Inhalt.

Einen besonderen Dank möchte ich meiner Lehranalytikerin Dr. Ursula Grunert aussprechen. Ihr verdanke ich viel von der inneren Freiheit, mit der ich aus diversen Bruchstücken schließlich die vorliegende Gestalt bilden konnte.

München, im August 1992

Einleitung

Zwischen Psychoanalyse und Gestaltpsychologie bestehen zahlreiche sowohl historische als auch theoretische Beziehungen, die jedoch wenig bekannt sind und auch von beiden Schulen bisher wenig beachtet wurden. Das Ziel dieses Buches ist es, diese Beziehungen darzustellen, sie zu ergründen und den besonderen heuristischen Wert einer systematischen Verbindung zu demonstrieren.

In einem ersten historiographischen Teil des Buches werden bedeutsame Überschneidungen beider Schulen in ihrer Entstehungsgeschichte und ihrer weiteren Entwicklung einschließlich des wechselseitigen Rezeptionsverhältnisses zusammengetragen. Gemeinsame Wurzeln lassen sich in der Helmholtz-Schule und in den Lehren von G.Th. Fechner und F. Brentano aufzeigen. Ein gemeinsamer Einfluß ging auch von E. Mach aus. Diese gemeinsamen Einflüsse auf Psychoanalyse und Gestaltpsychologie vermittelten sich primär über die Gründer der beiden Schulen, Sigmund Freud und Christian von Ehrenfels.

Sigmund Freud und Christian von Ehrenfels studierten beide bei Brentano in Wien und machten Wien auch zum gemeinsamen Geburtsort beider Schulen. Zwischen ihnen entwickelte sich ab 1903 eine persönliche Freundschaft, die in einem offenherzigen Briefwechsel dokumentiert ist. Da die Gestaltlehre in der Freundschaft zwischen Freud und Ehrenfels offenbar jedoch kein Thema war, ist es auch nicht unbedingt verwunderlich, daß diese frühe Verbindung zwischen den Gründern der beiden Schulen zunächst keine Fortsetzung erfuhr.

Im Anschluß an von Ehrenfels werde ich mich im weiteren Gang meiner Untersuchungen auf die Berliner Schule der Gestaltpsychologie konzentrieren. Deren Begründer Max Wertheimer studierte bei Ehrenfels in Prag und nahm im Gegensatz zu diesem der Psychoanalyse gegenüber eine für ihn ungewöhnlich heftige und unaufgeschlossene Haltung ein. Obwohl er selbst in seiner Dissertation mit einem Wortassoziationsverfahren eine Methode entwickelte, die der freien Assoziation in der Psychoanalyse nahekommt, warf er der Psychoanalyse gerade auch wegen dieser Methode ein bruchstückartiges Menschenbild vor.

Unter Max Wertheimers Kollegen und Schülern aus dem Kreis der Berliner Schule waren allerdings nicht wenige, die die Psychoanalyse anders beurteilten und sich ihr mehr oder weniger öffneten. Kurt Koffka und Kurt Goldstein rezipierten die Psychoanalyse deutlich wohlwollend. Letzterer trug zum Aufbau der Psychoanalyse in Frankfurt bei. Kurt Lewin ließ sich vielfach von Freuds Schriften inspirieren und fand umgekehrt mit seinen Experimentalstudien viel Beachtung in der Psychoanalyse. Wolfgang Hochheimer, Schüler und Assistent Wertheimers, sowie Siegmund H. Fuchs, Schüler und Assistent Goldsteins, wurden später selbst bedeutsame und prominente Psychoanalytiker. Erwin Levy und Erika Oppenheimer-Fromm, beide ebenfalls Schüler und Mitarbeiter von Wertheimer in Frankfurt, bildeten sich für ihre klinische Tätigkeit selbständig psychoanalytisch weiter und versuchten Wertheimer davon zu überzeugen, daß zwischen Psychoanalyse und Gestaltpsychologie beträchtliche Gemeinsamkeiten bestünden.

Auch im Wirken und Leben einiger prominenter Intellektueller, die weder der einen noch der anderen Schule direkt angehörten, trafen Psychoanalyse und Gestaltpsychologie zusammen: Der Sozialphilosoph Max Horkheimer verwendete sich 1928 für die Berufung Wertheimers an die Frankfurter Universität und ermöglichte nahezu gleichzeitig die Gründung des Frankfurter Psychoanalytischen Instituts im Institut für Sozialforschung. Er pflegte zu beiden Seiten enge wissenschaftliche und freundschaftliche Beziehungen. Eng mit Max Wertheimer befreundet war auch Albert Einstein. Dieser stand gleichzeitig in Kontakt mit Sigmund Freud, mit dem er u.a. den berühmten Briefwechsel über die Frage *Warum Krieg?* führte. Jean Piaget kam als junger Wissenschaftler zu Auffassungen, die ihn, wie er später bekannte, zum Gestaltpsychologen gemacht hätten, wenn er die Arbeiten Wertheimers und Köhlers damals schon gekannt hätte. Gleichzeitig machte er eine psychoanalytische Ausbildung und wurde 1920 Mitglied der Schweizer Gesellschaft für Psychoanalyse. Schließlich ging er dann seinen ganz eigenen Weg, auf dem er jedoch seine frühen Verbindungen zu Psychoanalyse und Gestaltpsychologie in gleicher Weise aufrecht hielt. Robert Musil studierte gemeinsam mit

Wertheimer bei C. Stumpf in Berlin und lernte dort die Gestaltpsychologie kennen. Schon zu dieser Zeit war er von Freud beeinflußt, was sich in seinen damaligen Erzählungen bereits aufzeigen läßt. Seine späteren Erzählungen, insbesondere sein Lebenswerk, *Der Mann ohne Eigenschaften*, gelten als erste (im doppelten Wortsinn) psychoanalytische Prosa.

In der psychoanalytischen Diskussion wurde die Gestaltpsychologie erstmals 1922 systematisch berücksichtigt. Imre Herman hielt auf dem damaligen Internationalen Kongreß für Psychoanalyse in Berlin einen Vortrag über *Die Neue Berliner Schule und die Psychoanalyse.* 1934 legte Siegfried Bernfeld in der *Imago* erstmals einen systematischen und umfassenden Vergleich zwischen der Gestaltpsychologie und der Psychoanalyse vor. Gemeinsamkeiten bzw. wertvolle Berührungspunkte der Psychoanalyse mit der Gestaltpsychologie sah Bernfeld in der gestaltlich-ganzheitlichen Auffassung des psychischen Geschehens, dem dynamischen Verständnis des Erkenntnisprozesses, der Bedeutung der Gestaltwahrnehmung für die infantile Entwicklung, der Verknüpfung affektiver und kognitiver Vorgänge im Konzept der Wesenseigenschaften und der theoretischen Verbindung psychischer und physischer Prozesse in psychophysiologischen Modellvorstellungen. Als unverwischbaren Unterschied stellte Bernfeld dagegen heraus, daß sich die Gestaltpsychologie nur auf das »Klare, Reine, Intellektuelle und Normgemäße« begrenze und deshalb nicht das »wirkliche, ganze Leben« erfasse. Insbesondere das Irrationale und Sexuelle würde die Gestaltpsychologie im Gegensatz zur Psychoanalyse ausklammern.

Nach dieser Arbeit Bernfelds kam es in der psychoanalytischen Literatur nahezu 40 Jahre nur zu einigen gelegentlichen, eher grundsätzlich-konzeptionellen Bezugnahmen auf die Gestaltpsychologie. Erst 1971 erschien wieder eine der Bernfeldschen Arbeit vergleichbare Untersuchung der Beziehungen zwischen Psychoanalyse und Gestaltpsychologie. W. Schumacher stellte eine Reihe gegenseitiger Anknüpfungspunkte heraus, die sich aus der Entwicklung der psychoanalytischen Ich-Psychologie neu ergeben haben. Unter anderem sah er eine Parallele zwischen der psychoanalytischen Unterscheidung von Primär- und Sekundärprozeß und der gestaltpsychologischen Unterscheidung von genetisch frühem primärganzheitlichem Erleben und genetisch späterem durchgegliederten

Erleben. Ausgehend von einer gestaltlichen Definition des Primärvorganges entwickelte Schumacher einen »gestaltgenetischen« Ansatz der Trauminterpretation und gestaltliche Überlegungen zum Schlußbildungsprozeß des Analytikers. An letztere knüpfte später Argelander an. Argelander konzipierte ein zweiphasiges Modell des psychoanalytischen Erkenntnisprozesses, in dem sich das unbewußte Thema erst nach den Regeln der Gestaltkohärenz kognitiv organisiert, bevor es dem logischen Denken und auch der Einfühlung zugänglich ist.

Besonders die jüngeren Arbeiten von Schumacher und Argelander bewiesen, daß eine Vermittlung von Psychoanalyse und Gestaltpsychologie wertvolle wissenschaftliche Innovationen in sich birgt. Eine weitere, eigene Demonstration des heuristischen Potentials einer Verbindung von Psychoanalyse und Gestaltpsychologie möchte ich im zweiten Teil dieses Buches versuchen. Ausgangs- und Referenzmodell wird dabei die psychoanalytische Objektbeziehungstheorie sein, aus deren Entwicklung sich zahlreiche weitere Anknüpfungspunkte für eine Vermittlung mit der Gestaltpsychologie ergeben haben.

Zunächst werde ich in einer begriffsvergleichenden Analyse Gemeinsamkeiten der Epistemologie und der Entwicklungsmodelle herausarbeiten. Ein Vergleich der Grundbegriffe »innere Welt« und »phänomenale Welt« zeigt, daß die psychoanalytische Objektbeziehungstheorie und die Gestaltpsychologie beide repräsentationale Welten zum Gegenstand haben: die Objektbeziehungstheorie die Repräsentanzen internalisierter Objektbeziehungen in der inneren Welt, die Gestaltpsychologie die Repräsentation des Wahrgenommenen in der phänomenalen Welt. Aus der vergleichenden Analyse der epistemologischen Modelle der Gestaltpsychologie und der Objektbeziehungstheorie läßt sich ableiten, daß innere Welt und phänomenale Welt in einem wechselseitigen Repräsentationsverhältnis zueinander stehen. Ebenso wie die phänomenale Welt über die Internalisierung erlebter Objektbeziehungen in der inneren Welt repräsentiert ist, ist die innere Welt über die Organisation des aktuellen Beziehungserlebens in der phänomenalen Welt repräsentiert.

Die Objektbeziehungstheorie unterteilt die die innere Welt konstituierenden Objektbeziehungsrepräsentanzen hinsichtlich ihrer Strukturierung in Teil- und Ganzobjektrepräsentanzen. Die Verwendung dieser

Begriffe in der Objektbeziehungstheorie entspricht ihrer Bedeutung in der Gestaltpsychologie. Diese begriffliche Parallele weist über sich hinaus auf eine Übereinstimmung der entwicklungspsychologischen Grundmodelle hin. Als gemeinsamer Kern beider Modelle läßt sich formulieren, daß die Entwicklung von primären, in sich unstrukturierten und unabgegrenzten Ganzheiten ausgeht und sich aus diesen über Vorgänge der Aufgliederung und des Zusammenschlusses komplexe, in sich gegliederte und optimalerweise integrierte Ganzheiten entwickeln.

Nach der begriffs- und theorievergleichenden Analyse möchte ich versuchen, unter Heranziehung klinischer und experimenteller Beobachtungen die Hypothese zu entfalten und zu belegen, daß die herausgearbeiteten begrifflich-theoretischen Übereinstimmungen analoge Strukturähnlichkeiten im Gegenstandsbereich beider Theorien abbilden. Dieser Versuch wird eingeleitet mit einer Zusammenstellung auffallender Korrespondenzen zwischen der Strukturierung der phänomenalen Welt und der Strukturierung der inneren Welt. So koinzidiert beispielsweise der Gestaltzerfall in der phänomenalen Welt von Schizophrenen mit einem Zerfall ihrer Objektbeziehungsrepräsentanzen in ihrer inneren Welt. Eine Entgliederung der Wahrnehmung im Sinne zunehmender Verschmelzungen von Figuren und Grund geht eher einher mit einer Wiederverschmelzung der Selbst- und Objektrepräsentanzen in der inneren Welt. Auch an psychisch unauffälligen Personen konnten solche Korrelationen zwischen der Ausdifferenzierung der Wahrnehmung und der Ausdifferenzierung der Selbst- und Objektrepräsentanzen gefunden werden. Diese Korrelationen lassen vermuten, daß ihnen strukturierende Interaktionen zwischen der Wahrnehmungsentwicklung und der Entwicklung der Objektbeziehungsrepräsentanzen zugrundeliegen.

Neuere Erkenntnisse der Kleinkindforschung und Beobachtungen an autistischen Kindern erlauben, ein Modell dieses Entwicklungsgeschehens zu entwerfen. Beeindruckende Befunde über die Wahrnehmungsorganisation von Säuglingen beweisen, daß diese das Wahrgenommene bereits amodal repräsentieren. Diese Belege einer angeborenen Fähigkeit zur intermodalen Koordination bestätigen umfassend die gestaltpsychologische Hypothese, daß in unserer Wahrnehmungsorganisation die Transponierbarkeit von Wahrnehmungsgestalten angelegt ist. Auch die anderen von der Gestaltpsychologie formulierten Prinzipien der Wahrnehmungsorganisation lassen sich bereits bei Säuglingen finden. Diese Gestaltprinzipien tragen wesentlich auch zur Organisation des ganzheitlichen Erlebens des Kleinkindes bei. Das Selbsterleben dieser Organisation vermittelt ihm ein erstes Gefühl seiner selbst. Gleichzeitig trägt die amodale, ganzheitliche Wahrnehmung des Säuglings dazu bei, daß sich dieser in seinem Erleben von anderen differenziert. Insbesondere die ganzheitliche und invariante Repräsentation des eigenen Körpers und fremder Körper erzeugt separate Vorstellungen von sich selbst und anderen. Solche Empfindungen eines »auftauchenden Selbst« und »auftauchender Anderer« (Stern) sind der Beginn der Entwicklung der Selbst- und Objektrepräsentanzen.

Aus den empirischen Belegen für eine angeborene amodale Repräsentationsfähigkeit läßt sich eine allgemeine mentale Repräsentationsfähigkeit von Säuglingen ableiten, was weiterhin die Annahme rechtfertigt, daß sich von Geburt an durch die mentale Repräsentation von Selbst- und Objekterleben frühe Vorläufer der Selbst- und Objektrepräsentanzen zu organisieren beginnen. Die Anlage dieser ersten intrapsychischen Strukturen erfolgt nach denselben Prinzipien, nach denen auch das kleinkindliche Erleben organisiert wird. Mit der Internalisierung der ersten Wahrnehmungen von Objektbeziehungen werden auch die Gestaltprinzipien der Wahrnehmungsorganisation als basale Organisationsprinzipien der inneren Welt internalisiert. Nach ihnen werden konkrete Interaktionserfahrungen zu »verallgemeinerten Interaktionsrepräsentationen« (Stern) und Teilobjektrepräsentanzen zu Ganzobjektrepräsentanzen integriert. Die begrifflich-theoretischen Übereinstimmungen zwischen Objektbeziehungstheorie und Gestaltpsychologie verweisen somit auf die gestaltlichen Organisationsprinzipien des frühkindlichen Erlebens und deren Internalisierung und Fortwirken in der inneren Welt.

Mit der Internalisierung der Gestaltprinzipien der Wahrnehmungsorganisation in die innere Welt geraten diese zugleich in deren Dynamik. Die innere Welt geht aus der phänomenalen Welt hervor und beginnt bereits im Prozeß ihrer Konstitution, auf die phänomenale Welt zurückzuwirken. Die aus der phänomenalen Welt in die innere Welt internalisierten Strukturen identifizieren in der phänomenalen Welt Zeichen ihrer selbst. Die phänomenale Welt wird für die innere Welt zu einer Zeichenwelt. In der weiteren Entwicklung inszeniert die innere Welt auch aktiv solche Zeichen ihrer selbst in der phänomenalen Welt. Dieser semiotische Entwicklungsprozeß schafft eine intensive Verschränkung von innerer und phänomenaler Welt.

Wie klinische und experimentelle Untersuchungen mit autistischen Kindern zeigen, wirken Objektbeziehungen jedoch nicht erst nach ihrer Internalisierung in die innere Welt auf die Wahrnehmung »zurück«, sondern sind bereits eine basale Voraussetzung für die Entfaltung und Förderung der angelegten Wahrnehmungsfähigkeiten. Das differenzierte Wahrnehmungsvermögen des Säuglings konfrontiert ihn mit einer Fülle von Wahrnehmungen und Empfindungen, die er nicht alle emotional verarbeiten kann. Ihm fehlen noch die strukturierenden inneren Konzepte, um den Sinn all seiner Eindrücke und Empfindungen verstehen zu können. Hierfür ist er auf die verständnisvolle Unterstützung einer real präsenten Mutterperson angewiesen. Auch deshalb können für ihn Wahrnehmungen der Getrenntheit von seiner Mutter, welche ihm durch sein differenziertes Wahrnehmungsvermögen möglich sind, besonders schmerzhaft und ängstigend sein. Insbesondere diese schmerzhafte Wahrnehmung der physischen Getrenntheit von der Mutter kann der Säugling nur durch eine besonders enge emotionale Verbindung zu ihr ertragen. Nur vor dem Hintergrund einer stabilen mütterlichen Beziehung kann er die Gewahrwerdung der Differenz in sich repräsentieren. Fehlt eine solche Beziehung, versucht er sich vor den ängstigenden Trennungserlebnissen zu schützen, indem er seine Wahrnehmungen umstrukturiert.

Diese Dynamik autistischer Wahrnehmungsstörungen bei Kleinkindern kann auch die Wahrnehmungsstörungen psychotischer Erwachsener erklären. Erwachsene mit einer psychotischen Struktur konnten als Kleinkind in der Regel nur eine sehr brüchige Mutter-Kind-Beziehung internalisieren. Sie verfügen daher über keine tragfähige basale Objektbeziehungsrepräsentanz. Schweren psychischen Belastungen sind sie innerlich nahezu hilflos ausgeliefert. Der passiven Hilflosigkeit können sie nur noch eine aktive Desintegration entgegensetzen. Sie schützen sich vor dem Verlust und dem Zerfall der Beziehung durch Zerstörung der Beziehung. Dazu deformieren sie genau jene ganzheitlichen Wahrnehmungsstrukturen, die ihrem primärganzheitlichen Erleben ihrer selbst in Beziehung zu einem Anderen zugrundelagen.

Neben dieser Form einer innerlich notwendigen Wahrnehmungsabwehr dient der Eingriff der inneren Welt in die phänomenale Welt häufig auch der Selbstexplikation im Sinne der bereits benannten Selbstinszenierung. Unbewußte Problemlöseprozesse in der inneren Welt veräußerlichen sich erlebnishaft in der phänomenalen Welt, um auf diese Weise erprobt und überprüft zu werden. Normalerweise geschieht dies vor allem im Traum. In ihm kann sich das psychische System ganz auf innere Problemlöseprozesse konzentrieren, weil es sich im Schlaf von der Außenwelt zurückgezogen hat. Damit steht im Schlaf die phänomenale Welt uneingeschränkt der szenischen Verbildlichung, Erprobung, Bearbeitung und Überprüfung innerer Transaktionen zur Verfügung.

In der Psychose kann die erlebnishafte Veräußerlichung intrapsychischer Problemlöseprozesse aus mehreren Gründen nicht mehr auf den Traum begrenzt werden. Diese ragen dann entweder in die Wahrnehmung hinein und bewirken in dieser Verzerrungen und Verschmelzungen, oder sie setzen an die Stelle der Wahrnehmungen Halluzinationen. In der Psychose greift das Traumgeschehen in pathologischer Weise auf die Wahrnehmung über.

Die innere Welt wirkt jedoch nicht nur in psychotischen Zuständen in das Wahrnehmungsgeschehen hinein. Sie repräsentiert sich auch dann in der Wahrnehmung, wenn eine unstrukturierte Wahrnehmungsvorlage der Konstruktion des Wahrnehmungsbildes einen großen Freiheitsgrad läßt. Wenn für die Stimulusgrundlage keine allgemeingültigen Interpretationsmuster zur Verfügung stehen, ist das psychische System geradezu gezwungen, zur Bedeutungszuschreibung auf individuelle innere Strukturen zurückzugreifen. Die daraus erfolgende Strukturierung der phänomenalen Welt ist dann ein bildhafter Ausdruck der Strukturierung der inneren Welt.

Auf der Basis dieser Interpretationen klinischer und experimenteller Befunde wird abschließend ein Prozeßmodell der Konstruktion der phänomenalen Welt entworfen. Dieses mündet in die Hypothese, daß die Determinierung der phänomenalen Welt durch die innere Welt um so größer ist, je unstrukturierter die innere und/oder die phänomenale Welt ist. Träume, Halluzinationen, Wahrnehmungsverzerrungen, Vorstellungen und Wahrnehmungen sind Variationen eines Übergangsfeldes zunehmender bzw. abnehmender Determinierung der phänomenalen Welt durch die innere Welt.

Dieser Versuch einer metapsychologischen Integration objektbeziehungstheoretischer und gestaltpsychologischer Modellvorstellungen erbringt auch einige interessante Ergänzungen zu den schon von Bernfeld, Schumacher und Argelander entwickelten gestaltlichen Konzeptionen des psychoanalytischen Schlußbildungsprozesses. Diesen ergänzenden Reflexionen über die psychoanalytische Einsicht ist das letzte Kapitel gewidmet. Sie mögen abschließend einmal mehr die vielfältigen und wertvollen heuristischen Potentiale einer Verbindung psychoanalytischer und gestaltpsychologischer Konzepte belegen.

I. Teil

Nicht hören, nicht sehen? Zur Geschichte der Beziehung zwischen Psychoanalyse und Gestaltpsychologie

Der von mir gewählte Titel »Nicht hören, nicht sehen?« verweist auf zwei für die Beziehung zwischen Psychoanalyse und Gestaltpsychologie symptomatische Anekdoten, die jeweils über Max Wertheimer und Sigmund Freud berichtet werden. Zeitgenossen von Max Wertheimer berichten, daß man bei ihm kein Gehör fand, wenn man ihn auf die Psychoanalyse ansprach. So z. B. E. Oppenheimer-Fromm: »I often talked to Wertheimer about Psychoanalysis which as a younger student I was interested too, but to no avail. He just wouldn't hear of it. Even when I tried to point out to him that there were really great parallels between Gestalt theory and psychoanalysis, he just would not hear of it« (Oppenheimer-Fromm 1973, zit.n. Luchins & Luchins 1986, 215). Freuds Abwehr der Gestaltpsychologie war da schon feinsinniger. Ein Gespräch mit Bernfeld, in dem dieser ihm die Ideen der Gestaltpsychologie darlegte, beendete er mit den Worten: »Das erinnert mich an jemanden, der es mit dem Putzen seiner Brille derart genau nimmt, daß er nie dazu kommt, sie aufzusetzen und hindurchzuschauen« (Bernfeld 1952, zit.n. Grubrich-Simitis 1988, 26). Während Wertheimer nicht hören wollte, kann Freuds Reaktion so verstanden werden, daß er es in dieser Angelegenheit mit dem Sehen nicht so genau nehmen wollte.

Vorbemerkungen

Psychoanalyse und Gestaltpsychologie weisen in ihrer Geschichte und in ihrer Vorgeschichte zahlreiche Parallelen und Überschneidungen auf. Gemeinsame Einflüsse auf ihre Entstehung gingen von der Helmholtz-Schule, G.Th. Fechner, F. Brentano und E. Mach aus. Beide Schulen zentrierten sich in Österreich und Deutschland bis zur nationalsozialistischen Vertreibung ihrer wichtigsten Vertreter jeweils in denselben Städten: in Wien, Berlin und Frankfurt[1]. Offenbar ist beiden Schulen gemeinsam, daß sie sich am besten im Umfeld einer liberalen geistigen Kultur entwickeln und ansiedeln konnten.

Die erzwungene Emigration ihrer wichtigsten Vertreter traf beide Disziplinen zunächst in gleicher Weise. Für beide Disziplinen gilt jedoch auch, daß nicht-jüdische Vertreter, die im nationalsozialistischen Deutschland verblieben, ihre Lehre in Publikationen den Nazis andienten[2]. Dies entfremdete die Vertriebenen und Gebliebenen voneinander und lange Zeit waren deren spätere Beziehungen durch Mißtrauen geprägt[3].

Nach dem Faschismus nahm die geschichtliche Entwicklung von Psychoanalyse und Gestaltpsychologie fast konträre Verläufe. Die Gestaltpsychologie gewann in der Psychologie nie mehr die Bedeutung, die sie vor der nationalsozialistischen Machtergreifung hatte. Hingegen konnte die Psychoanalyse nicht zuletzt wegen ihrer Einbindung in das medizinische Versorgungssystem ihre Position in der Bundesrepublik über den

1 In Übereinstimmung mit Stadler (1985) und Tholey (1988) behandle ich unter dem Begriff Gestaltpsychologie nach Christian von Ehrenfels ausschließlich die Berliner Schule (Wertheimer, Köhler, Koffka, bedingt Lewin, und deren Schüler).

2 Vgl. für die Psychoanalyse: Brecht et al. 1985, Lockot 1985, Lohmann 1984; für die Gestaltpsychologie: Geuter 1984, 1985; Graumann 1985.

3 Vgl. für die Gestaltpsychologie: Metzger 1976b, Stadler 1985; für die Psychoanalyse z.B. die Vorgänge um und auf dem ersten nach dem Faschismus wieder auf deutschem Boden stattfindenden Kongreß der Internationalen Psychoanalytischen Vereinigung 1985 in Hamburg (Chasseguet-Smirgel 1986, De Wind 1986, Keilson 1986, Vogt 1986, Vogt-Heyder 1986).

Stand vor dem Nationalsozialismus hinaus ausbauen. In der Theoriebildung der deutschen Psychoanalyse allerdings konnte der Exodus der führenden Köpfe bis heute nicht ausgeglichen werden (Ermann 1989b).

1. S. Freud, Chr. v. Ehrenfels und die Anfänge ihrer Theorien

Ihren Anfang nahmen Psychoanalyse und Gestaltpsychologie in Wien. Dort war auch ein wesentlicher Teil des geistig-kulturellen Feldes angesiedelt, aus dem Psychoanalyse und Gestaltpsychologie hervorgingen. Die theoretische Grundkonzeption der Gestaltpsychologie geht hauptsächlich auf H. von Helmholtz und E. Mach zurück. Weitere bedeutsame Einflüsse gingen von F. Brentano und G.Th. Fechner aus (Herrmann 1976). Auch die Psychoanalyse wurde von diesen vier Wissenschaftlern maßgeblich beeinflußt, was im folgenden, weil es weniger bekannt ist, im einzelnen ausgeführt werden soll.

Die Abhängigkeit des Freudschen Werkes von der Helmholtz-Schule hat erstmals Bernfeld (1944) hervorgehoben. In Wien war die Helmholtz-Schule durch Ernst von Brücke, einem Freund von Helmholtz, vertreten. Freud arbeitete zwischen 1876 und 1882 in dessen Labor. In dieser Zeit träumte er davon, zunächst Brückes Assistent und später dessen Nachfolger zu werden. Freud mußte jedoch 1882 die Arbeit in Brückes Labor aufgeben, weil er sich verlobt hatte und in finanzielle Engpässe geriet. Freuds Traumstelle seiner Studentenjahre ging stattdessen an Sigmund Exner. Sigmund Exner wurde als Inhaber dieses Lehrstuhls Mitherausgeber der *Zeitschrift für Psychologie und Physiologie der Sinnesorgane*, in der 1912 Wertheimers schulenbegründende *Experimentelle Studien über das Sehen von Bewegung* veröffentlicht wurden. Dieser Zusammenhang entlockte Nitzschke eine amüsante, aber keineswegs abwegige Spekulation (1989a, 3): »Es war vielleicht nur ein Zufall der Geschichte, daß Freud nicht an Exners Stelle Mitherausgeber dieser bedeutendsten Fachzeitschrift der akademischen Psychologie hatte werden können«[4]. Nitzschke

4 In einer Fußnote fügt Nitzschke an: »Wie sehr Freud an Exner orientiert blieb, geht auch aus der Tatsache hervor, daß Freuds *Entwurf einer Psychologie* (1895) nur ein Jahr nach dem Erscheinen von Exners *Entwurf zu einer physiologischen Erklärung der psychischen Erscheinungen* (1894) niedergeschrieben worden ist. Auch in Freuds *Entwurf* geht es um einen Versuch, physiologische und psychische Erscheinungen aufeinander zu beziehen« (Nitzschke 1989a, 17).

stützt sich hierbei auf eine Aussage von Jones: »Normalerweise wäre er früher oder später zuerst Assistent, dann Dozent und schließlich Professor der Physiologie an seinem geliebten Institut geworden« (1960, 83). In dieser Position wäre einer seiner bedeutendsten Mitarbeiter in den Jahren zwischen 1905 und 1910 Max Wertheimer gewesen. Wertheimer arbeitete in jenen Jahren über jeweils mehrere Monate am Laboratorium Exners. Bei diesem lernte er die Methoden und Apparate kennen, die ihm seine späteren Experimente über die Wahrnehmung von Scheinbewegungen erst ermöglichten (Wertheimer 1980).

Fechners formenden Einfluß auf Freud hat Freud selbst hervorgehoben. Weil er sonst nicht sehr viel Mühe darauf verwendete, auf Vordenker seiner Theorien hinzuweisen, bedeutete es schon eine besondere Wertschätzung, daß er den Einfluß würdigte, den der »große G.Th. Fechner« (1900, 541) auf ihn gehabt habe. Einen Überblick über Fechners Einfluß auf Freuds Theorie gibt Nitzschke (1989b).

F. Brentano war ein gemeinsamer Lehrer von Freud, Ehrenfels und C. Stumpf an der Wiener Universität. C. Stumpf wiederum war später in Berlin Lehrer von Wertheimer, Köhler, Koffka und Lewin. Freuds Studien bei Brentano und dessen anhaltender Einfluß auf ihn wurden von Galli (1979) sowie von Brauns und Schöpf (1989) ausführlich rekonstruiert. In der Zeit, in der Freud bei ihm studierte (Mitte der 70er-Jahre), versuchte Brentano das erste experimentalpsychologische Laboratorium der Welt in Wien einzurichten (noch vor der Gründung des Leipziger Laboratoriums durch Wundt), was ihm jedoch nicht gelang. In mehreren Schriften Brentanos findet sich eine Konzeption von Einheiten, in der Vielheiten zusammengeschlossen sind. Dieser Gedanke hat zu Ehrenfels' Konzeptualisierung der Gestaltqualitäten und vermutlich bei Freud zu dessen Konzept der Überdeterminierung beigetragen. Zumindest Ehrenfels hat sich bei seinen Reflexionen über Gestaltqualitäten (1890) explizit auf Brentano gestützt. Inwieweit Freud sich bei seinen Überlegungen zur Überdeterminiertheit des Psychischen auf Brentano stützte, oder ihm die Nähe dieses Konzepts zu Brentano auch nur bewußt war, ist nicht bekannt.

Mach wird die größte Bedeutung für die Entstehung der Gestaltpsychologie zugeschrieben. Sein Einfluß auf die Gestaltpsychologie kann nach den Worten Herrmanns »kaum überschätzt werden« (1976, 578). Auf Machs grundlegende Vorarbeiten weisen u. a. auch Metzger (1974a, 1976a), Rechtien (1984) sowie Mulligan und Smith (1988) hin. Machs *Beiträge zur Analyse der Empfindungen* von 1886 nahm Ehrenfels zum Ausgang seiner paradigmatischen Abhandlung *Über Gestaltqualitäten*. Mit dieser 1890 in der *Vierteljahrsschrift für wissenschaftliche Philosophie* erschienenen Studie von Ehrenfels nahm die Gestaltpsychologie ihren Beginn. Auch das in dieser Schrift von Ehrenfels gewählte Paradigma einer Gestalt, die Melodie, geht auf Mach zurück. Ein starker Einfluß Machs ist auch in der späteren Berliner Schule unverkennbar. Dieser erfolgte wahrscheinlich nicht nur vermittelt über Ehrenfels, sondern auch direkt über Max Wertheimer, der in seiner Wiener Zeit um 1909/10 mit Mach bekannt geworden sein dürfte.

Machs Bedeutung für Freud ist weniger bekannt. Daß diese jedoch keineswegs gering war, zeigte Erdheim (1984) auf. Erdheim vermutet, daß über den Einfluß Machs auf Freud deshalb so wenig bekannt ist, weil Freud und Mach in gewisser Hinsicht »Doppelgänger« waren und es deswegen vorzogen, sich zu meiden. Tatsächlich geht Freud an keiner Stelle seines gesamten Werkes auf die Theorien Machs ein, obwohl - wie wir durch Bernfeld wissen - »in den neunziger Jahren ihn Mach beeindruckte« (Bernfeld 1952, zit.n. Grubrich-Simitis 1988, 26), also in jenen Jahren, in denen er die Grundzüge seines energetischen Modells entwickelte, das in vielen Aspekten mit den Überlegungen Machs übereinstimmt.

Christian von Ehrenfels (1859-1932) studierte von 1879 bis 1882 an der Wiener Universität Philosophie, Germanistik und Geschichte. Dabei hörte er wie Freud - allerdings drei Jahre nach diesem - die philosophischen Vorlesungen Brentanos. 1882 wechselte Ehrenfels nach Graz zu A. v. Meinong. Zwischen 1885 und 1889 hielt er sich im wesentlichen wieder in Wien auf. Dort erstellte er seine Habilitation, in der er sich mit den Lehren Brentanos und Husserls auseinandersetzte. In dieser Zeit entstand auch seine Studie über die Gestaltqualitäten. 1896 wechselte Ehrenfels auf eine Professur nach Prag. Dort studierte bei ihm in Jahren 1898 bis 1902 Max Wertheimer.

Spätestens seit 1903 hat sich Ehrenfels wohlwollend über die Schriften

Freuds geäußert (Bernfeld 1934). Seit dieser Zeit stand er auch mit Freud in Verbindung. In seiner 1903 erschienenen Schrift *Sexuales Ober- und Unterbewußtsein* findet sich unverkennbar Freuds topographisches Modell wieder (Hug & Mulligan 1986). In seinen späteren Schriften *Ehe nach Mutterrecht* von 1906 und *Sexualethik* (1907) bezieht sich Ehrenfels explizit auf Freud (Fabian 1986). Ein Exemplar der *Sexualethik* widmete Ehrenfels handschriftlich Freud (Elliger 1986, Leupold-Löwenthal 1986). In jenen Jahren war Freud »einer der wenigen, der den Ehrenfelsschen Ideen echtes Interesse entgegenbrachte« (Fabian 1986).

In den Jahren 1903-1915 führten Ehrenfels und Freud einen lebhaften Briefwechsel, der von Ehrenfels kurz vor seinem Tod noch einmal aufgenommen wurde (Hug & Mulligan 1986, Hemecker 1988). Nach wenigen Briefen schrieben sich Freud und Ehrenfels mit der Anrede »Lieber Freund« an. Freud bezeichnete sich in einem seiner ersten Briefe an Ehrenfels als dessen »stiller Anhänger« (zit.n. Hemecker 1988). Umgekehrt schrieb Ehrenfels in einem Brief aus dem Jahr 1908, daß ihn die *Traumdeutung* (Freud 1900) zum »Konvertit« gemacht und von »der Rolle des Unbewußten überzeugt« habe (zit.n. Hemecker 1988). In seinen beiden letzten Briefen an Freud kurz vor seinem Tod versicherte Ehrenfels Freud, daß seine freundschaftliche Verbundenheit mit ihm trotz der 15-jährigen Unterbrechung des Briefwechsels nicht aufgehört habe. Zur Erklärung der Unterbrechung vertraute er Freud an, daß er im Zeitraum zwischen 1916 und 1928 an »zwei schweren, wirklichen Melancholien mit Suizideinstellung« (zit.n. Hemecker 1988) litt. Freud erwiderte, daß auch seine Sympathien unverändert erhalten geblieben seien (Hemecker 1988).

Auch gegenüber Dritten und in seinen Schriften ließ Freud seine freundschaftliche Verbundenheit mit Ehrenfels erkennen. In einem seiner ersten Briefe an den Pfarrer Oskar Pfister im Februar 1909 bezeichnet Freud Ehrenfels als »meinen Freund« und erwähnt, daß dieser »den Namen 'Sexualprotestanten' für uns beide geprägt hat« (Freud & Pfister 1963, 15). In den Schriften Freuds finden sich zwei Stellen, an denen Ehrenfels erwähnt wird. In *Der Witz und seine Beziehung zum Unbewußten* (1905) würdigte Freud die »Wahrheitsliebe« und den »Reformeifer« von Ehrenfels auf eine Weise, aus der eine deutliche geistige, wenn nicht auch persönliche Affinität spricht: »Daß die Ehe nicht die Veranstaltung ist, die Sexualität des Mannes zu befriedigen, getraut man sich nicht laut und öffentlich zu sagen, wenn man nicht etwa von der Wahrheitsliebe und dem Reformeifer eines *Christian von Ehrenfels* [i.O. gesperrt] dazu gedrängt wird« (122). Freud nimmt hierbei Bezug auf Ehrenfels' Aufsatz *Sexuales Ober- und Unterbewußtsein* (1903). Ehrenfels' späteren Aufsatz *Sexualethik* (1907) nahm Freud sogar zum Anlaß einer eigenen Abhandlung über *Die 'kulturelle' Sexualmoral und die moderne Nervosität* (Freud 1908).

Von den in Freuds Praxis stattfindenden Sitzungen der Psychologischen Mittwochsgesellschaft ist eine Erwähnung Ehrenfels' durch Freud erstmals am 7.11.1906 protokolliert (Nunberg & Federn 1976). Im Anschluß an einen Vortrag Adlers formuliert Freud eine These, »die sich ihm im Anschluß an die Untersuchungen Ehrenfels ergeben habe: die Neurose ist zurückzuführen auf das Mißverhältnis zwischen konstitutioneller Anlage und kulturellen Anforderungen, die an das Individuum gestellt werden« (Nunberg & Federn 1976, 42f). Dieser Grundgedanke der späteren kulturkritischen Schriften Freuds wurde also nach Freuds eigenen Worten durch Ehrenfels angeregt. In der Sitzung der Psychologischen Mittwochsgesellschaft vom 4.3.1908 wurde bei den Vorstellungen neuer Bücher auch Ehrenfels' *Sexualethik* genannt.

Am 16.12 1908 hielt Ehrenfels - wahrscheinlich auf Einladung Freuds - einen Gastvortrag in der Psychologischen Mittwochsgesellschaft[5]. Ehrenfels referierte über das von F. Wittels verfasste Buch *Die sexuelle Not.* Im Protokoll der anschließenden Diskussion imponiert Ehrenfels als reger und scharfsinniger Diskutant. Er ließ dabei auch - allerdings nur in Parenthese und nicht explizit - gestalttheoretische Gedanken einfließen. Freud bat ihn, am unmittelbar darauffolgenden Mittwoch »seine eigenen positiven Reformvorschläge mitzuteilen« (Nunberg & Federn 1976, 81). Ehrenfels nahm gerne an und trug am 23.12.1908 sein *Züchterisches Reformprogramm* vor. In diesem Vortrag wendete er sich aus »konstitutionellen und kulturellen Gründen« gegen die Monogamie. Dieser Vortrag

5 Wenig später gab sich die Psychologische Mittwochsgesellschaft den Namen »Wiener Psychoanalytische Vereinigung«.

wurde insgesamt eher skeptisch aufgenommen. Insbesondere gegen einige rassistisch anmutende Bemerkungen Ehrenfels' (über die »gelbe Rasse« und das »weibliche Geschlecht«) wurde Kritik vorgebracht (Nunberg & Federn 1976, s.a. Leupold-Löwenthal 1986). Bei Ehrenfels hinterließ diese Diskussion tiefe Irritation. Er schrieb anschließend Freud:

Daß ich's Ihnen nur recht gestehe: Ich habe in meinem Leben noch niemals einen solchen 'Kater' nach Hause gebracht, als nach der - nicht durchschwärmten, sondern durchdiskutierten Nacht in Ihrem Arbeitszimmer. ... In dieser Nacht vollzog sich die erste lebendige Berührung mit jener 'Männlichkeit', die ich hatte 'wachrufen' wollen. Und der Erfolg: Daß man mich, mit schlecht verdeckter Ironie der Überlegenheit, als einen recht interessanten psychiatrischen 'Fall' zur Kenntnis nahm (Hemecker 1988, 565).

Aus Ehrenfels Formulierungen wird deutlich, daß er in den persönlichen Begegnungen mit Freud dessen Anerkennung suchte. Daß er in der »lebendigen Berührung« mit Freud und dessen Kreis »Männlichkeit« hatte »wachrufen« wollen, läßt an einen Wunsch nach homoerotischer Spiegelung oder väterlicher Anerkennung denken. Den Teilnehmern jener Sitzungen der Mittwochsgesellschaft am 16.12. und 23.12. 1908 wird sowohl Ehrenfels Interesse an Freud als auch die Sympathien Freuds für Ehrenfels nicht verborgen geblieben sein. Insofern haben der Verlauf der Diskussion und Ehrenfels' anschließender »Kater« möglicherweise ihre tiefere Ursache in einer verdeckt ausgetragenen Geschwisterrivalität. Einen Rivalen zum psychiatrischen 'Fall' zu erklären, war in dem Kreis um Sigmund Freud keine ganz unübliche Gepflogenheit (Wellendorf 1990).

Auf Ehrenfels' Gestalttheorie ist Freud in keinem seiner heute zugänglichen Texte eingegangen. Dennoch läßt sich vermuten, daß ihm diese nicht gänzlich unbekannt gewesen sein dürfte. Einen enstprechenden Hinweis gibt Bernfeld: »Mit Sicherheit kannte er die *Zeitschrift* [*Vierteljahrsschrift*, B.W.] *für wissenschaftliche Philosophie*« (1952, zit.n. Grubrich-Simitis 1988, 26). In dieser erschien Ehrenfels Abhandlung *Über Gestaltqualitäten*.

Auch in der bis heute unveröffentlichten Korrespondenz zwischen Freud und Ehrenfels findet sich keine Erwähnung der Gestalttheorie

(Hemecker 1990, persönliche Mitteilung). Offenbar war Ehrenfels' Interesse an seiner Gestalttheorie in der Zeit seiner Kontakte mit Freud gegenüber seinen sozialphilosophischen Studien stark in den Hintergrund gerückt. Er hatte die Gestalttheorie jedoch keineswegs aufgegeben. Wenige Wochen vor seinem Tod im Jahr 1932 verfaßte er noch einmal eine zusammenfassende und resümmierende Abhandlung *Über Gestaltqualitäten* (veröffentlicht 1937).

Auch wenn Freud die Gestalttheorie Ehrenfels' an keiner Stelle namentlich erwähnte, kommt er ihr in einigen Punkten seiner Theorie recht nahe. Sein Konzept der Überdeterminiertheit klingt bereits sprachlich dem Gestaltprinzip der Übersummativität verwandt und ist es auch inhaltlich. Nach Rapaport (1961) repräsentiert das Prinzip der Überdeterminiertheit einen »Gestalt-Gesichtspunkt« in der psychoanalytischen Theorie (s. Kap.4). Darüber hinaus lassen sich in Freuds Werken mehrere Passagen finden, die mit den Prinzipien der Gestalttheorie in deutlicher Übereinstimmung stehen (Bernfeld 1934). Stellvertretend für diese soll an dieser Stelle nur die folgende zitiert werden:

> Der neurotisch Kranke bringt uns ein zerrissenes, durch Widerstände zerklüftetes Seelenleben entgegen, und während wir daran analysieren, die Widerstände beseitigen, wächst dieses Seelenleben zusammen, fügt die große Einheit, die wir sein Ich heißen, sich alle die Triebregungen ein, die bisher von ihm abgespalten und abseits gebunden waren. So vollzieht sich bei dem analytisch Behandelten die Psychosynthese ohne unser Eingreifen, automatisch und unausweichlich. ... Es ist nicht wahr, daß etwas in dem Kranken in seine Bestandteile zerlegt ist, was nun ruhig darauf wartet, bis wir es irgendwie zusammensetzen (Freud 1919, 186).

In diesem Zitat scheinen zwei gestalttheoretische Grundprinzipien auf, das der Ganzheitlichkeit des Psychischen und das der Ordnungsbildung ohne Ordner. Die Ganzheitlichkeit des Seelenleben sieht Freud bei einer Neurose jedoch beeinträchtigt. Der neurotisch Kranke leidet gleichsam an seiner Zerissenheit, die Neurose kann demnach auch als eine Störung der Ganzheitlichkeit bezeichnet werden. Wird in der Psychoanalyse mit den Widerständen die Störung beseitigt, ermöglicht sie dem Seelenleben, »automatisch und unausweichlich« wieder zusammenzuwachsen. In der

Terminologie der Gestaltpsychologie kann das Ich demnach eine »Ordnung« geheißen werden, die, »wenn die Störung beseitigt ist, grundsätzlich, d.h. innerhalb gewisser Grenzen, ohne weiteres sich selbst wieder herstellen kann« (Metzger 1976b, 663). Dieses Zitat aus Freuds Schrifttum ist somit auch geeignet, die später von Wertheimer und anderen Gestaltpsychologen vertretene Auffassung, daß Freud sich den Menschen als assoziative Zusammensetzung von Bruchstücken vorstelle, zu widerlegen. Gleichwohl ist damit nicht in Abrede zu stellen, daß sich in Freuds Werken, wie für vieles, auch hierfür Gegenbeispiele finden lassen, die wiederum geeignet sind, diese gestaltpsychologische Kritik an Freud bestätigt zu sehen. Eine ausführliche Diskussion dieser Kontroverse erfolgt an späterer Stelle im Rahmen der Zusammenfassung der Rezeption der Gestaltpsychologie in der Psychoanalyse (4. Kapitel), weil sie in diesem Rahmen immer wieder aufgegriffen und zum Teil unterschiedlich bewertet wurde.

Die der Gestaltpsychologie nahekommenden Gedanken in Freuds Theorie gehen wahrscheinlich auf Freuds und Ehrenfels' gemeinsamen Lehrer Brentano zurück. Brentanos Einfluß auf Freud schätzt Nitzschke (1989c) so groß ein, daß seiner Meinung nach Freud ein bedeutender Experimentalpsychologe geworden wäre, wenn Brentano sein beantragtes Experimentalkabinett erhalten hätte. Wenn man Nitzschke soweit folgen möchte und hinzuzieht, daß sich Brentanos Lehre in der akademischen Psychologie vorrangig in der Gestaltpsychologie fortentwickelte, dann erscheint es ein naheliegender und nur noch kleiner Schritt, Nitzschkes wissenschaftshistorisches Gedankenspiel konsequent dahingehend zu Ende zu denken, daß Freud dann wahrscheinlich ein bedeutender Gestaltpsychologe geworden wäre[6]. Vielleicht hätte sich Freud in jene Richtung entwickelt, die später der Neurologe und Gestalttheoretiker Kurt Goldstein einschlug. Dessen ganzheitlich-organismische Anschauung des Menschen wurde von psychoanalytischen Psychosomatikern später »als übereinstimmend mit der Psychoanalyse« angesehen (Rapaport 1961, 46-47). Eine Verbindung zwischen Freud und Goldstein hat auch Siegmund

6 Bernfeld (1934) behauptete gar, daß Freud bereits vor den Gestaltpsychologen selbst eine Gestaltpsychologie entwickelt habe.

H. Fuchs empfunden, der Assistent bei Goldstein war, bevor er 1929 nach Wien ging, um dort eine psychoanalytische Ausbildung zu absolvieren. Goldsteins eigenes Verhältnis zur Psychoanalyse wird im anschließenden Kapitel an späterer Stelle nachgezeichnet. Er war der Psychoanalyse gegenüber recht aufgeschlossen und unterschied sich darin wesentlich von seinem Freund und zeitweiligen Frankfurter Kollegen Max Wertheimer.

2. Max Wertheimer, die Berliner Schule und die Psychoanalyse

Max Wertheimers Werdegang bis zu seinen schulenbegründenden Studien 1910/12 in Frankfurt

Max Wertheimer (1880-1943) wird vielfach als der »eigentliche Begründer der Gestaltpsychologie« (Sarris 1987) angesehen (sinngemäß ebenso Rechtien 1984 und Tholey 1988) . Als Gründungsakt gelten seine *Experimentellen Studien über das Sehen von Bewegung* (1912b).

Max Wertheimers bedeutendste Lehrer waren Chr. v. Ehrenfels und C. Stumpf, die beide - wie Freud - bei F. Brentano Philosophie studiert hatten. Zunächst studierte Wertheimer von 1898 - 1902 in Prag bei Ehrenfels. Ehrenfels führte Wertheimer in die damaligen philosophischen Diskussionen ein, insbesondere in die Probleme des Wissens und der Werte. Er vermittelte Wertheimer die Überzeugung, daß eine empirische Psychologie, die an Brentanos Konzept der »inneren Wahrnehmung« anknüpft, zur Lösung dieser Probleme beitragen kann (Ash 1989). Persönlich fühlte sich Wertheimer Ehrenfels durch die Liebe zur Musik verbunden. Da Ehrenfels sich bereits zu der Zeit, zu der Wertheimer bei ihm studierte, mit Freuds Schriften befaßt hat, erscheint es möglich, daß Wertheimer Freuds Theorie bereits in seiner Prager Studienzeit bei Ehrenfels bekannt wurde (Bernfeld 1934).

Zwischen 1902 und 1904 studierte Wertheimer in Berlin bei C. Stumpf. Die ihm von Ehrenfels theoretisch nahegebrachte Verbindung von Philosophie und Experimentalpsychologie lernte er bei Stumpf nun auch praktisch umzusetzen. 1904 begab sich Wertheimer nach Würzburg, um dort bei O. Külpe und K. Marbe[7] über eine Untersuchung zu promovieren, die er an dem kriminologischen Institut von H. Gross

7 K. Marbe ging im selben Jahr als erster Inhaber der dort neu eingerichteten psychologischen Professur (Philosophie, insbesondere Psychologie) nach Frankfurt. Ihm folgte 1910 F. Schumann aus Berlin, dem wiederum 1929 dann Max Wertheimer folgte.

durchführte (Wertheimer 1905). In dieser Untersuchung versuchte Wertheimer aus den Reaktionen bzw. Wortassoziationen von Befragten auf bestimmte von ihm vorgebene Reizwörter, die im Zusammenhang mit einem bestimmten Tatbestand standen, objektiv zu schließen, ob der fragliche Tatbestand den Befragten bekannt war oder nicht. Diese Geburtsstunde der Wortassoziationsmethode verdankte sich also der Suche nach einem »Lügendetektor«.

Zur selben Zeit experimentierte in Zürich C.G. Jung mit einer ähnlichen Wortassoziationsmethode (*Diagnostische Assoziationsstudien*, 1906). Jung eröffnete in Briefen an Wertheimer und H. Gross einen Prioritätenstreit bezüglich dieses Verfahrens. Abschließend erkannte Jung jedoch die Priorität Wertheimers an und der Briefwechsel endete mit freundlichen Bekundungen (Luchins & Luchins 1982). Aus diesem Zusammenhang ergaben sich auch die beiden einzigen Erwähnungen Wertheimers durch Freud. Jung hatte Freud 1906 erstmals angeschrieben und ihm dabei seine *Diagnostischen Assoziationsstudien* (1906) zugesandt. Einige Monate später hielt Freud vor der juristischen Fakultät der Universität Wien einen Vortrag über *Tatbestandsdiagnostik und Psychoanalyse.* Dieser Vortrag erschien 1907 in der von H. Gross[8] herausgegebenen Zeitschrift *Archiv für Kriminalanthropologie und Kriminalistik.* In diesem Vortrag erwähnte Freud die Untersuchungen Wertheimers und versäumte dabei nicht, auf dessen Priorität hinzuweisen. Ein weiteres mal erwähnt Freud Wertheimers Technik der Tatbestandsdiagnostik in einer nachträglich eingefügten Fußnote in der *Psychopathologie des Alltagslebens* (1901, 283). Er billigte Wertheimer erneut die Priorität bei der Entwicklung des Verfahrens zu, schrieb Jungs Assoziationsstudien (1906) aber das spezifische Verdienst zu, gezeigt zu haben, »welch feines Reagens für psychische Zu-

8 Hans Gross war der Psychoanalyse gegenüber sehr aufgeschlossen. In dem von ihm herausgegebenen *Archiv für Kriminalanthropologie und Kriminalistik* sind außer Freuds eigenem Beitrag über Tatbestandsdiagnostik und Psychoanalyse (1906) auch positive Bezugnahmen auf Freuds Schriften zu finden (Bernfeld 1934). Hans Gross' Sohn Otto Gross war Arzt und Psychoanalytiker. Wegen dessen Drogengebrauch und dessen anarchistischen Einstellungen ließ Hans Gross seinen Sohn Otto Gross mit Unterstützung C.G. Jungs und Wissen Freuds entmündigen und psychiatrisch internieren (Lamott 1988).

stände wir in dem so gedeuteten Assoziationsexperiment besitzen« (1901, 283). Dieses »feine Reagens« hat später seine Weiterentwicklung im Rorschach-Test gefunden. Hermann Rorschach übernahm bei der Konstruktion seines psychodiagnostischen Formdeuteverfahrens sowohl »gewisse Einzelheiten als auch den allgemeinen Rahmen« von Jungs Assoziationsexperiment (Ellenberger 1965, 58).

Bernfeld (1934) sah in Wertheimers Dissertationsstudien ein Indiz dafür, daß dieser damals von der Psychoanalyse beeindruckt war: »Handelt es sich doch in der Tatbestandsdiagnostik darum, die nachwirkenden Spuren vergangener und verheimlichter Erlebnisse aufzudecken und schlüssig zu machen« (Bernfeld 1934, 73). Wertheimers Methode beruhe »geradezu darauf, daß die freien Assoziationen bei Ausschaltung des bewußten die Aussagen leitenden Willens sicher zum Selbstverrat führen - ein Gedanke, der aus Freuds *Traumdeutung* (und aus früheren Schriften) folgt« (74). Ohne die frühere Grundlegung durch Wundts Assoziationsexperimente zu leugnen, führte Bernfeld die Gleichzeitigkeit von Jungs und Wertheimers Untersuchungen auf den Einfluß Freuds zurück. Aus dieser Sicht erschien ihm der Prioritätenstreit zwischen Jung und Wertheimer als »kleines Geplänkel« (72).

Auf die Würzburger Zeit folgten für Wertheimer fünf »weitere Lehr- und Wanderjahre« (Sarris & Wertheimer 1987), die ihn 1906 und zuletzt noch einmal 1909/1910 nach Wien führten und schließlich 1910 in Frankfurt endeten. In Wien arbeitete Wertheimer zusammen mit S. Exner an dessen Physiologischen Institut und mit O. Pötzl in der Psychiatrisch-Neurologischen Klinik bei J.v. Wagner-Jauregg. Durch Exner lernte Wertheimer die Methoden und Instrumente kennen, ohne die seine spätere Studie über das Sehen scheinbarer Bewegungen (1912) nicht denkbar gewesen wäre (Wertheimer 1980). Mit O. Pötzl führte Wertheimer Untersuchungen zu einigen Aspekten der Aphasie, Alexie und der kortikalen Blindheit durch. In diesen Arbeiten Wertheimers zeichnen sich bereits seine späteren Ideen zur Gestalt-Theorie ab (Luchins & Luchins 1982). Zugleich ergaben sich aus den Studien mit Pötzl neue Konzepte für die Neurophysiologie, die Wertheimers befreundete Kollegen A. Gelb und K. Goldstein sowie O. Pötzl selbst weiterführten (Luchins & Luchins 1982).

1909 arbeitete Wertheimer an einer Abhandlung über das Denken primitiver Naturvölker, die 1912(a) in der *Zeitschrift für Psychologie* erschien. In dieser Abhandlung gewannen die bisherigen vereinzelten Ansätze seiner Gestalttheorie erstmals eine detaillierte und geschlossene Form (Luchins & Luchins 1982). Wertheimer entwickelte seine Gestalttheorie also zunächst an psychopathologischen, denkpsychologischen und völkerpsychologischen Fragestellungen, bevor er sie mit wahrnehmungspsychologischen Experimenten belegen konnte (Wertheimer 1980). Da er seine akademische Karriere mit einem experimentellen Nachweis der Gestaltprinzipien begründen wollte, reichte er seine völkerpsychologische Studie nicht als Habilitation ein (Luchins & Luchins 1982).

Einen experimentellen Nachweis seiner Gestalttheorie hoffte Wertheimer am ehesten auf dem Gebiet der Wahrnehmungspsychologie finden zu können. Deswegen begann er 1910, sich auf dieses Gebiet zu konzentrieren. Dazu hat wahrscheinlich auch der Einfluß Exners beigetragen. Im selben Jahr kam ihm auf einer Eisenbahnfahrt von Wien zu einem Urlaubsaufenthalt ins Rheinland die Idee zu einem stroboskopischen Experiment über das Sehen von Scheinbewegungen. Vorzeitig verließ er in Frankfurt den Zug, kaufte sich ein Spielzeugstroboskop und probierte seinen Einfall in einem Hotelzimmer aus. Daraufhin meldete er sich im Frankfurter Psychologischen Institut und bat darum, dort seinen Versuchsplan realisieren zu dürfen. Im Frankfurter Psychologischen Institut befand sich damals das von Schumann entwickelte erste Tachistokop, welches sich in idealer Weise für die Durchführung des Experiments eignete. Zu Wertheimers ersten Versuchspersonen gehörten Schumanns Assistenten W. Köhler und K. Koffka. Er traf also in Frankfurt die optimalen instrumentellen und personellen Bedingungen für die Umsetzung seines Einfalls an. Sehr viel später befragte Wertheimer im Rahmen seiner denkpsychologischen Studien Einstein ausführlich zu dessen Entwicklung der Relativitätstheorie (Wertheimer 1957). Wertheimers Erkenntnisinteresse war, die Genese und den Ablauf kreativer und produktiver Denkprozesse zu begreifen. Leider hat er dieses Interesse nicht an sich selbst verfolgt. War es ein Zufall, daß ihm sein schulenbegründender Einfall auf einer Reise von Wien nach Frankfurt kam, also ausgehend von der Stadt, in der er von dem geistigen Enstehungsfeld der Gestaltpsychologie und einer inspirierenden Wissenschaftskultur umgeben war, auf dem Weg in jene Stadt, in der er die optimalen Realisierungsbedingungen für seinen Einfall vorfand?

Die Ergebnisse seines Wahrnehmungsexperiments veröffentlichte Wertheimer zwei Jahre später (1912). In dieser Veröffentlichung erwähnt Wertheimer auch einen ihm durch Pötzl bekannt gewordenen Fall einer Patientin, die bewegtes Licht entgegen dem Gestaltprinzip als separate Einzellichter wahrnahm. Wertheimer führte gemeinsam mit Pötzl einige experimentelle Versuche mit dieser Patienten durch. Für ihn ergab sich daraus eine Bestätigung seiner Kurzschlußtheorie, nach der das Bewegungssehen auf Hirnprozesse höherer Ordnung zurückzuführen ist. Offensichtlich baute diese Theorie Wertheimers auf Exners Theorie der Gehirnaktivität auf (Sarris & Wertheimer 1987). Aus heutiger Sicht läßt sich diese Beschreibung eines »psychopathologischen Zerfalls von Bewegungsgestalten« (Sarris 1987, 297) als Vorläufer des später in der Psychiatrie entwickelten Konzepts des »Gestaltzerfalls« (s. Kap.7) betrachten.

Wertheimers Kollege Pötzl setzte seine Forschungen mit tachistokopischen Versuchen fort und begründete unter Anwendung dieses Verfahrens einige Jahre später die empirische Traumforschung (1917). Am 6.6.1917 referierte er in der Psychologischen Mittwochsgesellschaft über *Experimentell erregte Traumbilder als Illustration zur Freudschen Psychoanalyse.* Fünf Monate später wurde er Mitglied der Wiener Psychoanalytischen Vereinigung (Nunberg & Federn 1981). Im Juni 1918 hielt Pötzl erneut einen Vortrag vor der Mittwochsgesellschaft, der ebenfalls seine Wurzeln in der Zeit seiner Zusammenarbeit mit Wertheimer haben dürfte. Der Vortragstitel lautete: *Metapsychologische Spuren in der räumlichen Anordnung der Sehzentren des Großhirns* (Nunberg & Federn 1981).

Max Wertheimers Einstellung zur Psychoanalyse

Der skizzierte wissenschaftliche Werdegang Max Wertheimers zeigt, daß sein Weg bis nach Frankfurt mehrfach das Umfeld der Psychoanalyse kreuzte. Wenn er mit seinem Kollegen O. Pötzl auch dessen Interesse an

Träumen und dessen Aufgeschlossenheit der Freudschen Lehre gegenüber geteilt hätte, wäre Wertheimer vielleicht der erste bedeutende empirische Beforscher psychoanalytischer Theorien geworden. Doch von diesem Weg schienen ihn nicht zuletzt persönliche Widerstände ferngehalten zu haben. Schon Bernfeld, der es gewiß nicht nötig hatte, in wissenschaftlichen Kontroversen theoretische oder argumentative Schwächen durch diagnostische Attacken zu kompensieren, sah Wertheimers Ablehnung der Psychoanalyse in dessen »psychischer Struktur begründet« (1934, 73). Auch W. Hochheimer, der zwischen 1925 und 1931 zunächst bei Wertheimer studierte und dann dessen Assistent wurde, beobachtete bei Wertheimer »persönliche Probleme und Widerstände«, die ihn neben »wissenschaftlichen Argumenten« gegen die Psychoanalyse einnahmen (Hochheimer 1978, zit.n. Luchins & Luchins 1986b, 12).

Erlebnisberichte von Zeitgenossen Wertheimers belegen mehr oder weniger deutlich aber übereinstimmend, daß Wertheimers Einstellung zur Psychoanalyse von für ihn ungewöhnlich irrationalen Zügen getragen war. Während er in seinen Publikationen die von W. Stern 1935 ausgegebenen Losung (»Vom rein wissenschaftlichen Standpunkt aus wäre Nichtbeachtung das allein richtige Verhalten«, zit.n. Brodthage & Hoffmann 1981, 150) vorwegzunehmen schien, äußerte er sich in seinen Vorlesungen, wie Bernfeld berichtete, »ungenierter, und dann unoriginell wie jeder Beliebige« (1934, 71). E. Oppenheimer-Fromm charakterisierte Wertheimer als einen Mann, der prinzipiell ein offenes und lebendiges Interesse an allen wissenschaftlichen Vorgängen hatte: »There was only one field where he was not open-minded and that was the field of psychoanalysis« (Oppenheimer-Fromm 1973, zit.n. Luchins & Luchins 1986b, 213; vgl. auch S. 19). E. Levy, wie Hochheimer ein Schüler und Assistent Wertheimers, der sich später der Psychoanalyse zuwandte, berichtete von »passionate attacks« Wertheimers gegen die Psychoanalyse (Levy 1969, zit.n. Luchins & Luchins 1987, 76). An der New School for Social Research in New York nahmen Wertheimers Kollegen vom International Institute of Social Research (der Kreis um M. Horkheimer) bei ihm eine »Verachtung für die Psychoanalyse« wahr (Jay 1976, 165). Auch Rapaport berichtete von entsprechenden Erfahrungen mit Wertheimer in

Amerika: »Wertheimer wurde in dieser Beziehung in Vorlesungen und Gesprächen sehr heftig« (1961, 46).

Vor diesem Hintergrund scheint es fast erstaunlich, daß Wertheimer an der New School for Social Research in New York einmal ein gemeinsames Seminar mit Karen Horney veranstaltete. Es ergab sich jedoch, daß Wertheimers negative Einstellung zur Psychoanalyse auch noch auf Horneys »revidierte Psychoanalyse« (Adorno) zutraf. Das gemeinsame Seminar wurde nicht mehr wiederholt (Levy 1969, zit. n. Luchins & Luchins 1987, 76).

In seinen Publikationen ging Wertheimer nur einmal auf Freud ein, allerdings ohne dessen Namen zu nennen. In einem 1940 geschriebenen anekdotisch gehaltenen Aufsatz über das Problem der Freiheit (wiederveröffentlicht 1989) zitierte Wertheimer ohne Angabe der Quelle einige Passagen aus Freuds Schrift *Die Zukunft einer Illusion*. Wertheimer wählte für seine Diskussion der philosophischen Grundlagen der Freiheit die Form einer Erzählung. Er übertragt seine Behandlung dieser Fragestellung auf die Figur eines Protagonisten, der u.a. in der besagten kulturkritischen Schrift Freuds eine mögliche Antwort sucht, sich von deren Lektüre aber recht bald enttäuscht bis bestürzt abwandte, ohne etwas aus ihr gewonnen zu haben.

Von einer aufgeschlossenen und interessierten Reaktion Wertheimers auf einen ihm angetragenen psychoanalytischen Gedanken berichtet einzig Levy (1990, persönliche Mitteilung). Levy war es offenbar gelungen, Wertheimer einmal von seiner starren Ablehnung der Psychoanalyse abzubringen und seine sonst so bekannte Neugier und Offenheit gegenüber neuen Ideen auch für die Psychoanalyse zu gewinnen. Levy versuchte Wertheimer »das Freudsche Prinzip der Affektverschiebung als einen dynamischen Prozeß darzustellen. Seine Antwort: 'Das hat ungeheure Möglichkeiten'«[9] (Levy 1990, persönliche Mitteilung).

9 Wie nahe das Prinzip der Affektverschiebung tatsächlich der Gestalttheorie, genau genommen dem Prinzip der Transponierbarkeit, kommt, werde ich im II. Teil dieser Arbeit aufzuzeigen versuchen. Neuere Befunde der Kleinkindforschung legen nahe, beide Prinzipien als Varianten eines gemeinsamen Organisationsprinzips anzusehen.

Dennoch glaubt Levy nicht, daß Wertheimer jemals der Psychoanalyse gegenüber wirklich offen war. Seiner Ansicht nach habe es Wertheimer an der praktischen Erfahrung gefehlt, die notwendig sei, um die Psychoanalyse wirklich zu verstehen. Neben methodologischen Argumenten sieht Levy Wertheimers Ablehnung der Psychoanalyse in einem starken Widerstand begründet, die von Freud aufgedeckte Bedeutung der Sexualität anzuerkennen (Levy 1969, zit.n. Luchins & Luchins 1987). Entgegen seiner eher sozialistischen politischen Gesinnung sei seine Einstellung zur Sexualität eher viktorianisch geprägt gewesen (Levy 1990, persönliche Mitteilung). Insofern konnte sich Wertheimer weitaus eher mit A. Adler und dessen Modifikationen der Psychoanalyse verbunden fühlen. Zum einen war Adler ebenfalls sozialistisch orientiert und ließ dies in seine Individualpsychologie auch einfließen, und zum anderen räumte er der Sexualität sehr viel weniger Bedeutung ein als Freud[10]. Zwischen Wertheimer und Adler »bestand ein an Freundschaft grenzendes Verhältnis gegenseitiger Achtung« (Metzger 1976b, 668). Levy vermutet, daß Wertheimer der psychoanalytischen Ich-Psychologie, die sich in manchen Punkten Adlerschen Auffassungen annäherte, wesentlich offener gegenüber gestanden hätte, wenn sie ihm noch bekannt geworden wäre (Levy 1969, zit.n. Luchins & Luchins 1987).

Wertheimer warf der Freudschen Psychoanalyse vor, daß sie den Menschen als »stückhaft« und nicht als Ganzes beschreibe (Oppenheimer-Fromm 1973, zit.n. Luchins & Luchins 1986b; Levy 1990, persönliche Mitteilung). Weil Freud die psychoanalytische Grundregel mit der Bezeichnung »freie Assoziation« verband, stellte Wertheimer die Psychoanalse der Assoziationstheorie gleich (Oppenheimer-Fromm 1973, zit.n. Luchins & Luchins 1986b; Levy 1990, persönliche Mitteilung). Die Assoziationstheorie war für ihn ein »rotes Tuch« (Oppenheimer-Fromm 1973, zit.n. Luchins & Luchins 1986b, 214). Oppenheimer-Fromm weist

10 Damit soll nicht gesagt sein, daß es nicht auch wesentliche inhaltliche Parallelen zwischen der Gestalttheorie und Adlers Individualpsychologie waren, die Wertheimers Sympathie für Adler begründeten. Auffallend ist jedoch, daß Wertheimer diese Parallelen zu Adlers Individualpsychologie sah, von den ebenfalls vorhandenen Parallelen zu Freuds Psychoanalyse aber »nichts hören wollte«.

zu Recht darauf hin, daß dieses Mißverständnis[11] der psychoanalytischen Methode bei Wertheimer insofern verwunderlich ist, als er selbst in seinen Dissertationsstudien ein der »freien Assoziation« nahekommendes Assoziationsverfahren entwickelt hatte (Oppenheimer-Fromm 1973, zit.n. Luchins & Luchins 1986b; ähnlich argumentierte auch Bernfeld 1934).

Im Unterschied zu Max Wertheimer war unter seinen Kollegen und Schülern aus dem Kreis der Berliner Schule eine aufgeschlossene und interessierte Haltung der Psychoanalyse gegenüber häufiger zu finden.

Bevor dies im weiteren dargestellt wird, seien noch zwei persönlich-biographische Gemeinsamkeiten von Freud und Wertheimer erwähnt. Freud und Wertheimer nahmen eine ähnlich zwiespältige Haltung ihrer eigenen jüdischen Religion gegenüber ein und erlitten nahezu parallele wissenschaftliche Karriereschicksale. Beide, sowohl Wertheimer als auch Freud, trugen außergewöhnlich lange den Titel des Privatdozenten, bevor sie den des Professors erhielten. Freud mußte nach seiner Habilitation im Jahr 1885 17 Jahre warten, bis er 1902 zum außerordentlichen Professor ernannt wurde. Bei Wertheimer dauerte es nach seiner Habilitation im Jahr 1912 zwar 'nur' 10 Jahre, bis er im Jahr 1922 zunächst ebenfalls zum außerordentlichen Professor ernannt wurde, aber auf sein eigentlich erstrebtes Ziel, eine ordentliche Professur, mußte er gleichfalls 17 Jahre warten. Beiden schlug nicht zuletzt wegen ihrer Religionszugehörigkeit von Seiten akademischer und kultusbürokratischer Institutionen eine Ablehnung entgegen, wegen der sie beide auf ihre verdiente akademische Auszeichnung außergewöhnlich lange warten mußten.

11 Dieses Mißverständnis der psychoanalytischen Grundregel ist auch Freud selbst zuzuschreiben, der in diesem Punkt - wie auch noch manche psychoanalytische Theoretiker nach ihm - zumindest partiell einem »assoziationstheoretischen Selbstmißverständnis« aufsaß. Siehe dazu die Arbeiten von Bernfeld (1934) und Schumacher (1971), die im 4. Kapitel referiert werden.

Einstellungen zur Psychoanalyse in Wertheimers gestaltpsychologischem Kollegenkreis

Kurt Koffka (1887-1941) hielt die Psychoanalyse bei aller Kritik und Zurückhaltung offensichtlich für relevant und setzte sich mit ihr mehrfach auseinander. 1927 reklamierte er in einem wenig bekannten Vortrag mit dem bemerkenswerten Titel *On the Structure of the unconscious*[12], daß »solche Konzepte, wie die unterschiedlichen individuellen Komplexe und die Konflikte zwischen diesen, auch in unserer Theorie ihren Platz finden« (1928, 62; Übersetzung B.W.). In einer Fußnote erkannte Koffka an, daß Freuds Erklärung der Fehlleistungen »eine echte Entdeckung« sei, auch wenn er, Koffka, die meisten der exemplarischen Interpretationen Freuds nicht akzeptieren mochte. Prinzipiell lehnte Koffka bei Freud den Gedanken eines unbewußten Wissens und unbewußten Willens ab. Aus seiner Sicht »trägt dieser Gedanke gewiß nicht zur Klarheit von Freuds Theorie bei« (67). Eine fundamentale Übereinstimmung zwischen Psychoanalyse und Gestaltpsychologie sah Koffka hingegen in der Annahme gegeben, daß »das Unbewußte, und mit diesem die ganze Persönlichkeit, auf dieselbe Weise strukturiert ist wie unser visuelles Feld«[13] (1928, 66).

In seinem wenig später verfaßten Lehrbuch *Principles of Gestalt Psychology* wurde Koffkas kritische, aber insgesamt wohlwollende Haltung der Psychoanalyse gegenüber noch deutlicher: »Er prophezeite der Psychoanalyse eine weitere positive Entwicklung, wenn sie sich von der mechanistischen und vitalistischen Voreingenommenheit befreie, die ihr aufgrund ihrer Entstehungsgeschichte anhafte« (Brodthage & Hoffmann,

12 Vorgetragen im April 1927 in Chicago auf dem Symposion *The Unconscious*, veranstaltet von der Illinois Society for Mental Hygiene.

13 Diese Annahme ist in der Psychoanalyse sicherlich nicht in derselben Weise als Grundannahme anerkannt oder auch nur bekannt wie in der Gestaltpsychologie. Koffka erwähnt leider nicht, auf welche psychoanalytischen Quellen er sich hier bezieht. Im zweiten Teil werde ich selbst diese Hypothese Koffkas vertreten und zu begründen versuchen. Dabei werde ich auch Aussagen Freuds erwähnen, die Koffka hier im Sinn gehabt haben könnte.

193). Bedingung und Prognose dürfen heute wohl als eingetreten betrachtet werden.

Kurt Goldstein (1878-1965) initierte als Direktor des Neurologischen Institutes der Frankfurter Universität gemeinsam mit dem Direktor der Medizinischen Universitätsklinik G. v. Bergmann die erste akademische Selbstdarstellung der Psychoanalyse in Frankfurt (Laier 1989). Goldstein und Bergmann veranstalteten von Oktober bis Dezember 1925 ein Kolloquium, das »die modernen psychotherapeutischen Bestrebungen zum Inhalt hatte« (Landauer 1926, zit.n. Laier 1989, 30). An dem für die Psychoanalyse vorgesehenen Abend trug Karl Landauer psychoanalytische Überlegungen über das Asthma vor. »Die Resonanz war positiv, so daß die weiteren Abende ebenfalls die Psychoanalyse zum Thema hatten« (Laier 1989, 30).

Außer K. Landauer hielten auch die Psychoanalytikerinnen Clara Happel und Frieda Reichmann Vorträge. Frieda Reichmann hatte bereits bei Kurt Goldstein in Königsberg studiert und bei diesem 1914 ihre Promotion abgelegt. In diesem Jahr wechselte Goldstein an das »Neurologische Institut der Universität Frankfurt a. M.«. Frieda Reichmann folgte ihm vier Jahre später und wurde für zwei Jahre dessen Assistentin. 1920 wechselte sie auf Empfehlung Goldsteins nach Dresden zu Johannes Heinrich Schultz, dem Begründer des autogenen Trainings. Nach ihrer psychoanalytischen Ausbildung von 1923-1924 in Berlin zog sie nach Heidelberg, von wo aus sie zur Konstituierung der Psychoanalyse in Frankfurt beitrug. 1926 heiratete sie ihren Analysanden Erich Fromm und nahm damit jenen Doppel-Namen an, mit dem sie später vor allem durch ihre Arbeiten zur Psychosen-Therapie Bekanntheit errang.

Kurt Goldstein entwickelte in Frankfurt einen gestaltpsychologischen Ansatz der Neurologie. Sehr bekannt wurden seine gemeinsam mit A. Gelb durchgeführten und 1920 veröffentlichten *Psychologischen Analysen hirnpathologischer Fälle.* Sowohl von dieser Studie als auch von der später in der Emigration entwickelten holistischen Lehre des Organismus ging - vermittelt über die Phänomenologie Merleau-Pontys - ein großer Einfluß Goldsteins auf die strukturalistische Psychoanalyse in Frankreich (J. Lacan) aus (Warsitz 1986).

Goldstein selbst stand der Psychoanalyse zwar sehr skeptisch gegenüber, verehrte aber Freud (Foulkes 1969, zit.n. Laier 1989). Bis in seine späten Jahre nahm er psychoanalytische Gedanken auf und hielt Kontakt mit Psychoanalytikern. Seine Haltung zur Psychoanalyse ist vielleicht am besten mit den Worten zu charakterisieren, daß er der Psychoanalyse in kritischer Distanz verbunden war. 1927 bezog er sich erstmals öffentlich auf die Psychoanalyse. Auf dem II. Allgemeinen ärztlichen Kongreß für Psychotherapie in Bad Nauheim hielt er einen Vortrag über *Die Beziehungen der Psychoanalyse zur Biologie.* In diesem Vortrag faßte er seine Position zur Psychoanalyse nach einigen kritischen Bemerkungen über die »mechanisierenden und generalisierenden Vorstellungen« Freuds, die seiner Meinung nach der Assiozationspsychologie »noch recht nahe« standen, wie folgt zusammen:

> Was meine Bewertung der Psychoanalyse betrifft, so brauche ich meine Bewunderung für ihren Schöpfer, den ich als einen der größten Meister der Psychologie und Anthropologie betrachte, kaum zu betonen. In bezug auf die praktische Benutzung der Psychoanalyse folgt aus meinen Grundanschauungen auch eine ganz bestimmte Stellungnahme. Ich sehe in der Methodik der Psychoanalyse eine im Prinzip sehr wertvolle Bereicherung unseres therapeutischen Vorgehens, wenn sie auch beträchtliche Modifikationen wird erfahren müssen, ehe sie praktisch brauchbar, dann aber in manchen Fällen sicher unentbehrlich wird. Auch von den tatsächlichen Feststellungen kann ich vielem Wesentlichen nur zustimmen, aber ich kann mich doch nicht entschließen, alles durch die Deutung der Analytiker Aufgedeckte für Tatsachen zu halten. Die Kunst des Analytikers scheint mir einerseits in der richtigen Deutung zu bestehen, andererseits in einer taktvollen der einzelnen Persönlichkeit des Kranken angepaßten Beschränkung bei der Aufdeckung des Verdrängten. Die Analyse kann nie das letzte Ziel sein, sondern dieses kann nur im Aufbau der neuen Persönlichkeit bestehen, respektive in der Leitung des Kranken bis zu jenem Momente, in dem er selbst wieder eine seiner Natur angepaßte Stellung zur Welt gewonnen hat[14] (zit.n. Fuchs 1936, 235f).

14 Fuchs (1936) merkte dazu an, daß diese Auffassung Goldsteins der damaligen Psychoanalyse »mutatis mutandis« konsensuell war. Mittlerweile lassen sich die zitierten Auffassungen Goldsteins in besonderer Weise in den Behandlungszielen von Kohut erfüllt sehen.

Im Winter 1929/30 hielt Goldstein an der Frankfurter Universität eine Vorlesung mit dem Titel »Bewußtes und Unbewußtes (Psychoanalyse etc.)« (Siefert 1989). In dieser Zeit soll er auch im Frankfurter Psychoanalytischen Institut samstags Seminare abgehalten haben (Laier 1989). 1930 verließ Goldstein Frankfurt in Richtung Berlin. 1933 emigrierte er zunächst nach Amsterdam und anschließend in die USA, wo er bis zu seinem Tode mit vielen Psychoanalytikern in Kontakt stand.

Kurt Lewin (1890-1974) war unter den bekannteren Gestaltpsychologen am stärksten an der Psychoanalyse interessiert, durch sie beeinflußt und hat umgekehrt auch am stärksten in diese hineingewirkt. Bereits als Student las er Freuds *Traumdeutung* und ließ sich anschließend von Bekannten deren Träume erzählen, um das Gelesene sogleich auszuprobieren. Eine Zusammenschau und Bewertung der vielfältigen Wechselbeziehungen zwischen Lewin und der Psychoanalyse würden eine eigene Untersuchung erfordern (einen Überblick geben Lück & Rechtien 1989). Stellvertretend sei als besonderes Zeugnis der Verbundenheit Lewins mit der Psychoanalyse nur herausgestellt, daß er mit René Spitz befreundet war (Spitz Blum 1992, persönliche Mitteilung) und an den von ihm ab 1933 jährlich organisierten Treffen seiner sogenannten »Topology Group« häufig auch Erik H. Erikson teilnahm. 1937 begann Lewin mit seinen gruppendynamischen Experimentalstudien, die vor allem von der gruppenanalytischen Schule von S.H. Foulkes anerkennend rezipiert wurden.

S.H. Foulkes: Vom Assistent Goldsteins zum Begründer der Gruppen-Analyse

Siegmund Heinrich Foulkes (1898-1976) schrieb sich ursprünglich S.H. Fuchs, paßte die Schreibweise seines Namens nach seiner Emigration 1933 nach London aber der englischen Sprache an. Fuchs arbeitete von 1925-1927 als ärztlicher Assistent bei Goldstein am Neurologischen Institut der Universität Frankfurt. In dieser Zeit wurde er von Goldstein stark beeinflußt (Foulkes 1968). Über Goldstein stellten sich seine Kontakte sowohl zur Gestaltpsychologie als auch zur Psychoanalyse in

Frankfurt her. Goldsteins enge Zusammenarbeit mit Adhémar Gelb in jenen Jahren regte Fuchs dazu an, Gelbs Vorlesungen und Kurse zu besuchen (Foulkes 1968). In dem von Kurt Goldstein gemeinsam mit Gustav von Bergmann veranstalteten Kolloquium lernte Fuchs Karl Landauer kennen (Rothe 1989). Fuchs, der schon während seines Studiums Freuds *Vorlesungen zur Einführung in die Psychoanalyse* gelesen hatte (Rothe 1989), teilte Landauer sein Interesse an der Psychoanalyse mit und bekam von diesem daraufhin den Rat, nach Wien zu gehen, um sich dort psychoanalytisch ausbilden zu lassen. Fuchs folgte diesem Rat und begab sich 1929 nach Wien, wo er bei Helene Deutsch seine Lehranalyse aufnahm. Er arbeitete in Wien an der Psychiatrischen Klinik bei O. Pötzl, welcher inzwischen Nachfolger Wagner-Jaureggs geworden war. 1930 kehrte Fuchs von Wien nach Frankfurt zurück und bekam dort die Leitung des neu gegründeten Therapeutikums am Frankfurter Psychoanalytischen Institut übertragen. Sofort nach der Machtergreifung durch die Nationalsozialisten emigrierte Fuchs im April 1933 nach London, wohin er von Ernest Jones eingeladen wurde (Laier 1989).

1936 publizierte er in der damals führenden internationalen psychoanalytischen Fachzeitschrift *Imago* eine Besprechung von Kurt Goldsteins Monographie *Der Aufbau des Organismus* (1934). Über die Beziehungen von Goldsteins organismischen Standpunkt zur Gestaltpsychologie sowie über die Gestaltpsychologie an sich schrieb er :

> Die Beziehungen zur Gestaltpsychologie sind vielfältige und wechselseitige. Von einer Anwendung des einen auf das andere kann aber nicht gesprochen werden. Die Biologie ist das umfassendere. Eine Kritik der Gestaltpsychologie zeigt, daß diese nur unter bestimmten Bedingungen gilt (wohl nur für die Wahrnehmung! F.). Die Welt ist nicht gestaltet, noch gestaltet sie allein [i.O. gesperrt] den Organismus. ... Man muß die Bedingungen aus der jeweiligen Gesamtsituation des Organismus aufzeigen (218).

Daß Fuchs, der die Gestaltpsychologie in erster Linie durch A. Gelb vermittelt bekam, ihre Gültigkeit auf die Wahrnehmung begrenzt, erscheint verwunderlich. Auch befindet er sich mit seiner Forderung, die Bedingungen der jeweiligen Gesamtsituation des Organismus aufzuzeigen, in voller Übereinstimmung mit der Gestaltpsychologie. Seine Einschränkung der Gültigkeit der Gestaltpsychologie und damit auch ihrer Berührungspunkte mit der Psychoanalyse wurde von vielen anderen Psychoanalytikern, die ebenfalls die Gestaltpsychologie rezipierten, ohne sie unmittelbar studiert zu haben, nicht geteilt (s. 4. Kap.). Auch scheint sie seiner eigenen Praxis und weiteren wissenschaftlichen Entwicklung (s.u.) zu widersprechen. Daß ihm »die Wirklichkeitsnähe der Psychoanalyse, die mit ihren Pat. durch das Dick und Dünn des Alltäglichen [gehe], ... um ein Vielfaches größer als die der doch noch immer experimentierenden Gestaltpsychologie« erscheint (236), ist dagegen vor dem Hintergrund seiner mittlerweile psychoanalytischen Identität sicherlich weit weniger verwunderlich.

Ab 1940 begann Foulkes in seiner Privatpraxis und später im Militärhospital Northfield mit einem Gruppen-Setting zu experimentieren. 1946 stellte er in einem Vortrag auf dem Internationalen Psychoanalytischen Kongreß die von ihm entwickelte Theorie und Technik der »Group Analysis« vor. Er verwies auf drei Wurzeln seiner Gruppen-Theorie: die Lehren von Goldstein und Gelb, die Psychoanalyse und die Sozialanalysen, die ihm in seiner Zeit am Frankfurter Psychoanalytischen Institut durch die Sozialphilosophen Horkheimer, Adorno und Fromm sowie die Soziologen Mannheim und Elias bekannt wurden (Rothe 1989). Auch die Schüler von Foulkes weisen noch heute darauf hin, daß »gewisse zentrale Konzepte der Gruppenanalyse eindeutig ihren Ursprung in der holistischen Philosophie Goldsteins haben« (Behr et al. 1985).

Foulkes ist einer der wenigen Wissenschaftler, die in ihrer eigenen wissenschaftlichen Entwicklung und ihren Theorien die Gestaltpsychologie und die Psychoanalyse miteinander verbanden. Ob sich dies auch in seiner Zeit als Leiter des Therapeutikums am Frankfurter Psychoanalytischen Institut in Kontakten mit den Frankfurter Gestaltpsychologen ausdrückte, ist nicht bekannt. Das Frankfurter Psychoanalytische Institut (im folgenden: FPI) wurde 1929 von K. Landauer und H. Meng gegründet. Es war im Institut für Sozialforschung angesiedelt und war damit die erste psychoanalytische Institution, die - wenn auch nur mittelbar über das gastgebende Institut für Sozialforschung - an eine Universität angebunden war[15].

1929 kehrte auch Max Wertheimer wieder aus Berlin an die Frankfurter Universität zurück, die er 1918 in Richtung Berlin verlassen hatte. Er wurde auf den Lehrstuhl von Schumann berufen und gemeinsam mit A. Gelb zum Direktor des Psychologischen Instituts ernannt. Das Psychologische Institut befand sich in Sichtweite zum Institut für Sozialforschung, in dem das FPI untergebracht war. Die Bibliothek des FPI befand sich im Hauptgebäude der Universität, in dem auch das psychologische Institut untergebracht war. Weiterhin bekam das FPI von der Universität einen Hörsaal für Vorlesungen zur Verfügung gestellt (Laier 1989), der sich wahrscheinlich ebenfalls in dem Gebäude befand, in dem Wertheimer und seine Mitarbeiter ihre Räume hatten. Trotz dieser räumlichen und institutionellen Verbindung erscheint es jedoch unwahrscheinlich, daß Fuchs Kontakte zu Max Wertheimer und dessen Kreis aufnahm. Zwei engen Mitarbeitern Wertheimers in jener Zeit ist S.H. Fuchs nicht bekannt geworden (E. Levy 1990, persönliche Mitteilung; E. Rausch 1990, persönliche Mitteilung). Auch über A. Gelb, den Fuchs noch aus seiner Assistenzzeit bei Goldstein persönlich kannte, konnten keine Kontakte mehr zustande kommen, da Gelb kurz nach Fuchs' Rückkehr aus Wien als Extraordinarius nach Halle berufen wurde.

Auch wenn Fuchs von sich aus keine Kontakte zu Wertheimer und dessen Kreis aufgenommen zu haben schien, kam es dennoch über Max Horkheimer, Wolfgang Hochheimer und vermutlich auch Erika Oppenheimer-Fromm zu Verbindungen zwischen Psychoanalyse und Gestaltpsychologie an der Frankfurter Universität.

15 Diese Tradition erfuhr 1971 eine Fortsetzung. Seit 1971 besteht im Fachbereich Psychologie der Frankfurter Universität das einzige universitäre Institut für Psychoanalyse in Deutschland. Damit war die Frankfurter Universität auch wieder - zumindest bis zur Emeritierung von E. Rausch - zugleich ein universitäres Zentrum der Psychoanalyse und der Gestaltpsychologie.

M. Horkheimer: Freund und Förderer der Gestaltpsychologie und der Psychoanalyse an der Frankfurter Universität

Max Horkheimer (1895-1973) studierte in Frankfurt Psychologie und Philosophie bei F. Schumann und H. Cornelius, auf den die Leipziger Schule der Gestaltpsychologie zurückgeht (Metzger 1974b, Rechtien 1984). 1920 wechselte Horkheimer für zwei Semester nach Freiburg, wo er Husserl und dessen Assistenten Heidegger begegnete. Auf dem Hintergrund dieser Begegnungen schrieb er nach seiner Rückkehr an die Frankfurter Universität folgende Zeilen an seine damalige Lebensgefährtin:

> Je mehr die Philosophie mich gefangennimmt, um so weiter entferne ich mich von dem, was man auf der hiesigen Universität darunter versteht. Nicht formale Erkenntnisgesetze, die im Grunde genommen höchst unwichtig sind, sondern materielle Aussagen über unser Leben und seinen Sinn haben wir zu suchen (Wiggershaus 1986, 60).

Dennoch begann Horkheimer wenig später ein psychologische Dissertationsstudie über *Gestaltveränderungen in der farbenblinden Zone des blinden Flecks im Auge.* Während seiner Untersuchungen wurde jedoch eine fast identische Untersuchung aus Kopenhagen publiziert, was ihn zur Aufgabe seiner Experimente und zur Wahl eines transzendentalphilosophischen Themas veranlaßte. Theoretisch gab er die Gestalttheorie jedoch keineswegs auf, sondern stützte sich auch noch in seiner Habilitation über *Kants Kritik der Urteilskraft als Bindeglied zwischen theoretischer und praktischer Philosophie* auf wesentliche Annahmen der Gestaltpsychologie (Wiggershaus 1986). In dieser Zeit begann er, sich auch mit Freud zu beschäftigen. 1927 ermunterte er Adorno, eine Arbeit über die Verbindung zwischen der Psychoanalyse und Cornelius' transzendentaler Philosophie zu schreiben (Jay 1976). 1928 begab er sich bei Karl Landauer in Analyse, weil er seine Hemmungen überwinden wollte, Vorlesungen ohne Manuskript frei zu halten. Das Therapieziel wurde erreicht und »Landauer hat dabei eine Menge über Philosophie gelernt« (Persönliche Mitteilung Horkheimers an T. Brocher, Brocher & Sies

1986, 80). Außerdem gewann Horkheimer Landauer als Autor für die von ihm herausgegebene *Zeitschrift für Sozialforschung* (Schivelbusch 1985). Horkheimer ermöglichte schließlich die Gründung des Frankfurter Psychoanalytischen Instituts als »Gastinstitut« des Instituts für Sozialforschung, wofür ihm Freud zweimal brieflich seinen Dank aussprach (Jay 1976).

Gleichzeitig pflegte Horkheimer freundschaftliche Beziehungen mit Max Wertheimer. 1928 empfahl er in einer Stellungnahme an den Dekan der Naturwissenschaftlichen Fakultät die Berufung Wertheimers:

> Die Entstehung einer neuen Wissenschaft, die physiologische und psychologische Forschungen zu vereinigen versucht, ist von größerer Bedeutung für das reale Wissen als alle voreiligen 'Synthesen' kultureller Totalität. Ich fand nirgendwo ein Konzept solcher Versuche, das von höherem philosophischem und allgemeinem Gewicht ist, als die Schriften von Gelb und Wertheimer (Ash 1989, aus der englischen Übersetzung von mir zurückübersetzt, B. W.).

Einige Zeit nach der Berufung Wertheimers wurde Horkheimer zum Direktor des Instituts für Sozialforschung ernannt. Somit wurden Max Horkheimer und Max Wertheimer Direktorenkollegen an der Frankfurter Universität. Beide veranstalteten gelegentlich auch gemeinsame Seminare. Nachdem sie beide 1933 emigrieren mußten, trafen sie sich wieder in New York an der New School for Social Research, die in einer eigens gegründeten »University in Exile« viele deutsche Geisteswissenschaftler aufnahm.

Wertheimer und Horkheimer gehörten vor der nationalsozialistischen Machtergreifung an der Frankfurter Universität zu einer »beeindruckenden Galaxie wissenschaftlicher Stars« (Ash 1989, 56). Neben Wertheimer und Horkheimer zählten damals der Soziologe Karl Mannheim und der Religionsphilosoph und Soziologe Paul Tillich dazu. Aus heutiger Sicht können noch viele andere genannt werden: Theodor Wiesengrund-Adorno, Leo Löwenthal, Erich Fromm, Herbert Marcuse, Walter Benjamin, Hannah Arendt, Günther Stern (der sich später Günther Anders nannte), Carl Grünberg, Friedrich Pollock, Norbert Elias, Hendrik de Man ... (s. Schivelbusch 1985). Paul Tillich, der gemeinsam mit Max Wertheimer Direktor der philosophischen Fakultät war, schrieb in seinen Erinnerungen über diese Ära: »Frankfurt war die modernste und liberalste Universität« (Tillich 1971, 69). Dieses geistige Klima von Modernität und Liberalität bot offenbar sowohl der Psychoanalyse als auch der Gestaltpsychologie ähnlich gute Voraussetzungen wie zuvor das Wiener fin de siècle und das Berliner Intellektuellenmilieu der 20er und 30er Jahre. Da die Psychoanalyse und die Gestaltpsychologie einem gemeinsamen geistig-kulturellen Feld enstammten, das kritische Intellektualität und Reformfreude verkörperte, war es nicht verwunderlich, daß beide Schulen in Frankfurt zum dritten Mal ein gemeinsames Zentrum fanden.

W. Hochheimer: Vom Schüler Wertheimers zum psychoanalytischen Lehrer

Wolfgang Hochheimer (1906-1991) war zu jener Zeit an der Frankfurter Universität der einzige uns heute bekannte Pendler zwischen dem Psychologischen Institut in der Mertonstraße und dem Psychoanalytischen Institut in der Viktoriaallee (Wolff 1986). W. Hochheimer war 1931 nach seiner Promotion bei K. Goldstein und A. Gelb Assistent bei Wertheimer geworden. Er studierte bereits 1926 in Berlin bei Wertheimer. Ursprünglich hatte er Medizin studiert, doch nach dem Besuch von Wertheimers »Übung zur praktischen Menschenkenntnis«, die er als »umwerfend-aufschließend« (Hochheimer 1990, persönliche Mitteilung) erlebt hatte, wechselte er zur Psychologie. Zur selben Zeit begann er aufgrund »psychosomatischer Beschwerden« (Hochheimer 1990, persönliche Mitteilung) eine Analyse am Berliner Institut für Psychoanalyse bei Salomea Kempner (Wolff 1986). 1928 wechselte Hochheimer nach Frankfurt. Durch seine engen Beziehungen zum damaligen preußischen Kultusminister Becker war ihm bekannt geworden, daß mit Wertheimers Berufung nach Frankfurt zu rechnen war (Hochheimer 1990, persönliche Mitteilung). In Frankfurt setzte Hochheimer sein am Berliner Psychoanalytischen Institut begonnenes Studium der Psychoanalyse fort. Das Frankfurter Psychoanalytische Institut schien ihm »vergleichsweise 'besser' durch Landauer und Meng statt Böhm in Berlin« (Hochheimer 1990, persönliche Mitteilung).

1931 wurde Hochheimer von A. Gelb als dessen Assistent nach Halle geholt. Nachdem Gelb durch die Nazis aus seinem Amt vertrieben wurde, wechselte Hochheimer auf Vermittlung von W. Köhler wieder nach Berlin. Dort arbeitete er bis 1937 am Kaiser-Wilhelm-Institut für Hirnforschung, 1937-1942 in der Heerespsychologie und 1942 bis zum Kriegsende im Landesarbeitsamt Brandenburg. 1935-1939 setzte Hochheimer am Deutschen Institut für psychologische Forschung und Psychotherapie Berlin (das sogenannte »Göring-Institut«) seine psychoanalytische Ausbildung fort und qualifizierte sich mit dem Abschlußtitel »Behandelnder Psychologe« (Wolff 1986). Seine Lehranalyse absolvierte er bei Werner Achelis, der Jungsche und Adlersche Anschauungen mit der Freudschen Psychoanalyse wiederzuvereinigen versuchte. 1946 wurde Hochheimer an der neugegründeten Pädagogischen Hochschule auf die Professur für Psychologie berufen, die er bis 1984 innebehielt. 1947 wurde er Dozent und Lehranalytiker am ebenfalls neugegründeten Berliner Institut für Psychotherapie. Zu seinen ersten Lehranalysanden gehörten Horst Eberhard Richter und Wolfgang Loch. 1950 wurde Hochheimer Mitglied des Vorstandes der Deutschen Gesellschaft für Psychotherapie und Tiefenpsychologie (DGPT), dem Dachverband der psychoanalytischen Fachgesellschaften in der Bundesrepublik. In dieser Funktion war er maßgeblich an der Neuorganisation der Psychoanalyse im Nachkriegsdeutschland beteiligt.

1953 hielt Hochheimer auf der Jahrestagung der DGPT einen Vortrag *Zur Analyse des therapeutischen Feldes* (Hochheimer 1954). Daß er über diese Abhandlung, in der er eine gestalt- und feldtheoretische Untersuchung der psychoanalytischen Methode unternahm, nachträglich sagte, »sie sei so etwas wie seine Habilitationsschrift gewesen« (Wolff 1986, 1060), ist sicherlich charakteristisch für seinen Werdegang. Seine feldtheoretische Betrachtung der psychoanalytischen Methode führte ihn zu behandlungstechnischen Auffassungen, die noch im Kontext heutiger behandlungstechnischer Diskussionen als hochaktuell gelten können. 1955 wurde Hochheimer neben Alexander Mitscherlich Mitherausgeber der in Deutschland führenden psychoanalytischen Fachzeitschrift, der *Psyche*. Diese Funktion übte er bis 1968 aus.

E. Oppenheimer-Fromm und E. Levy: Zwei Schüler Wertheimers, die ihn für die Psychoanalyse zu interessieren versuchten

Erika Oppenheimer-Fromm war eine Studentin und Mitarbeiterin Wertheimers, die 1933 über induzierte Bewegungen promovierte (Metzger 1976b). Bereits als junge Studentin interessierte sie sich neben der Gestaltpsychologie auch für die Psychoanalyse (Luchins & Luchins 1986b), so daß vermutet werden kann, daß sie ebenfalls wie Hochheimer Veranstaltungen des Frankfurter Psychoanalytischen Instituts besuchte. Sie emigrierte 1934 zunächst nach Amsterdam und 1938 nach Chicago, wo sie jeweils als klinische Psychologin tätig war. 1961 erhielt sie an der University of Chicago auch eine Professur auf diesem Gebiet (Metzger 1976b). Als Studentin versuchte sie Wertheimer mehrmals vergeblich darauf aufmerksam zu machen, daß zwischen der Gestaltpsychologie und der Psychoanalyse große Übereinstimmungen bestehen (Luchins & Luchins 1986b, s.a. S. 19). Erfolgreicher war sie damit bei Erwin Levy.

Erwin Levy folgte am 1.10.1931 Hochheimer auf die Assistentenstelle bei Wertheimer. Er hatte sie eineinhalb Jahre bis zu Wertheimers und seiner eigenen Emigration inne. Von 1934 bis 1937 arbeitete er an der New School in New York wieder mit Wertheimer zusammen. In Amerika weckte Erika Oppenheimer-Fromm sein Interesse für die Psychoanalyse. Ohne sich an einem psychoanalytischen Institut offiziell zum Psychoanalytiker auszubilden, las er viel psychoanalytische Literatur und wandte davon in seiner psychotherapeutischen Tätigkeit das an, was ihm »zusagte und auf den gegebenen Fall zu passen schien« (Levy 1990, persönliche Mitteilung). 1956 erschien von ihm eine gestalttheoretisch fundierte Kritik an Freuds Über-Ich-Konzept (Metzger 1976b). 1968 erhielt er eine Professur für Klinische Psychiatrie an der Mount Sinai Medical School in New York. Mitte der achtziger Jahre übersetzte und publizierte Levy eine Arbeit des frühen Wertheimer-Schülers Schulte aus dem Jahr 1924 (*Versuch einer Theorie der paranoischen Eigenbeziehung und*

Wahnbildung), die eindeutig Wertheimers Handschrift trug (Levy 1986). In einem Kommentar zu der »Wertheimer-Schulte-Arbeit«[16] vergleicht Levy Wertheimers und Freuds Paranoia-Theorien und deren jeweiliges Menschenbild. Die in der Arbeit vertretene Kritik an Freuds Paranoia-Theorie bezeichnet er als ihre schwächste Stelle. Levy versucht die Unterschiede aus seiner Sicht klarzustellen und auch auf Gemeinsamkeiten zu verweisen. Während Freud die Paranoia als Projektion und Reflex eigener aggressiver Regungen verstand, waren für Wertheimer die aggressiven Gefühle des Individuums sekundäre Folge sozialer Vorgänge. Für Wertheimer war das Ich einschließlich der Triebe als Unter-Ganzes eingebettet in die Struktur eines sozialen Ganzen, daß er als »Wir« bezeichnete und dem Ich gleichstellte. Levy warf in seinem Kommentar die Frage auf, ob die klinischen Befunde der Psychoanalyse mit dieser gestalttheoretischen Konzeption des Ichs als einem Teil des Wir-Ganzen vereinbar sind[17]. Als Gemeinsamkeit von Freuds und Wertheimers Paranoia-Konzeptionen hebt Levy hervor, daß beide die Paranoia als reparativen Anpassungsversuch auffassen (Levy 1986).

W. Metzger: Implizite und explizite Parallelen zur Psychoanalyse

Wolfgang Metzger (1899-1979) studierte und arbeitete zunächst in Berlin bei Köhler und Wertheimer. Letzterem folgte er 1931 nach Frankfurt. Wertheimer trieb ihn an, möglichst schnell seine Habilitation bei ihm abzuschließen, da er absah, daß er als Jude bald emigrieren müsse und

16 Da »die Schulte-Arbeit über Paranoia in Wirklichkeit eine Wertheimer Arbeit« (Levy 1990, persönliche Mitteilung) war, schreibt Levy in seinem Kommentar konsequent »Wertheimer-Schulte«.

17 Diese Frage scheint nicht nur in den gruppenanalytischen und familiendynamischen Entwicklungsrichtungen der Psychoanalyse, die teilweise explizit auf die Gestalttheorie Bezug nehmen, positiv beantwortbar. In der Fortentwicklung und Erweiterung der Ich-Psychologie durch G.S. Klein findet sich in dessen Konzeption eines »Wir«-Aspektes der »Selbstheit« sogar eine wortwörtliche Entsprechung (Klein 1976). Emde (1991) griff diesen Entwurf von G.S. Klein auf und verankerte ihn in den neueren Intersubjektivitätsmodellen der psychoanalytischen Entwicklungspsychologie (s. Kap.8).

dann die Habilitation nicht mehr abnehmen könne (Metzger 1972). Nach der Emigration Wertheimers bekam Metzger die Leitung des psychologischen Instituts in Frankfurt übertragen. Diese Funktion hatte er mit kurzen Unterbrechungen bis zu seiner Berufung nach Münster 1942 inne.

Zwischen 1938 und 1944 erschienen einige Aufsätze Metzgers, in denen dieser die Nützlichkeit der Gestalttheorie für den NS-Staat hervorzuheben versuchte (Geuter 1985, Stadler 1985). Auch in diesem dunklen Kapitel ihrer Geschichte können somit Gemeinsamkeiten zwischen Psychoanalyse und Gestalttheorie festgestellt werden. In dem Bemühen, die Konformität der eigenen Theorie mit der NS-Ideologie aufzuzeigen, entspricht insbesondere Metzgers Aufsatz *Der Auftrag der Psychologie in der Auseinandersetzung mit dem Geist des Westens* (erschienen 1942 in dem Organ Volk im Werden) zwei analogen Publikationen der beiden Psychoanalytiker C. Müller-Braunschweig (*Psychoanalyse und Weltanschauung*, erschienen 1933 im *Reichswart*) und H. Schultz-Hencke (*Die Tüchtigkeit als psychotherapeutisches Ziel*, erschienen 1934 in dem von M.H. Göring herausgegebenen Sammelband *Deutsche Seelenheilkunde*) (s. Lockot 1985, Lohmann 1984). W. Köhler, der sich noch nach der nationalsozialistischen Machtergreifung in Deutschland öffentlich gegen den Nationalsozialismus wandte und schließlich 1935 emigrierte - er war einer der wenigen nicht-jüdischen Hochschullehrer, die sich zur Emigration entschlossen -, blieb gegenüber Metzger nach 1945 trotz einiger Annäherungen bis zuletzt reserviert (Stadler 1985). Auch in der Psychoanalyse bestand nach 1945 eine solche Reserviertheit zwischen Gebliebenen und Vertriebenen. In Deutschland drückt sie sich bis heute in der Spaltung der Psychoanalytiker in zwei Fachgesellschaften aus, die sich wechselweise projektiv von ihrer gemeinsamen Schuld entlasteten (Beland 1987, Ermann 1989a).

Metzger behauptete 1979, daß die Gestaltpsychologie »ein Ärgernis für die Nazis« gewesen sei. Dies wirkt wie ein nachträglicher Glorifizierungsversuch, mit der Zielrichtung, sich nicht als »Mitläufer«, sondern als aufrechter Oppositioneller erscheinen zu lassen, der sich offen der Gefahr aussetzte, ein Opfer der Nazis zu werden[18]. 1976 schrieb Metzger in seiner Arbeit über die *Gestalttheorie im Exil*, daß die Gestalttheorie »nicht nur aus rassischen Gründen, ... sondern auch aus sachlichen Gründen ... das Schicksal der Ausrottung zu gewärtigen hatte« (1976b, 659). Diesen Äußerungen Metzgers war entgegenzuhalten, daß die Gestalttheorie zwar implizit im Widerspruch zu totalitären Anschauungen und Systemen stehen mag, die Nazis jedoch nichts dergleichen bemerkt, zumindest nichts Entsprechendes kundgetan haben (Geuter 1984, 1985, Stadler 1985). Ein »Ärgernis für die Nazis« war hingegen zweifelsohne »nicht nur aus rassischen Gründen, ... sondern auch aus sachlichen Gründen« die Freudsche Psychoanalyse, weshalb sich die unter Hitler tätigen Psychoanalytiker gezwungen fühlten, nicht nur ihren Lehrer, sondern auch dessen Lehre zu verleugnen, in dem Glauben, sie dadurch zu bewahren. Metzger mußte in seinem 1941 erschienenen Standardwerk *Psychologie* zwar auch seine Lehrer verleugnen, nicht jedoch deren Lehre. Für die erste Nachkriegsauflage dieses Buches war dem Text nur wenig hinzuzufügen, was vorher nicht hätte geschrieben werden dürfen. Den größten Teil der Überarbeitung betraf das Nachtragen der Quellen.

In den 50er und 60er Jahren leitete Wolfgang Metzger aus der Gestaltpsychologie zahlreiche Reformvorschläge ab, vor allem im Bereich der Bildung und Erziehung. Im Bereich der Klinischen Psychologie schloß er an die Verbindung seines Lehrers M. Wertheimer mit A. Adler an. 1964 gründete er gemeinsam mit dem Adler-Schüler Oliver Brachfeld die deutsche Alfred-Adler-Gesellschaft, die sich seit 1970 »Deutsche Gesellschaft für Individualpsychologie« nennt. Er gab 14 Bände der Gesamtausgabe der Adlerschen Schriften heraus und versah diese jeweils mit einer Einleitung (Stadler & Crabus 1986). Seine Haltung zur Psychoanalyse beschrieb Metzger in einem Interview wie folgt:

18 Auch zu dieser Form der Vergangenheitsbewältigung existieren Parallelen in der Psychoanalyse, sei es, daß die »Selbstgleichschaltung« der verbliebenen deutschen Psychoanalytiker nachträglich als mutige Rettung einer kritischen Lehre umgedeutet wird (s. Baumeyer 1971, *Psyche* 1984), sei es, daß die Psychoanalyse als per se unverbrüchlich emanzipatorische Wissenschaft deklariert wird, womit sich Psychoanalytiker gegenüber jeglichem Verdacht der Korrumpierbarkeit immunisieren.

Es gibt viele Leute, die sind der Meinung, der Metzger sei gegen Freud. Aber der Metzger ist nicht gegen Freud, der Metzger ist für Freud, sofern er die Person als ein dynamisches Ganzes betrachtet, in dem nirgends etwas sich ereignen kann, ohne daß ganz woanders irgendetwas Unerwartetes herauskommen kann. ... Ich erinnere mich noch an ein Gespräch, das ich in Berlin mit Köhler gehabt habe aufgrund einer Besprechung, die ich über Freud in den Sozialistischen Monatsheften gemacht hatte, und wo ich auch gesagt hatte, man könnte völlig einverstanden sein mit der Auffassung des Menschen als eines dynamischen Ganzen, nicht als einer Summe von Gewohnheiten. Wie das im einzelnen dann aussieht, ist eine ganz andere Frage. Und die Einzelansätze von Freud sind ja zum Teil so abstrus, daß kein vernünftiger Mensch ihnen folgen kann. Vor allem hat mich an Freud abgestoßen und stößt mich auch an seinen Schülern heute noch ab: das völlige Fehlen jeglichen Bedürfnisses nach Verifikation (Metzger 1972, 208f).

Metzger setzte sich kontinuierlich mit der Psychoanalyse auseinander, was sich an gelegentlichen Bezugnahmen auf diese in seinen Schriften zeigt. So wies er beispielsweise darauf hin, daß mit der basalen gestalttheoretischen Unterscheidung zwischen der anschaulichen Welt und der physikalischen Welt »übrigens mit anderen Worten eine der Grundthesen Freuds« ausgedrückt sei (1966, zit.n. Galli 1975, 124). Gelegentlich wählte er die Psychoanalyse auch als Orientierungspunkt. In seinem wissenschaftshistorischen Aufsatz über die *Gestalttheorie im Exil* (1976b) stellte er die geschichtliche Entwicklung der Gestalttheorie im Vergleich zu der der Psychoanalyse dar. Schon im ersten Satz des Aufsatzes nennt er gleichsam in einem Atemzug mit der Gestalttheorie »die Psychoanalyse Sigmund Freuds« (1976b, 659).

W. Wolff und P. Brückner: Schüler aus dem weiteren Kreis und der weiteren Generationenfolge

Werner Wolff gehörte zum weiteren Kreis der Schüler Wertheimers. Er arbeitete zwischen 1930 und 1933 am Berliner Psychologischen Institut bei Köhler. Wolff veröffentlichte mehrere Studien, in denen er Wertheimer für dessen »hilfreichen Rat« dankte. Er nahm sich zum Ziel, die Psychoanalyse und die Gestaltpsychologie in einer experimentellen Tiefenpsychologie (Wolff 1934) und einer projektiven Psychodiagnostik (Hochheimer 1978, zit.n. Luchins & Luchins 1986a) zusammenzuführen. Wolff war dabei offenbar ein so »eigenwilliger« (Metzger 1976b) Wandler zwischen beiden Schulen, daß ihn keine als zu sich gehörig betrachten wollte. Metzger schrieb von ihm, daß er »zwar eine Zeit lang im Berliner Institut arbeitete, sich aber nie von einem Psychoanalytiker zu einem Gestalttheoretiker wandelte« (1976b, 678). Umgekehrt betonte die Redaktion der *Imago* in der außergewöhnlichen Form einer Vorbemerkung zu einem in der *Imago* erschienen Aufsatz von Wolff (1934): »Der Autor dieser Arbeit gehört nicht dem psychoanalytischen Arbeitskreis an; ihr Thema entstammt auch nicht Problemstellungen der Analyse. Die Redaktion legt den folgenden Bericht über ausgedehnte Experimentaluntersuchungen, deren Methoden und Ergebnisse ihr für den Psychoanalytiker interessant zu sein scheinen, den Lesern dieser Zeitschrift vor«.

Nicht mehr aus dem unmittelbaren Kreis Wertheimers, aber als Schüler Metzgers der nächsten Generationenfolge zuzurechnen ist Peter Brückner (1922-1982). P. Brückner studierte und promovierte in den 50er Jahren bei Wolfgang Metzger in Münster. Als Assistent Metzgers war er diesem dabei behilflich, in der ersten Nachkriegsauflage des *Psychologie*-Buches die in der Erstauflage unterdrückten Quellen nachzutragen. Anfang der 60er Jahre bildete sich P. Brückner am Sigmund-Freud-Institut zum Psychoanalytiker aus. Ebenfalls am Sigmund-Freud-Institut forschte er einige Zeit über die Privatlektüre Sigmund Freuds (Brückner 1975). 1967 stand er vor der Wahl, am Sigmund-Freud-Institut die Ausgabe der Briefe Sigmund Freuds zu betreuen oder in Hannover einen Lehrstuhl für Psychologie zu übernehmen. Unter anderem wegen der beginnenden Studentenrevolte, der er sich verbunden fühlte, entschied er sich für die Arbeit an der Universität. Sein weiterer Weg und sein Schicksal als kritischer Hochschullehrer sind bekannt (s. Oestmann 1983, Krovoza et al. 1981).

C. Musatti und G. Galli: Verbindungen zwischen Psychoanalyse und Gestaltpsychologie in Italien

Cesare Musatti (1897-1989) war ein Schüler von Vittorio Benussi, welcher der Grazer Schule der Gestaltpsychologie um Alexius von Meinong angehörte. In dem 1926 erschienenen Buch *Condizioni del concetto di realità empirica* stellte Musatti noch die Begriffe der Grazer Schule zusammen. Später näherte er sich jedoch mehr der Berliner Schule an, was sich in seinem 1964 erschienenen Buch *Condizioni dell' esperienza e fondazione della psicologia* niederschlug. Zwischenzeitlich hatte er sich auch der Psychoanalyse zugewandt und eine Lehranalyse (vermutlich bei Edoardo Weiss) absolviert. 1949 publizierte er ein Handbuch der Psychoanalyse (*Trattato di psicoanalisi*), mit dem er einen Grundstein zum Neuaufbau der Psychoanalyse im postfaschistischen Italien legte. Bis kurz vor seinem Tod schrieb er psychoanalytische Bücher (zuletzt: *Psicoanalisti e pazienti a teatro, a teatro!*) und gab auch die italienische Übersetzung der Gesammelten Werke von Sigmund Freud heraus. Er hatte nacheinander psychologische Lehrstühle der Universitäten von Padua, Urbino und Mailand inne.

Musatti betrachtete sich zwar sowohl als Psychoanalytiker, wie auch als Gestaltpsychologe, schien diese beiden Identitäten aber nie in sich vereint zu haben. Vielmehr schien er in dieser Hinsicht eine eigentümlich strenge Trennung vorgenommen zu haben, die in ihm kaum den Psychoanalytiker erahnen ließ, wenn er als Gestaltpsychologe auftrat und umgekehrt. Gegenüber Vorschlägen eines Integrationsversuches verhielt er sich zurückhaltend bis ablehnend[19].

Zu den zahlreichen Psychologen und Medizinern, die in Italien durch den Einfluß Musattis Interesse an der Gestaltpsychologie fanden und diese dort lebendig fortführten, gehört auch Giuseppe Galli. Mit seinen dialoganalytischen Interessen stieß Galli jedoch bald an Grenzen der Gestaltpsychologie, die ihn veranlaßten, sich mit der Psychoanalyse und anderen textanalytischen Methoden zu befassen. Seit 1979 veranstaltet er an der Universität von Macerata, an der er einen Lehrstuhl für Psycholo-

19 Diese Informationen zu Cesare Musatti verdanke ich Giuseppe Galli.

gie innehat, jährlich multidisziplinäre Kolloquien über die Theorie und Methodik der Textinterpretation. Sein Interesse an einer Erweiterung der Gestaltpsychologie um psychoanalytisch-hermeneutische Aspekte resultierte auch in zwei deutschsprachigen Arbeiten.

In seinem Aufsatz über *Die Analyse des phänomenalen Ich und die Tragweite der Gestalttheorie* (1980) konzipierte er eine gestalttheoretisch abgeleitete Methode der Erhebung und des Verstehens von Selbstbeschreibungen:

> Wir werden die Texte, die die Person als Selbstbeschreibung produziert, so verstehen und gliedern, als ob diese unvollständige Beschreibungen von interpersonalen Szenen wären, deren Zentrierungsverhältnisse die Icheigenschaften der Personen betonen (72).

Hierin konvergiert für Galli sein gestaltpsychologisch abgeleiteter Ansatz mit dem psychoanalytischen Konzept des »szenischen Verstehens« (Lorenzer/Argelander). Eine Szene hat für ihn den Charakter einer Gestalt, die sich unter den gestaltpsychologischen Gesichtspunkten des Zusammenhangs, des Bezugssystems, der Zielbestimmtheit usw. untersuchen läßt. Er hält es für »eine dringende Aufgabe der heutigen Gestaltpsychologie ..., eine systematische Analyse der interpersonalen Grundszenen ... durchzuführen« (75).

1983 legte Galli einen Methodenvergleich zwischen Psychoanalyse und Gestalttheorie vor. Dabei stellte er als Gemeinsamkeiten die phänomenologische Einstellung und die ganzheitliche Analyse heraus. Bedeutsame Unterschiede bestünden dagegen in der Analyse interpersonaler Verhältnisse und der Sprache. In der klassischen psychologischen Situation der Gestaltpsychologie, dem Experiment, würden die interpersonalen Beziehungen ausgeblendet werden. In der analytischen Situation ist die analytische Beziehung hingegen zentraler Gegenstand wie auch zentrales Instrument der Analyse. Dabei beachtet die Psychoanalyse alle drei der von K. Bühler unterschiedenen Grundfunktionen der Sprache, die Darstellung, den Ausdruck und den Appell, während »in der experimentellen Situation der gestalttheoretischen Untersuchungen fast ausschließlich die Darstellungsfunktion der Sprache der Versuchsperson analysiert wird«

(26). Die Appellfunktion der Sprache sieht Galli in der Psychoanalyse in besonderer Weise in der Konzeption des »szenischen Verstehen« von Lorenzer und Argelander beachtet.

3. Prominente Verbindungen: J. Piaget, A. Einstein, R. Musil

Jean Piaget

Jean Piaget (1886-1980) schrieb 1977 in einem Brief an den Psychoanalytiker O. Flournoy über sein Verhältnis zur Psychoanalyse:

Ich habe anfangs großen Wert darauf gelegt, mich einer Lehranalyse zu unterziehen. Meine Analyse wurde von einer direkten Schülerin Freuds begleitet (bis zu ihrem *satisfecit*). So bin ich in dem damaligen Jargon ein 'Enkel' von Freud geworden. Dann habe ich seine persönliche Bekanntschaft gemacht und habe unter seiner Präsidentschaft einen Vortrag auf dem Internationalen Kongress für Psychoanalyse in Berlin gehalten. Bereits 1919 hatte ich in der Sociéte Binet in Paris den für Frankreich ersten nichtmedizinischen Vortrag über Psychoanalyse gehalten, zu dem ich dann in der Freudianischen Zeitschrift *Imago* beglückwünscht wurde. Ich selbst habe einige Monate lang als Analytiker praktiziert, unter anderem mit einem jungen Autisten als Analysanden, dessen Fall ich, wie mir schien, nicht verschlimmert habe (Piaget 1977, zit.n. Vidal 1989, 162).

Nicht ganz richtig ist, daß Piaget »nach dem damaligen Jargon ein 'Enkel' von Freud« war, denn seine Lehranalytikerin Sabina Spielrein war nicht wirklich eine »direkte Schülerin Freuds«, sondern eine Lehranalysandin (und heimliche Geliebte) von C.G. Jung (Carotenuto 1986). Piaget absolvierte seine Lehranalyse bei S. Spielrein 1921 in Genf am Institut Rousseau. Die Lehranalyse wurde nach 8 Monaten beendet. S. Spielrein war - so Piaget in einem Gespräch mit Bringuier - zu der Ansicht gekommen, daß »es nicht der Mühe wert sei, eine Stunde täglich an einen Mann zu verlieren, der die Theorie nicht begreifen wollte« (Bringuier 1977, zit.n. Vidal 1989, 176). Nur wenige Monate nach Beendigung dieser Analyse erwähnte Spielrein in ihrem Vortrag auf dem Internationationalen Kongreß für Psychoanalyse in Berlin:

So habe ich mich denn systematisch dem Studium des vorbewußten und kindlichen Denkens gewidmet. Auf diesem Wege ist mir am Genfer Institut Rousseau ein wertvoller Forscher, Doz. Piaget begegnet, ebenfalls Psychoanalytiker, der sich die Erforschung des kindlichen oder 'autistischen' Denkens, wie er es nach Bleuler nannte, als Arbeitsziel setzte. Seitdem arbeiten wir, wenn auch jeder für sich, so doch vorwiegend auf demselben Gebiete (Spielrein 1923, zit.n. Vidal 1989, 177).

Piaget, der ebenfalls auf diesem Kongreß einen Vortrag hielt über *Das symbolische Denken und das Denken des Kindes*[20], bemerkte an einer Stelle seines Vortrages: »Dies ist eine These ... die ich gemeinsam mit Mme S. Spielrein unterstütze« (Piaget 1923, zit.n. Vidal 1979, 176).

Ein Jahr nach dem Internationalen Psychoanalytischen Kongreß in Berlin erschien von S. Spielrein eine Arbeit mit dem Titel *Einige Analogien zwischen dem Denken des Kindes, des Aphasikers und dem unterbewußten Denken*. In dieser Arbeit zitierte Spielrein aus Piagets Vorlesungen am Psychologischen Laboratorium von Genf (Vidal 1989).

Dieses sich innerhalb von nur zwei Jahren abspielende Beziehungsgeschehen zwischen Spielrein und Piaget legt die Vermutung nahe, daß sich die von Spielrein in ihrer Lehranalyse bei C.G.Jung erfahrenen Grenzverletzungen (Carotenuto 1986) in ihrer Analyse von Piaget als Grenzverwischungen fortsetzten. Piaget setzte diese Kette »wilder« Psychoanalyse ebenfalls weiter fort, indem er versuchte, seine Mutter in Analyse zu nehmen. Damit hätte er Freuds einzigartiges Privileg, die eigene Tochter zu analysieren, fast noch übertroffen. Doch Piagets Versuch war nur von kurzer Dauer und bescheidenem Erfolg, weil »Madame Piaget gegen die Deutungen ihres Sohnes revoltierte. Piaget soll seine Niederlage lebhaft empfunden haben« (Vidal 1989, 176).

Auf dem Internationalen Psychoanalytischen Kongreß in Berlin, auf dem Piaget und seine Analytikerin - und übrigens auch I. Hermann über die *Die neue Berliner Psychologische Schule und die Psychoanalyse* (s. das folgende Kapitel) - einen Vortrag hielten, fand die einzige bekannt gewordene persönliche Begegnung zwischen Piaget und Freud statt. Piaget berichtete zu dieser Begegnung die folgende Anekdote:

Ich sollte an diesem Kongreß mitwirken, und ich erinnere mich des Lampenfiebers, das ich als ganz junger Mann angesichts eines so zahlreichen Publikums

20 Im Original: *La pensée symbolique et la pensée de l'enfant.*

verspürte. Freud saß zu meiner Rechten in einem Sessel und rauchte seine berühmten Zigarren. Ich hielt meinen Vortrag, aber die Leute beachteten nicht mich als Vortragenden. Sie schauten auf Freud und lauerten auf seine Reaktionen. Wenn Freud lächelte, lächelte der ganze Saal - erschien er sorgenvoll, so folgte ihm der Saal auch hierin (Piaget 1977, zit.n. Vidal 1989, 162).

Piagets Beschäftigung mit der Psychoanalyse geht auf seine Gymnasialzeit zurück, in der er im Philosophieunterricht mit der Psychologie des »Unbewußten« in Berührung kam. Als Mitglied des »Schweizer Verbandes christlicher Studenten« hörte Piaget 1916 auf der jährlichen Zusammenkunft dieses Verbandes einen Vortrag von Théodore Flournoy[21] über *Religion und Psychoanalyse*, der ihn nachhaltig beeindruckte. 1918 brachte Piaget seine erste Arbeit heraus, in der er sich auf die Psychoanalyse bezog. Gleichzeitig formulierte er in dieser Arbeit *Recherche* eine Gleichgewichtstheorie des Lebens, die der damaligen Gestalttheorie sehr ähnlich war. Die Elemente, die Piaget an dem Gleichgewichtsprozeß der Evolution beteiligt sah, bezeichnete er als »Teile«, den Prozeß selbst als »Ganzes« (Vidal 1989, 167). In einer späteren Selbstdarstellung faßte Piaget seine damaligen epistemologischen Anschauungen wie folgt zusammen:

Meine Lösung war sehr einfach: in allen Lebensbereichen (in dem organischen, geistigen und sozialen) bestehen 'Ganzheiten', die sich qualitativ von ihren Teilen unterscheiden und die ihnen eine Organisation aufzwingen. Folglich existieren keine isolierten 'Elemente'. Die elementare Wirklichkeit hängt notwendigerweise von einer Ganzheit ab, die sie durchdringt (Piaget 1979, 157).

Zu diesen Überlegungen aus seiner Studienzeit bemerkte er: »Hätte ich damals (1913-1915) die Arbeiten Wertheimers und Köhlers gekannt, so wäre ich wohl Gestaltpsychologe geworden« (Piaget 1979, 157).

Es kann angenommen werden, daß Piaget auch dann, wenn er sich als Gestaltpsychologe erkannt hätte, er sich dadurch nicht im Widerspruch zu seinen psychoanalytischen Interessen empfunden hätte. 1918 vertiefte

21 Flournoy war der erste Professor für Experimentalpsychlogie in Genf und einer der ersten empirischen Erforscher des Unbewußten. Er trug maßgeblich zur Einführung der Psychoanalyse in die französischsprachige Welt bei (Vidal 1989).

er seine psychoanalytischen Kenntnisse in Zürich. Dort besuchte er die Vorlesungen von Pfister und Jung und begann, Freud und die Zeitschrift *Imago* zu lesen. 1920 wurde Piaget in die Schweizer Gesellschaft für Psychoanalyse aufgenommen. Ein Jahr zuvor war er nach Paris gewechselt, von wo aus er 1921 nach Genf zurückkehrte. Nach einigen eigenen Behandlungsversuchen am Institut Rousseau ließ sein Interesse an der Psychoanalyse in der Mitte der 20er Jahre nach. In dieser Zeit entdeckte er die Gestaltpsychologie und fand seine Überlegungen zur »Rolle des Totalitären« in dieser wieder:

Dieser Kontakt mit den Werken Köhlers und Wertheimers beeindruckte mich in doppelter Hinsicht: einmal hatte ich die Befriedigung, den Schluß daraus zu ziehen, daß meine vorangegangenen Forschungen nicht reine Illusion waren, weil man mit einer solchen leitenden Hypothese nicht nur eine zusammenhängende Theorie, sondern auch eine großartige Reihe von Experimenten ausarbeiten konnte. Zum zweiten hatte ich den Eindruck, daß, wenn auch der Begriff der Gestalt den niederen Formen des Gleichgewichts durchaus adäquat war (...), er nicht die Art der Struktur erklärte, wie sie den logischen und rationalen Vorgängen eigen ist. ... Was ich eine höhere Form von Gleichgewicht nenne, entzieht sich infolgedessen einer Erklärung durch die Gestaltpsychologie (Piaget 1979, 167).

In den Jahren 1939-1945 führte Piaget an seinem Genfer Laboratorium »eine Studie über die Entwicklung der Wahrnehmung beim Kinde« durch, um »die Beziehungen zwischen Wahrnehmung und Intelligenz besser zu verstehen, aber auch, (um) Behauptungen der Gestalttheorie, die mich nicht überzeugt hatten, (was das Problem der Intelligenz anbetraf) einer Prüfung zu unterziehen« (Piaget 1979, 175). Aus diesen Studien ging seine spätere Publikation *Ce qui subsiste de la théorie de la Gestalt*[22] hervor, die 1954 in der Zeitschrift *Revue suisse de psychologie* erschien. In dieser Arbeit faßte Piaget sein Rezeptionsverhältnis zur Gestaltpsychologie prägnant zusammen:

22 Deutsch: *Die Gestalttheorie in der zeitgenössischen Psychologie der Intelligenz und der Wahrnehmung* (1976a).

Abschließend können wir mithin festhalten, daß der Gestalttheorie vieles für die derzeitige Erforschung der Intelligenz und der Wahrnehmung entnommen werden kann. Doch muß der gestalttheoretische Ansatz durch andere Strukturen ergänzt werden, wie wir dies im Hinblick auf die reversiblen Strukturen der Intelligenz getan haben. Allerdings sind wir der Auffassung, daß man sich damit keineswegs von den grundlegenden Ausgangshypothesen der ersten gestalttheoretischen Arbeiten entfernt; man ist ihnen in gewissem Sinne näher als die Gestalttheoretiker selbst (Piaget 1976a, 118).

In seiner Schrift *Nachahmung, Spiel und Traum* aus dem Jahr 1945 (dt: 1969) und in einer seiner späteren Schriften, *Das affektive und das kognitive Unbewußte* aus dem Jahr 1971 (dt: 1976b), räumt Piaget der Psychoanalyse wieder einen zentralen Platz ein. In der letzteren Arbeit kommt er zu dem Schluß, »daß eine Vielzahl von Problemen noch ihrer Lösung harrt und wir bereits heute an die Begründung einer allgemeinen Psychologie denken sollten, deren Gegenstand gleichzeitig die von der Psychoanalyse entdeckten Mechanismen und die kognitiven Vorgänge wären« (Piaget 1976b, 44f). Piaget war sicherlich der einzige Psychologe, der von der akademischen Psychologie und der Psychoanalyse gleichermaßen anerkannt wurde und insofern auch am ehesten geeignet war, einen solchen Vorschlag zu unterbreiten. Seine Bedeutung für die Psychoanalyse wurde und wird immer wieder in psychoanalytischen Fachzeitschriften und Sammelbänden untersucht (z.B. Fischer 1987, Haynal 1975, Sandler 1975, Vidal 1989).

Albert Einstein

Albert Einstein (1879-1955) war mit Max Wertheimer in enger freundschaftlicher Beziehung verbunden. Die Freundschaft ging aus deren gemeinsamer Berliner Zeit in den Jahren 1916 bis 1919 hervor (Sarris 1987). Gemeinsam intervenierten sie an der Berliner Universität bei einem Studenten-Aufstand vermittelnd zwischen der Universitätsleitung und den Studenten, von denen sie wegen ihren bekannten linken Positionen als Vermittler akzeptiert wurden (Luchins & Luchins 1985). Einstein verwendete sich mehrfach brieflich in Berufungsangelegenheiten für seinen

Freund Wertheimer (Ash 1989, Sarris 1988). Nachdem Einstein vom Völkerbund unmittelbar nach dessen Gründung als Berater bestellt wurde, schlug er 1922 Max Wertheimer als seinen Stellvertreter vor (Sarris & Wertheimer 1987). Wertheimer und Einstein verbrachten häufig mit ihren Familien gemeinsame Urlaube (Oppenheimer-Fromm 1973, zit.n. Luchins & Luchins 1986). Wertheimer befragte Einstein in mehreren Gesprächen, wie sich ihm die Relativitätstheorie enfaltet habe. Diese Gespräche bilden ein zentrales Kapitel in Wertheimers 1945 erschienener Monographie *Produktives Denken* (dt. 1957). Einstein verfaßte 1950 ein bislang nicht publiziertes Vorwort für eine Anthologie Wertheimers, die Schriften über Demokratie, Ethik, Freiheit und Wahrheit zusammenfaßt (Wertheimer 1989).

Mit Sigmund Freud nahm Einstein erstmals 1926 Kontakt auf. Er gratulierte ihm zum 70. Geburtstag. 1927 fand die einzige Begegnung zwischen beiden bei Ernst Freud in Berlin statt. 1928 antwortete Einstein auf ein Anschreiben von H. Meng, der ihn um die Unterstützung seiner Kampagne zur Nominierung Freuds für den Nobelpreis bat, »daß er über den Wahrheitsgehalt der Freudschen Lehre nicht einmal für sich selbst eine Überzeugung gewinnen könne, 'viel weniger ein Urteil fällen, daß auch für andere maßgebend sein soll'« (Gay 1989, 513). Schon drei Jahre später schrieb er jedoch Freud zu dessen 75. Geburtstag, daß er »jeden Dienstag zusammen mit einer befreundeten Dame Freud lese und 'die Schönheit und Klarheit' seiner Darstellungen nicht genug bewundern könne. »Außer Schopenhauer, fügte er hinzu, 'gibt es für mich keinen, der so schreiben kann und konnte.'« (Gay 1989, 646). Doch bei aller Bewunderung für Freuds Stil behielt Einstein seine inhaltliche Skepsis bei. »Da er ein 'Dickhäuter' sei, schrieb Einstein, schwanke er zwischen 'Glauben und Unglauben'« (Gay 1989, 646).

1932 wurde Einstein vom Institut für geistige Zusammenarbeit des Völkerbundes aufgefordert, mit einem Gesprächspartner seiner Wahl zu einem Thema seiner Wahl in einen Gedankenaustausch zu treten. Seine Wahl fiel auf Freud. Am 30.7.1932 eröffnete er den 1933 unter dem Titel *Warum Krieg?* erschienenen Briefwechsel mit Freud. Seine Hauptfrage an Freud war die, ob es einen Weg gibt, »die Menschen von dem Verhängnis des Krieges zu befreien?« (Freud 1933, 12).

Freud zeigte sich in seiner Antwort im September 1932 von der Fragestellung überrascht, erklärte sich für praktische Aufgaben inkompetent und bat Einstein abschließend um Verzeihung, falls ihn seine Ausführungen einer psychologischen Betrachtung des Problems der Kriegsverhütung enttäuscht haben sollten (Freud 1933).

Einstein reagierte auf Freuds Antwort mit einem geradezu enthusiastischen Dankschreiben. Nicht mit einer Silbe ging er jedoch auf den Inhalt von Freuds Schreiben ein, sondern beschränkte sich - wohl nicht ohne schelmische Bescheidenheit - auf die Rolle des »Wurms an der Angel, der den wunderbaren Fisch zum Anbeissen bewegen sollte« (zit.n. Grüning 1990, 435f). Freud machte die überschwengliche Reaktion Einsteins wohl skeptisch, wie aus einem späteren Brief von ihm an Einstein zu entnehmen ist. Einstein gratulierte Freud zu dessen 80. Geburtstag und ließ in seinem Gratulationsschreiben »erkennen, daß er durch Beobachtung in seiner Umgebung eine positivere Einstellung zur Psychoanalytischen Methode gewonnen habe« (Lück et al. 1987, 261). In seinem Dankesbrief schrieb Freud: »... Ich muß Ihnen doch sagen, wie sehr die Wendung in Ihrem Urteil oder ein Beginn dazu mich erfreut hat. Ich wußte natürlich immer, daß sie mich nur 'aus Höflichkeit' bewundern, aber von all meinen Behauptungen sehr wenig glauben« (Freud 1960, 421).

Robert Musil

Robert Musil (1880-1942) studierte zwischen 1903 und 1910 »im Schülerkreis Carl Stumpfs Philosophie, 'vornehmlich Logik und experimentelle Psychologie'« (Frisé 1952, 92). Dort lernte er, »was für ihn überaus wichtig ist, die Anfänge der Gestaltpsychologie kennen« (Berghahn 1963, 47). 1908 promovierte er bei C. Stumpf. Sein Dissertationsthema lautete *Beiträge zur Beurteilung der Lehren Machs.* Corino, einer der besten Kenner von Musils Leben und Werken berichtet über diesen Lebensabschnitt von Musil:

Musil war 1908 schon intensiver mit der Psychoanalyse in Berührung gekommen. Die Texte des Komplexes *Der Schutzengel*, *Der Dämon*, *Das verzauberte Haus* und *Die Versuchung der stillen Veronika* verraten, daß sich Musil vor allem von Freuds und Breuers *Studien über Hysterie* anregen ließ. ... Durch Einbeziehung der Gestaltpsychologie und der Transzendentalphilosophie versuchte Musil gegenüber der Psychoanalyse seine Selbständigkeit zu bewahren (Corino 1988, 147).

Musil verzichtete auf die ihm 1908 angebotene Möglichkeit zur Habilitation ebenso wie auf das Angebot von A. v. Meinong, in Graz eine Assistentenstelle anzunehmen. Nach längerer Bedenkzeit entschied er sich zugunsten des freien Schrifstellerberufes. Im Herbst 1911, ein Jahr nachdem er 1910 Berlin verlassen hatte, kam es zu einer Begegnung mit seinen ehemaligen Studien-Kollegen Wertheimer und Hornbostel. Er notierte daraufhin in sein Tagebuch, daß er zwar »ein bischen Heimweh nach der Psychologie bekommen« habe, er allerdings nur »wenig Freude am psychologischen Experiment hatte ... [und deswegen] ... schon in Berlin dem Betrieb ferngeblieben war« (zit.n. Corino 1988, 188).

Seit 1908 litt Musil an psychosomatischen Beschwerden »wie nervösen Herzzuständen, Schwindelgefühl und Magenleiden (derentwegen er, wie seine Frau berichtet, hypochondrische Essensrituale einhielt)« (Cremerius 1979, 758). 1912 konsultierte er wegen dieser Beschwerden erstmals O. Pötzl in Wien. Dieser diagnostizierte bei ihm »Erscheinungen einer schweren Herzneurose« (zit.n. Corino 1988, 184). Wegen dieser Beschwerden, vor allem aber wegen seiner massiven Arbeitsstörungen begab sich Musil in der zweiten Hälfte der 20er-Jahre in psychotherapeutische Behandlung bei Lukácz, einem Schüler A. Adlers. Darin zeigt sich einmal mehr, daß A. Adlers revidierte Psychoanalyse den Gestaltpsychologen zugänglicher als Freuds Psychoanalyse ist. Musil konnte sich jedoch gelegentlich nicht des Eindrucks erwehren, daß seine Hemmungen doch »in den Bereich der eigentlichen Psychoanalyse fallen« könnten (Corino 1988, 14, nach einer Tagebuchnotiz Musils um 1929/30).

Von 1910 an nahm Musil die wichtigsten Publikationen Freuds zur Kenntnis (Corino 1973). Diese Rezeption floß erkennbar in viele seiner folgenden Werke ein, am stärksten wahrscheinlich in sein Lebenswerk, den *Mann ohne Eigenschaften*. Eine der deutlichsten Wiedergaben der

Freudschen Lehre im *Mann ohne Eigenschaften* betrifft wahrscheinlich nicht zufällig die Freudschen Prinzipien der Überdeterminierung und der Verschiebung, welche der Gestaltpsychologie am nächsten stehen. Diese beiden von Freud in der *Traumdeutung* (1900) aufgezeigten Prinzipien des Psychischen werden von Musil auch im Zusammenhang mit einem Traum aufgegriffen:

> Die Beziehung, die zwischen einem Traum und dem, was er ausdrückt, besteht, ... ist keine andere als die der Analogie und des Gleichnisses ... [und] ein Traumbild [hat] oft mehrfachen Sinn (1978, 581).

Von Musils Interesse an der Psychoanalyse zeugt auch seine von 1925 bis 1932 dauernde freundschaftliche Beziehung zu René Spitz. Musil und Spitz lernten sich bei einem Ferienaufenthalt am Wörthersee kennen. Als Musil Anfang der 30er-Jahre wieder für einige Zeit nach Berlin ging, wurde Spitz dort für ihn einer seiner »interessantesten Gesprächspartner« (Corino 1988). »Wie Spitz mitteilt, kreisten diese Gespräche um literarische Themen, vor allem um Musils Arbeit am Mann ohne Eigenschaften. ... Wie eine Tagebuchaufzeichnung von 1940 belegt, sprachen sie auch über psychoanalytische Theorien, wie hier über das Inzestthema« (Cremerius 1979, 746), auf das Musils *Mann ohne Eigenschaften* letztlich zuläuft. Nach einer mündlichen Mitteilung von Spitz (1979) an Cremerius (s. Cremerius 1979) hatten die Gespräche zwischen ihm und Musil nicht selten »halbtherapeutischen« Charakter.

Auch J.v. Allesch, der der Grazer Schule der Gestaltpsychologie angehörte und mit Musil eng befreundet war, bestätigte die Beeinflussung von Musils Denken durch die Psychoanalyse: Er schreibt, » ... daß sich unter den Formen des Denkens, welche Musil studiert und absorbiert hat, in ganz einmaliger Weise die Tiefenpsychologie befand« (Rendi 1963, zit.n. Cremerius 1979, 749).

Insgesamt ist Musils Haltung zur Psychoanalyse jedoch als ein Schwanken »zwischen Bejahung, Ablehnung und Verleugnung« (1979, 737) zu kennzeichnen. Dies läßt sich an einigen Zitaten belegen. Positiv über Freud schrieb er 1936, »daß man in Freuds Lebenswerk einmal einen der wichtigsten Bausteine erkennen wird, die beigetragen worden sind zu einer heute auf vielfältige Weise sich bildenden neuen Anthropologie« (zit.n. Cremerius 1979, 738). Ebenfalls positiv zu Freud schrieb er 1941 oder 1942, also kurz vor seinem Tod, in sein Tagebuch nieder:

Die Entwicklung der Anschauungen, die in den letzten 50 Jahren ... stattgefunden hat, ist gut zu kennzeichnen als eine Entwicklung der Vernunft und des Verstandes in der Bedeutung für das Seelenleben (Menschenleben) durch den Affekt. Freud hat das meiste davon bewirkt (Musil 1955, zit.n. Cremerius 1979, 738).

Zwischen diesen beiden positiven Notizen über Freud notierte er dagegen in sein Tagebuch - auch entgegen seiner Tagebuchnotiz aus dem Jahr 1911: »Ich werde einmal sagen müssen, warum ich für die 'flache' Experimentalpsychologie Interesse habe und warum ich keines für Freud, Klages, ja selbst die Phänomenologie habe« (Musil 1952, 114). Dieser selbstauferlegten Pflicht ist er nicht mehr nachgekommen. Vielmehr versuchte er im Großen und Ganzen, die Spuren seiner Beeinflussung durch die Psychoanalyse eher zu verwischen. Cremerius führte dies auf das Dilemma zurück, dem alle psychologischen Schriftsteller nach Freud ausgesetzt seien: »Der psychologische Roman bediene sich der psychoanalytischen Psychologie oder er höre auf zu existieren« (1979, 737). Musil ließ diese Einsicht im *Mann ohne Eigenschaften* Arnheim aussprechen: »Das Dämonium der Unterschichten haben Dostojewski, Strindberg und Freud aufgedeckt: wir heute Lebenden haben das tiefe Gefühl, daß in alledem nichts mehr für uns zu tun übrig ist« (Musil 1978, 197). Musil verarbeitete »diese traumatische Entdeckung ... neurotisch. Er 'vergißt' die ihm bekannten psychoanalytischen Texte. Jetzt kann er alles ... wieder in aller Unschuld so schreiben, als sei es von ihm selbst gedacht« (Cremerius 1979, 759).

Diese Verdrängung Musils wird auch noch von seinem ersten Biograph und dem Herausgeber vieler seiner Schriften, Adolf Frisé, aufrechterhalten. Daß Musils Prosa spätestens nach Erscheinen der *Vereinigungen*, erst recht aber nach Erscheinen des ersten Bandes von *Der Mann ohne Eigenschaften* als »einer der ersten unmittelbaren dichterischen Reflexe der Psychoanalyse« (Frisé 1952, 92) galt, deklarierte er schlicht zum »Mißverständnis« (ebd.). Die Dechiffrierung vieler von Musil verwischter

Spuren läßt es hingegen inzwischen auch mit seiner Biographie vereinbar erscheinen, den *Mann ohne Eigenschaften* als »psychoanalytischen Roman par excellence« (Cremerius 1979, 768) zu bezeichnen.

4. Die Rezeption der Gestaltpsychologie in der Psychoanalyse

Erste Ansätze, die Gestaltpsychologie in die Psychoanalyse einzubeziehen. Beiträge von Imre Hermann zwischen 1922 und 1927

Die erste protokollierte Kenntnisnahme der Gestaltpsychologie in der Psychoanalyse ist im Jahr 1922 zu verzeichnen. Auf dem VII. Internationalen Kongreß für Psychoanalyse in Berlin hielt Imre Hermann ein Referat über *Die Neue Berliner Psychologische Schule und die Psychoanalyse* (s. den Kongreß-Bericht in der *Internationalen Zeitschrift für Psychoanalyse* 1922, 481). Im selben Jahr publizierte Hermann in der *Zeitschrift für angewandte Psychologie* (eine Fachzeitschrift der akademischen Psychologie) eine Arbeit mit dem Titel *Ordnungssinn und Gestaltwerden im Zusammenhang mit der Sittlichkeit* (1922), in der er psychoanalytische und gestaltpsychologische Überlegungen zusammenbrachte.

Imre Hermann war ein Schüler Ferenczis, der nach seinem Medizin-Studium zunächst als Experimentalpsychologe in dem Laboratorium von Géza Révész gearbeitet hatte (Harmat 1986). Er behielt seine denk- und wahrnehmungspsychologischen Interessen aus dieser Zeit auch noch als Psychoanalytiker bei und verfolgte mit diesem Interesse aufmerksam die Arbeiten von Wertheimer und den anderen Gestaltpsychologen der Berliner Schule. 1925 erschien von ihm in der *Imago* eine Rezension von Wertheimers Arbeit *Über Schlußprozesse im produktiven Denken* (Hermann 1925). Zwei Jahre später rezensierte er an gleicher Stelle Wertheimers Schrift *Über Gestalttheorie* (Hermann 1927). Hermann äußerte sich sehr anerkennend über diese programmatische Arbeit Wertheimers, vermißte jedoch einen Hinweis auf die Bezüge zur Psychoanalyse, die er in Wertheimers Arbeit gegeben sah:

> ... hier wird nicht auf die Verdrängung hingewiesen, die unseres Erachtens auch an der Zerstückelung der einheitlichen Erfahrung mitschuldig ist. Auch beim Hinweis auf das Dynamische der seelischen Beziehungen vermissen wir ein Wörtchen über die Psychoanalyse (1927, 126).

Gleichzeitig erkannte er jedoch an, daß »von psychoanalytischer Seite das *Methodische* der Ganzheitsauffassung nicht so zusammenfassend herausgearbeitet (wurde), wie man es beim Verfasser vorfindet« (126).

Ein erster systematischer Vergleich: Siegfried Bernfeld: Die Gestalttheorie *(1934)*

Die erste systematische und umfassende Betrachtung des Verhältnisses zwischen Psychoanalyse und Gestalttheorie wurde 1934 von Siegfried Bernfeld in der *Imago* vorgelegt. Bernfeld zeigte sich in dieser Arbeit sowohl in theoretischer wie personeller Hinsicht als profunder Kenner der Berliner Schule. Seine Informationen über die personellen Zusammenhänge (Lehrer-Schüler-Verhältnisse etc.) dürfte er in seiner Berliner Zeit zwischen 1925 und 1932 gewonnen haben. Über unmittelbare Kontakte zum dortigen Psychologischen Institut ist jedoch nichts bekannt geworden (W. Hochheimer, pers. Mitteilung). Bernfeld äußerte sich in seinem Aufsatz in Übereinstimmung mit Hermann sehr anerkennend über die Berliner Schule der Gestaltpsychologie und arbeitete zahlreiche Gemeinsamkeiten zwischen dieser und der Psychoanalyse heraus, ohne jedoch die »sehr bedeutsamen Unterschiede zu verwischen« (1934, 70).

Da die Psychoanalytiker bis dahin »sich mit der Gestalttheorie nicht gründlich auseinandergesetzt« (71) hatten, begann Bernfeld seine Arbeit mit einer kundigen Einführung in die Gestaltpsychologie. Er entfaltete seine Darstellung der Gestaltpsychologie an ihrer Kritik der Assoziationstheorie. Dabei wendete er sich gegen die in der Gestaltpsychologie vertretene Ansicht, daß die Psychoanalyse mit der Assoziationstheorie gleichzusetzen und deshalb mit dieser abzulehnen sei. Bernfeld gestand zwar ein, daß Freud »von der Assoziationstheorie herkam, ihre Termini schlicht verwendete« (44), hielt aber dagegen, »daß er aber überall dort, wo er Neuland erforschte, die Unzulänglichkeit assoziationstheoretischer Erklärungen erkannte und sich nichtsdestoweniger bemühte, jenseits der Anwendbarkeit der Assoziationstheorie Psychologie zu treiben und spätestens in der Traumdeutung die Assoziationstheorie überwand und durch eine völlig neue ersetzte« (44). An zahlreichen Ausdrücken und

Gleichnissen aus der *Traumdeutung* versuchte Bernfeld zu belegen, daß Freud von Gestalten handelt und nicht von »und-summenartig durch Assoziation verknüpfte Elementen-Bündel« (48). Bernfeld vertrat die Auffassung, daß Freud lange vor den Gestaltpsychologen eine radikale Abkehr von der Assoziationstheorie vollzogen habe und dabei ebenfalls zu einer »Gestaltpsychologie« gelangt sei, wenngleich er dies im Unterschied zu den Gestaltpsychologen nicht methodologisch herausgearbeitet habe. Eine solche methodologische Reflexion habe Freud nicht vollzogen, weil er sich in der Auseinandersetzung mit der zeitgenössischen Psychologie auf seine analytische Methode, die Theorie des Unbewußten und die Bedeutung der Sexualität konzentrierte. Die später von der Gestaltpsychologie vorgenommene methodologische Klärung sei schließlich auch erst auf dem Boden der späteren Fortschritte in der Wahrnehmungspsychologie möglich gewesen.

Bernfeld betonte, daß Freud den Begriff der Assoziation in irreführender Weise für Einfälle und deren Verknüpfungen gebraucht habe, denn entgegen dieser mißverständlichen Begriffsentlehnung aus der Assoziationstheorie hat er Einfälle sowie deren Sukzession »nicht durch die Assoziation und die Assoziationsgesetze erklärt, sondern durch unbewußte Zielvorstellungen, also durch einen Zusammenhang, ein Ganzes, das die Teile bestimmt« (46). In Bernfelds Interpretation der Freudschen Theorie ist »das Hier und Jetzt jedes Gliedes solcher Abfolge ... bestimmt durch einen affektiv bedeutsamen Wunsch-, Trieb-, Bedürfniszusammenhang« (44).

Bernfeld ging davon aus, daß diese für die Psychoanalyse wesentlichen Zusammenhänge nach Gestaltkriterien organisiert sind. Darin sah er den empirischen Grund für die strukturelle Affinität zwischen Psychoanalyse und Gestalttheorie. Auf die Aufdeckung dieser unbewußten Zusammenhänge zielt die psychoanalytische Deutung. Daß diese Zusammenhänge Gestaltqualitäten aufweisen, ergab sich für Bernfeld auch aus den Merkmalen des psychoanalytischen Erkenntnisprozesses. Die innere Dynamik dieses Erkenntnisprozesses verglich Bernfeld mit der inneren Dynamik der Gestalterfassung, wie sie von der Gestaltpsychologie an Denkprozessen beschrieben wurde. Für das »Finden« oder »Zurkenntnisnehmen« der Lösung ist ein merkwürdiges »Einschnappen« oder »Ineinanderkippen«

charakteristisch. »Wertheimer verwendet hierfür den Bühlerschen Ausdruck 'Aha-Prozeß', und das veranschaulicht wohl auch das intensive Erlebnis, welches beim 'Zusammenschießen' des diskret Nebeneinanderstehenden zu einem Sinnganzen vor sich geht und das nun auf einmal die mehrdeutigen 'Stücke verankert'« (50). Bernfeld sah darin ein wertvolles Beurteilungskriterium für Zusammenhangsfeststellungen, das über eine induktive Logik hinausreiche und das sich für eine wissenschaftstheoretische Untersuchung der psychoanalytischen Erkenntnismethode anbieten würde.

Die wahrnehmungspsychologischen Befunde der Gestaltpsychologen wertete Bernfeld als wertvolle Möglichkeit, psychoanalytische Hypothesen über die frühe Entwicklung zu überprüfen und theoretisch zu fundieren. Im Gegensatz zu früheren Wahrnehmungspsychologien, die der Psychoanalyse fremd geblieben seien, ermögliche »die neue Wahrnehmungspsychologie und ihr prägnantester Vertreter, die Gestalttheorie, der Psychoanalyse den Anschluß an die Psychologie überhaupt« (41). Bernfeld formuliert einen Ausblick über die Bedeutung zukünftiger wahrnehmungspsychologischer Befunde für die Psychoanalyse, in dem er den heutigen Kenntnisstand der Kleinkindforschung erstaunlich exakt vorwegnahm:

> Wenn die Mutterbrust als das erste Liebesobjekt gedeutet wird, wenn von uralten Ambivalenzkonflikten, wenn von libidinösen Besetzungen in den ersten Lebenswochen die Rede ist, so setzt dies eine so völlig andere Welt des Säuglings voraus, daß das Sinnesempfindungschaos, das die alte Schulpsychologie forderte, uns so abstrus vorkommen mußte, wie die psychoanalytischen Gedanken dem Schulpsychologen phantastisch und bizarr. ... Unsere Phantastik und Bizarrerie wird sogleich zu bloß im einzelnen vielleicht fragwürdigen, aber im ganzen grundsätzlich möglichen Behauptungen, wenn man sich klarmacht, daß man dem Säugling und dem kleinen Kind nicht mehr zumutet, als daß es von Anfang an Gestalt wahrnimmt, gegliederte Wahrnehmungsfelder gegeben hat und handelt (40f).

Bernfeld sah noch einen weiteren Punkt, an dem die Wahrnehmungspsychologie der Berliner Schule der Psychoanalyse näher stand als frühere konkurrierende Wahrnehmungspsychologien. Daß die Gestaltpsychologie die Gestaltkriterien nicht nur in den Wahrnehmungsgebilden, sondern auch in »Affektverläufen, den Handlungen, den Denkprozessen und den logischen Gebilden« (41) gegeben sieht, stimmt mit der psychoanalytischen Grundannahme überein, daß Wahrnehmen, Denken, Wollen und Fühlen »wesensähnlich« sind und in einem »personalen Zusammenhang miteinander« (41) stehen. »Die Überzeugung, die Freud von Anfang an geleitet hat, und die durch ihn gesichert und dem Psychoanalytiker zur alltäglichen Selbstverständlichkeit wurde, daß eine enge Verwandtschaft zwischen dem affektiven und dem intellektuellen Leben besteht, findet hier eine unerwartete Bestätigung« (52).

Ein weiteres Augenmerk legte Bernfeld darauf, daß sich die Psychoanalyse und die Berliner Schule gleichermaßen um eine theoretische Verbindung zwischen psychischen und physischen Prozessen bemühten. In der Psychoanalyse war dies schon ein besonderes Anliegen von S. Freud, das aus seinem Studium und seiner Arbeitszeit bei Brügge herrührte und dem er sich im Grunde genommen bis zu seinem Lebensende verpflichtet fühlte. In der Gestaltpsychologie war es insbesondere W. Köhler, der in seiner Theorie der physischen Gestalten eine psychophysiologische Verbindung zur psychischen Gestaltbildung herzustellen versuchte. Er ging davon aus, daß das innere und äußere Geschehen einem Prinzip folgt, das dem zweiten Hauptsatz der Thermodynamik, dem Entropiesatz, vergleichbar ist. Dieses Prinzip ist dem Prinzip der Herabsetzung innerer Spannungsgrößen in Freuds Trieblehre vergleichbar. Bernfeld wies darauf hin, daß Köhlers »Anknüpfung an die Physik sich im Ansatz gleichfalls bereits bei Freud in der Verbindung seiner Trieblehre mit dem Stabilitätsprinzip« (54) findet. Bernfeld stützte sich in diesem Punkt auf Heerberg, der diesen Berührungspunkt zwischen Psychoanalyse und Gestalttheorie bereits 1928 in einer Arbeit über *Das Stabilitätsprinzip in der modernen Psychologie* (erschienen in den *Annalen der Philosophie*) hervorgehoben hat. Bernfeld sah diese Verwandtschaft der energetischen Modelle Freuds und Köhlers in ihrer gemeinsamen Abstammung von Fechner begründet[23].

23 s. dazu auch Briebach (1986).

Eine besondere Nähe zur Psychoanalyse konstatierte Bernfeld bei Lewin, dessen Auffassungen für ihn der Psychoanalyse »ähnlich«, wenn nicht »identisch« sind. Lewin habe in seinen Studien über Handlungen und Affekte eine Terminologie entwickelt, die sich zu psychoanalytischen Begriffen wie eine »Übersetzung«[24] verhalte. Im einzelnen sah Bernfeld bei Lewin Ansätze der Lehre von der Verdrängung, des Verständnisses der Fehlleistungen und des Strukturmodells vom Ich. Darüberhinaus zeigte er an einigen Zitaten Lewins auf, daß dieser selbst bemerkt habe, wie nahe er mit einigen seiner Konzepte der Freudschen Theorie kam. Beispielsweise habe Lewin erkannt, »daß die Bedürfnisse und Aufforderungscharaktere mit Trieben in Zusammenhang stehen« (70) und daß seine Untersuchungen über Handlungen und Affekte die Bedeutung des »geschichtlichen Moments« (70) belegen. In diesen Untersuchungen Lewins sah Bernfeld den Weg zu einer »experimentellen Triebpsychologie« (67) eröffnet.

Zum Schluß seiner Arbeit unterstrich Bernfeld noch einmal seine Intention, »zu betonen, daß da auch eine Verwandtschaft besteht, wo auf beiden Seiten Mißverständnisse, Unkenntnis und die eigenartigen Terminologien nur wesentliche Differenzen vorfinden wollen« (71). Für ihn war »die Verwandtschaft der Gestalttheorie mit der Psychoanalyse ... überall, wo sie Gegenstände behandelt, die Forschungsobjekte der Psychoanalyse sind, unverkennbar« (66). Damit gab Bernfeld gleichzeitig zu erkennen, wo er die Grenze der Verwandtschaft zwischen Gestaltpsychologie und Psychoanalyse sah. Für Bernfeld divergierten Psychoanalyse und Gestaltpsychologie in jenen Gegenstandsbereichen, denen sich die Gestaltpsychologie - vielfach im Widerspruch zur bekundeteten Absicht - nicht zugewendet habe. Er hielt der Gestaltpsychologie vor, daß sie ihr Programm, das »wirkliche, ganze Leben zu erfassen« (52), nicht eingelöst habe. Durch die Begrenzung ihrer Untersuchungen auf das Laboratoriumsexperiment und die Bindung an eine physikalische und topologisch-

24 Bernfeld zitierte diesen Begriff aus einer Arbeit von Scheerer über *Die Lehre der Gestalt*, in der dieser schrieb, daß die Gestalttheorie »wie eine 'Übersetzung' aus der Psychoanalyse anmute« (61). Bernfeld ergänzte, daß »jene 'Übersetzung' geeignet sei, gewisse Behauptungen der Psychoanalyse 'objektiv' zu verifizieren. ... Hier liegt Stoff für gemeinsame Bemühungen von Analytikern und Gestalttheoretikern« (61).

mathematische Begrifflichkeit sei das Lebendige und Zentrale ausgeklammert geblieben:

»Von Sexualität, auch nur von Liebe, Haß und Hunger, vom künstlerischen und religiösen Genießen und Produzieren, von Kindheit und Pubertät, von Traum, Neurose und Psychose, von Charakter und Erziehung weiß die Gestalttheorie - bis jetzt - überhaupt nichts oder nichts bedeutsames zu sagen« (62). Im Kontrast zur Psychoanalyse falle an der Gestalttheorie auf, daß sie »sich dem Klaren, Reinen, dem Intellektuellen und Normgemäßen widmet und alles Dunkle, Verworrene, Schmutzige, Krankhafte meidet, kurz, daß sie den Weg gemacht hat von Freuds *Drei Abhandlungen zur Sexualtheorie* (1905) zu Wertheimers *Drei Abhandlungen zur Gestalttheorie* (1925)« (57).

Bernfelds Arbeit über *Die Gestalttheorie* blieb in ihrer scharfsinnigen und umfassenden Behandlung der Beziehungen zwischen Psychoanalyse und Gestaltpsychologie lange unerreicht. Eine gehaltvolle Ergänzung schien erst dann möglich, als durch theoretische Veränderungen in der Psychoanalyse sich neue Gemeinsamkeiten ergaben. Vielleicht ist dies auch ein Grund dafür gewesen, daß Bernfelds Arbeit für lange Zeit kaum mehr aufgegriffen und fortgeführt wurde.

Bernfeld selbst zeigte auch noch in späteren Studien, daß er sich von der Gestaltpsychologie sehr anregen ließ. Im Bernfeld-Archiv fanden sich beispielsweise Texte aus den Jahren 1935-1937, in denen Bernfeld sich mit dem »Problem der Isomorphie zwischen Psychologie und Biologie« (Grubrich-Simitis 1988, 22) beschäftigte.

Beiträge von P. Schilder, T.M. French, G. Devereux und D. Rapaport (1935-1961)

Ein Jahr nach Bernfelds Arbeit erschien in der *Imago* eine ausführliche und wohlwollende Rezension von Koffkas Lehrbuch *Principles of Gestalt Psychology* (1935). Rezensent war Paul Schilder, ebenfalls ein an der Wahrnehmungspsychologie sehr interessierter Psychoanalytiker, der zu dieser Zeit bereits nach New York emigriert war, wo er möglicherweise an der Columbia University mit Wertheimer in Kontakt kam.

Schilder kam in seiner Besprechung zu dem Ergebnis, daß Koffkas Buch dazu beitragen kann, »klarere Formulierungen für grundlegende Probleme der Psychoanalyse zu finden« (1936, 255). Er räumte ein, daß in der Psychoanalyse die Außenwelt vernachlässigt werden würde. Die Gestaltpsychologie könnte seiner Auffassung nach hierbei der Psychoanalyse zu einem tieferen Verständnis bestimmter Strukturen und der inneren Kohärenz der Außenwelt verhelfen. Dafür würde jedoch die Gestalttheorie den Einfluß der Libidoprobleme auf die »Gestaltung«, »Gliederung« und »Organisation« übersehen. Organisation »wird nicht nur von den allgemeinen biologischen Eigenschaften des Menschen gelenkt, sondern auch von ihren individuellen Triebschicksalen. Organisation beruht auch in dieser Beziehung auf einer Wechselwirkung der Triebe des Menschen, die in enger Beziehung zur Realität stehen« (255). In Koffkas Konzeption des Ichs sah Schilder eine deutliche Kongruenz mit der Psychoanalyse, Koffka habe jedoch auch in dieser Konzeption die Libidoprobleme nicht erkannt.

Ein kontinuierliches Bemühen um eine Einbeziehung gestaltpsychologischer Erkenntnisse in die Psychoanalyse zeigte T.M. French. 1938 erschien von ihm eine Kritik an Anna Freuds Klassifizierung der Abwehrmechanismen. Er kritisierte ihre isolierte Abhandlung einzelner Abwehrmechanismen, die der ganzheitlichen Funktionsweise des Ichs nicht gerecht werde. 1939 veröffentlichte er die erste psychoanalytische Arbeit, in deren Titel der Begriff »Einsicht« enthalten war (Sandler et al. 1979). Er übernahm diesen Begriff explizit von W. Köhler und versuchte, dessen Konzeption für die Psychoanalyse nutzbar zu machen. In drei weiteren Arbeiten (1941, 1951, 1952-54) bemühte er sich um eine Synthese der Lewinschen Feldtheorie mit der Freudschen Psychoanalyse.

George Devereux veröffentlichte 1951 eine Arbeit über *Einige Kriterien für die Wahl des Zeitpunkts von Konfrontationen und Deutungen*[25]. Ausgehend von der psychoanalytischen Behandlungsregel, daß nur solche Interpretationen zu geben sind, die der Analysand zu diesem Zeitpunkt annehmen und nutzen kann, suchte er nach einer systematischen Theorie, mit der diese Regel begründet und präzisiert werden kann.

25 Im Original: *Some criteria for the timing of confrontations and interpretations.*

Hierfür schien ihm die Gestaltpsychologie geeignet. Wie auch Bernfeld dies schon andeutete, geht Devereux davon aus, daß die von den Analysanden vorgebrachten Materialelemente eine Gestalt bilden, die von einem sensiblen und aufmerksamen Analytiker allmählich erkannt werden kann. Aufgrund des von Lewin und Zeigarnik aufgezeigten Drangs zur Vollendung unabgeschlossener Aufgaben werden gerade diejenigen Konflikte immer wieder vorgebracht, die in der Vergangenheit nicht gelöst werden konnten und deswegen partiell ins Unbewußte abgedrängt wurden. Der Drang zur Schließung der Gestalt manifestiert sich häufig auch in Versuchen, den ungelösten Konflikt durch eine realitätsverzerrende Phantasie abzuschließen. Devereux bezeichnet diese meist unbewußten Phantasien als das »Schließungselement einer neurotischen Gestalt«. Sie werden meist irgendwann einmal mit der äußeren Realität in Konflikt treten oder auch als ich-fremd erlebt und drängen dann ebenfalls gestaltartig an die Oberfläche.

Aus diesen Grundannahmen leitet Devereux nun zwei Kriterien für das »timing« von Konfrontationen und Deutungen ab: Konfrontationen sollen nach Devereux »rudimentäre *Gestalten* zur Entwicklung von *Prägnanz* stimulieren« (24, Hervorhebungen im Original). Sie erscheinen ihm daher zeitlich angemessen, wenn sie dem Analytiker ermöglichen, anschließend die Gestalt korrekt zu interpretieren (d.h. eine Schließung zu bewirken), wobei der Analytiker nur das Material zu benutzen hat, daß der Analysand ihm bis dahin zur Verfügung gestellt hat.

Im Unterschied dazu »decken Interpretationen die verdrängten Schließungselemente einer neurotischen *Gestalt* auf und sind dann zeitlich angemessen, wenn das vom Analysanden produzierte Material eine eindeutige *Prägnanz* erreicht hat. Wenn die Gestalt auf verschiedene gleich angemessen erscheinende Weise geschlossen werden kann [da alles psychische Geschehen überdeterminiert ist, B.W.], ist *das* Schließungselement zu interpretieren, das mit dem gegenwärtig zentralen Thema des Analysanden übereinstimmt« (24)[26].

1961 erschien von D. Rapaport eine grundlegende und einflußreiche Abhandlung *Über die Struktur der psychoanalytische Theorie*. Er stellte

26 Alle Übersetzungen in diesem Absatz: B.W.

zehn Struktur-Gesichtspunkte der psychoanalytischen Theorie heraus. Einen nannte er den »Gestalt-Gesichtspunkt«. Den »Gestalt-Gesichtspunkt« sah er vor allem in Freuds Konzept der Überdeterminierung gegeben. Dieses Konzept impliziere die Annahme einer integralen Ganzheitlichkeit des menschlichen Verhaltens. Rapaport empfahl, »daß jeder der begrifflich schon gesonderten Aspekte des Verhaltens, ebenso wie der räumliche und zeitliche Kontext eines jeden Verhaltens, als integrales Ganzes behandelt werde« (1961, 45). Er beendete seine Ausführungen über den »Gestalt-Gesichtspunkt« mit einem allgemeinen Verweis auf die Gestaltpsychologie: »Wir brauchen diesen Punkt hier nicht weiter zu verfolgen, er scheint im großen und ganzen mit dem allgemeinen Postulat der Gestaltpsychologie übereinzustimmen« (45).

Auch den von ihm so genannten »organismischen Gesichtspunkt« der psychoanalytischen Theorie brachte Rapaport mit der Gestaltpsychologie in Verbindung. Als »organismischen Gesichtspunkt« bezeichnet er, daß Verhalten nicht isoliert, sondern als charakteristische Äußerung einer »integralen und unteilbaren Persönlichkeit« zu betrachten ist. Rapaport nannte hierbei Wertheimer und Goldstein als diejenigen, welche die organismische Auffassung neben den organismischen Biologen systematisch ausgearbeitet haben. Bei der Diskussion dieses organismischen Gesichtspunktes wendete sich Rapaport gleichzeitig gegen Wertheimers Auffassung, daß die Psychoanalyse eine atomistische Theorie sei. Er gestand zwar zu, daß sich bei Freud viele Passagen finden lassen, die diese Auffassung Wertheimers gerechtfertigt erscheinen lassen, die psychoanalytische Theorie als Ganzes werde durch eine solche Auffassung jedoch mißverstanden. Dieses Mißverständnis sah Rapaport allerdings auch unter Psychoanalytikern verbreitet. Vielen Psychoanalytikern seien die organismisch-ganzheitlichen Implikationen der psychoanalytischen Theorie nicht bewußt. Wie Bernfeld sah auch Rapaport in Freuds *Traumdeutung* (1900) eine integrale und ganzheitliche Persönlichkeitstheorie angelegt. Rapaport stimmte weiterhin mit Bernfeld darin überein, daß die Arbeiten von Lewin und seinen Mitarbeiterinnen und Mitarbeitern herausragende Belege für die Konvergenz der Psychoanalyse mit der Gestaltpsychologie liefern.

Eine »gestaltliche Interpretation psychodynamischer Prozesse«: Wilhelm Schumacher: Gestaltdynamik und Ich-Psychologie *(1971)*

Erst 1971 erschien wieder eine der Bernfeldschen Arbeit vergleichbare umfassende und systematische Untersuchung der Beziehungen zwischen Psychoanalyse und Gestaltpsychologie. In seinem Aufsatz *Gestaltdynamik und Ich-Psychologie* arbeitete W. Schumacher die mit der Entwicklung der Ich-Psychologie erweiterten Gemeinsamkeiten zwischen Psychoanalyse und Gestaltpsychologie heraus. In einem einleitenden Überblick über die bisherige Rezeption der Gestaltpsychologie in der Psychoanalyse stellte er fest, daß diese auffallend gering und mit Ausnahme der Arbeit von Bernfeld überwiegend grundsätzlich-konzeptioneller Art gewesen sei. Dies führte er darauf zurück, daß sich die Psychoanalyse erst zu einem Zeitpunkt mit den bewußten Ich-Vorgängen befaßte, als die Gestaltpsychologie ihre bedeutende Position in der Schulpsychologie bereits verloren hatte.

Um über Feststellungen grundsätzlich-konzeptioneller Parallelen hinauszukommen, hielt Schumacher es zunächst für notwendig, die methodische Frage zu klären, »ob und inwieweit es grundsätzlich möglich ist, Erkenntnisbestände der Gestaltpsychologie mit solchen der Psychoanalyse zu verbinden« (163). Hierfür nannte er zwei Argumente: 1. Die Gestaltpsychologie befaßt sich mit den bewußtseinsfähigen Ich-Funktionen und ist daher in das Gebiet der psychoanalytischen Ich-Psychologie einfügbar. 2. Eine grundlegende Ähnlichkeit des psychoanalytischen und gestaltpsychologischen Interpretationsansatzes besteht in deren gemeinsamer »dynamischer Denkweise« (163). Die von der Psychoanalyse und der Gestaltpsychologie der psychischen Dynamik jeweils unterstellten Regulationsprinzipien der »Triebentspannung« bzw. der »gestaltlichen Prägnanz« sah Schumacher zwar als sehr verschieden an, den Versuch Köhlers, die psychologischen Gestaltprinzipien mit der Biologie und Physik zu verbinden, bewertete er jedoch wieder als kongruent mit der Psychoanalyse, worauf auch Bernfeld (1934) bereits hinwies. Nachdem Schumacher die von ihm formulierten methodischen Prämissen damit als eingelöst betrachten konnte, wendete er sich seinem Anliegen zu, die Gestaltpsychologie für eine Erweiterung und Differenzierung der psychoanalytischen Theorie zu nutzen. Zwei Aspekte erschienen ihm hierfür besonders geeignet, die »Beziehung zwischen Primär- und Sekundärvorgängen sowie Fragen der Anschlußgewinnung bzw. Zusammenschlußbildung zwischen Es- und Ich-Anteilen« (163).

Die von Freud benannten Merkmale des Primärvorganges faßte Schumacher zu zwei Grundprinzipien zusammen, deren Bestimmung er aus der Gestaltpsychologie entlehnte: Die Diffusität und Unabgegrenztheit des primären innerpsychischen Repräsentationsfeldes und die visuell-räumliche Bildhaftigkeit des primären Erlebens. Aus der Diffusität und Unabgegrenztheit sind für Schumacher die weiteren Merkmale des Primärprozesses, die Unmittelbarkeit und Unaufschiebbarkeit der Triebentladung, die Flüchtigkeit und Verschiebbarkeit der Objektbesetzungen und das Fehlen von Zeitlichkeit und Negation, abzuleiten. Die Anschaulichkeit und räumliche Bildhaftigkeit des Primärvorganges begründete Schumacher mit dem primären Fehlen von Sprach- und Wortvorstellungen. Auch für die beiden von Freud benannten Grundmerkmale des Primärprozesses, die Verschiebung und die Verdichtung, legte Schumacher eine treffende gestaltliche Definition vor. Bei der Verdichtung werden Einzelteile ohne Beachtung von Besonderheiten oder gar Widersprüchen zu einem Ganzen verschmolzen, allein nach der Maßgabe, »wie es vom Ganzen her gesehen passend erscheint« (170). Bei der Verschiebung findet eine »Transponierung einer Gestalt oder Teile von Gestalten auf andere« (170) statt.

Die Komprimierung der Eigenschaften des Primärvorganges auf die beiden Grundmerkmale der Ungegliedertheit und der visuell-räumlichen Bildhaftigkeit diente Schumacher als Brücke zur gestaltpsychologischen Entwicklungslehre. Diese postuliert ein Primat der Ganzeigenschaften und unter ihnen der Wesenseigenschaften: »D.h. im Früherleben führend ist das Erleben von diffusen, in sich noch ungegliederten und wenig differenzierten Ganzgestalten« (167). Die auffallende Übereinstimmung, die sich hier zwischen dem frühkindlichen Erleben und dem Primärvorgang zeigt, führte Schumacher darauf zurück, daß sich das Unbewußte - dessen Funktionsweise der Primärprozeß ist - aus verdrängtem oder verinnerlichtem Material der frühen Kindheit herleitet. Die unbewußten Inhalte unterliegen jener Ordnung, die sie vor ihrer Verdrängung ins Unbewußte aufwiesen, nämlich der Ordnung des primär-ganzheitlichen Erlebens. Darin sah Schumacher seine zentrale Hypothese begründet, »daß auch der Bereich des dynamisch Unbewußten gestaltlich organisiert ist« (168f). Auf dieser Grundlage konnte Schumacher den Primär- und den Sekundärvorgang als zwei verschiedene Gestaltordnungen beschreiben, »einmal die uns wohlbekannten Ordnungen des reifen Erlebens und zum anderen - abgesperrt und konserviert im Verdrängten - die unseres frühen Daseins« (170).

Ausgehend von diesen Überlegungen schlug Schumacher einen »gestaltgenetischen« Ansatz zur Trauminterpretation vor. Er sah darin eine Möglichkeit, das Verständnis der Traumsymbole zu erweitern und damit die Sackgasse der wörterbuchartigen Symbolübersetzungen zu überwinden. Erfahrungsgemäß stehen bestimmte Bildelemente regelhaft für bestimmte Traumgedanken. So verweisen z.B. nach oben gerichtete oder längliche Inhalte häufig auf phallische Wünsche und weiche, runde und unscharfe Formen eher auf Wünsche nach mütterlicher Versorgung und Weiblichkeit. Freud führte diese Regelhaftigkeit der Traumsymbole auf eine phylogenetische Verankerung zurück, die erblich weitergeleitet werde. Schumacher nahm dagegen an, daß die Stufen der psychosexuellen Entwicklung »mit bestimmten gestaltlichen Erlebnisqualitäten verbunden sind« (173). Die früh-orale Stufe, in der Empfindungen des Umschlossen-, Umhüllt- und Erfüllt-Seins vorherrschen, spiegelt sich in weichen, runden und einhüllenden Gestaltqualitäten wider. Demgegenüber zeichnen sich die vorherrschenden Inhalte der phallischen Phase durch »vertikale Richtungsmerkmale (Sich-Aufrichten, Nach-Oben-Wollen, Gesehen-Werden-Wollen)« (173) aus. Bei der frühen Verdrängung konflikthafter Inhalte werden auch die dazugehörigen Gestaltqualitäten in das Unbewußte verschoben und bleiben weiterhin an diese gekoppelt. Wenn ein verdrängter Wunsch oder Inhalt sich in einen Traum umsetzt, dann werden die Traumbilder und -symbole von den dazugehörigen mitverdrängten Gestaltqualitäten bestimmt. Durch dieses Modell wird »der Rückgriff auf archaische, erblich niedergelegte Schemata ... überflüssig. Er wird ersetzt durch die Annahme eines Sich-wieder-Freilegens früh erlebter und dann (mit-) verdrängter Gestaltprägungen« (174).

Im Traum sah Schumacher das beste Beispiel für seine allgemeinere Hypothese, daß die Einwirkungen des Unbewußten auf das Vorbewußte und Bewußte sich nach Gestaltprinzipien organisieren. Er sah den Traum als eine Ganzgestalt an. Daraus ergab sich für ihn weiterhin, daß zum Verständnis des Traums auch dessen Plazierung in einem als spezifisch zu betrachtenden Umfeld zu beachten ist.

Im Unterschied zu Bernfeld bestätigte Schumacher die zentrale Kritik vieler Gestaltpsychologen an der Psychoanalyse, daß diese zur Erklärung psychischer Zusammenhangsbildungen überwiegend der Assoziationstheorie gefolgt sei: »Kurz gesagt stellte man sich vor, daß psychisches Material sich aufgrund irgendwelcher Vorerfahrungen, hauptsächlich infolge eines raum-zeitlichen Miteinander-Auftretens (Kontingierens) zu Ketten zusammenschließe« (175). In der analytischen Arbeit würden nach dieser Vorstellung dann die durch die Verdrängung verloren gegangenen Verbindungen oder Teile dieser Ketten wieder hergestellt werden. Diesen assoziationstheoretischen Einschlag der psychoanalytischen Theorie führte Schumacher - nun wiederum in Übereinstimmung mit Bernfeld - darauf zurück, daß in ihrer Entstehungsphase noch nicht die überzeugenden wahrnehmungspsychologischen Befunde der Gestaltpsychologie vorlagen, und als diese dann vorlagen, bereits eine zu große »Entfernung der Gebiete« (176) eingetreten sei. Die assoziationstheoretischen Annahmen schlugen sich seiner Auffassung nach jedoch nur in der Theorie der Psychoanalyse nieder. In der psychoanalytischen Praxis wurden diese nicht nur nicht benutzt, sondern de facto auch widerlegt. Schumacher betonte, daß die Vielfalt der Einfälle, Vorstellungen und Träume, die als Glieder oder Endigungen einer »Kette« aufgefaßt wurden, assoziationstheoretisch nicht erklärt werden kann. Deren Gemeinsamkeit ist nicht materiell-assoziativer, sondern gestaltlicher Art. Sie stimmen überein im Aufbau, der Anordnung, dem Gefüge und der Zentrierung. Daraus ergibt sich dem Analytiker der Eindruck des Zusammenhangs, den er zur Deutung verwertet. Der Psychoanalytiker kommt somit zu seinen Deutungen nicht durch die Herstellung assoziativer Kontingenzen, sondern durch den Eindruck gestaltlicher Zusammengehörigkeit. Aus diesen Überlegungen heraus formulierte Schumacher eine gestaltliche Definition der psychoanalytischen Deutung: »Formal definiert heißt deuten das Zusammenbringen psychischer Bestände (u.U. aus sehr heterogenen Gebieten) aufgrund ihrer gestaltlich konfigurativen Zusammengehörigkeit« (177).

Schumacher bestätigte noch eine weitere, nicht nur aus der Gestaltpsychologie zu vernehmende Kritik an der Psychoanalyse, nämlich daß diese in manchen ihrer Konzeptionen von maschinentheoretischen Vorstellungen geleitet sei. Begriffe wie der »Ich-Apparat« oder die »Abwehr-Mechanismen« würden auf elementenhaftes, mechanistisches Denken verweisen. »Meist unausgesprochen wird der Aufbau des Psychischen als aggregative Und-Verbindung von Funktionsteilen gedacht, die nach dem Prinzip von Kraft und Gegenkraft sich gegenseitig beeinflussen« (179). Schumacher setzte dieser maschinentheoretischen Auffassung eine gestaltliche Auffassung entgegen, die die regulativen Ich-Leistungen innerhalb eines ganzheitlichen Ich-Feldes eingebunden sieht[27]. In jede Ich-Tätigkeit ist das Ich als Ganzes involviert:

> Sämtliche Komponenten des Vorganges stehen unter Einfluß aller, auch scheinbar entfernter Teile des Ich, sie haben umgekehrt Rückwirkungen auf eben alle diese Teile (182).

Die aus dem Es in Verbindung mit den verdrängten Vorstellungsinhalten und den dazugehörigen infantilen Ganzgestalten an das Ich herantretenden Impulse erfahren dort im Normalfall eine ich-syntone und realitätsgerechte Bearbeitung, die auch als Transposition zu einer differenzierten Endgestalt beschrieben werden kann. Die diffusen, ganzheitlich-primitiven Es-Abkömmlinge werden in »separativ-geordnete, von den Zielen und Interessen des Ganzen her bestimmte Endgestalten« (185) überführt. An dieser Es-Ich-Zusammenschlußbildung ist das gesamte Ich-Feld beteiligt, wodurch erst ein hoch-integratives Ergebnis ermöglicht wird. Daraus ergab sich für Schumacher, daß Fehlhandlungen und Symptome als Ergebnisse eines mißlungenen Integrationsversuches angesehen werden können. Seiner Auffassung nach werden die vom Ich nicht zu integrie-

27 Eine solche ganzheitliche Auffassung des Ichs legten bereits Sandler & Joffe (1969) in ihrem psychoanalytischen Grundmodell vor (s.a. Kapitel 5). Schumacher stellte sie in einen systematischen Zusammenhang mit der Gestaltpsychologie und wies darüber hinaus darauf hin, welche Anregungen hierbei aus der Gestaltpsychologie entnommen werden können.

renden Es-Abkömmlinge vom Ich-Feld abgespalten und bilden partialisierte Sequenzen.

Auch das Ich-Feld als Ganzes kann sich vorübergehend entdifferenzieren, d.h. regressiv auf ein Funktionsniveau zurückfallen, das gestaltlich den Vorgängen auf der Stufe des primären Ichs (Primärvorgang) nahesteht (184).

Schumacher nannte als Beispiele solcher regressiver Funktionsmodi den Schlaf, das Tagträumen und bestimmte Formen künstlerischer Tätigkeit. Aus diesen Überlegungen ergab sich für ihn, daß sich die Ich-Feld-Organisation ständig zwischen den Polen eines primär-ganzheitlichen und eines hochintegrativen, differenzierten Funktionsniveaus bewegt.

Abschließend überführte Schumacher seine theoretischen Ausführungen in eine praktische Konsequenz für den klinisch tätigen Psychoanalytiker: Ihm stelle sich die Aufgabe, sein eigenes Erlebnisfeld nach den Ordnungen und Zentrierungen des Patienten umzustrukturieren, um dessen primärgestaltliche Konfigurationen erfassen und sprachlich zusammenschließen zu können. Hierfür muß »er über ein fein ausgebildetes Empfinden für Gestaltordnungen, insbesondere für gestaltliche Zusammenhangsbeziehungen verfügen« (188).

Das »Gestaltprinzip« der Erfassung unbewußter Vorgänge: Hermann Argelander: Die kognitive Organisation psychischen Geschehens *(1979)*

Argelander knüpfte mit seiner Arbeit an Bernfelds und Schumachers Überlegungen zum Schlußbildungsprozeß des Psychoanalytikers an und entwickelte diese weiter. Wie Bernfeld und Schumacher ist auch er der Auffassung, daß sich die Schlußbildungsprozesse des Psychoanalytikers nach Gestaltprinzipien vollziehen. Das vom Analysanden umgangssprachlich und szenisch vermittelte unbewußte Thema erschließt sich dem Analytiker »nach den Gesetzen der Gestaltwahrnehmung und des Zusammenhanges« (53). Die vom Analysanden in verschiedenen Teilen vorgebrachten Inhalte verweisen durch ihre Ähnlichkeit, ihre gemeinsame Bewegung oder ihre Anordnung im thematischen Feld auf das Ganze, dessen Teile sie sind und von dem aus sich ihr Sinn stiftet.

Gleichzeitig bestätigen die Teile »das Ganze im Sinne phänomenaler Qualifizierung« (54). Das unbewußte Thema bezieht folglich »seine Relevanz aus der Gestaltkohärenz. ... Seine Bedeutung kommt durch die Variation des Themas im Zusammenhang mit einem thematischen Feld zustande« (75). Erst wenn die einzelnen Elemente durch ihre konfigurative Zusammengehörigkeit eine Gestalt erkennen lassen und damit das Thema bewußt oder vorbewußt im Psychoanalytiker Gestalt annnimmt, ist dieses seiner Einfühlung, Empathie und begrifflichen Erfassung zugänglich. Argelander entwickelte aus diesen Überlegungen ein zweiphasiges Prozeßmodell der analytischen Erkenntnis. Die beiden Phasen charakterisierte er nach ihrem jeweiligen Organisationsmodus:

Die erste Phase ist still und äußerlich durch Zuhören gekennzeichnet. Freud hat diesen Zustand mit freischwebender Aufmerksamkeit hervorragend beschrieben. In ihr organisiert sich die Wahrnehmung nach den Prinzipien des frühmenschlichen Erlebens unter Beachtung aller zugänglichen Details. Das umgangssprachlich vermittelte Sinngefüge tritt in seiner Bedeutung zurück. Das unbewußte Thema bildet sich im Sinne der Gestaltkohärenz, die einzelnen Elemente warten in ihrer funktionellen Bedeutsamkeit auf ihre Ergänzung. Das gefundene Thema wird in verschiedenen thematischen Feldern nach seinen spezifischen Bedeutungen abgetastet. Offenbar verlaufen diese Prozesse nach der Erfahrung der Analytiker überwiegend unbewußt im deskriptiven Sinne. ... Erst das Ergebnis dieses Prozesses wird in einer zweiten Phase dem kritischen logischen Denken unterworfen, und erst dann entsteht der Raum für mitfühlende, einfühlende, mitleidende und ähnliche Vollzüge, für die Rekonstruktionen eines individuellen Lebens und für die Verknüpfung von Vergangenheit und Gegenwart (99).

Aus diesem Prozeßmodell leitete Argelander einige »kognitive Regeln zur Erfassung unbewußter Vorgänge« (136) ab. Diese formulierte er in Anlehnung an die von Freud in seinen technischen Schriften aufgestellten Regeln. »Nach dem Gestaltprinzip« (136) empfiehlt er dem Analytiker:

Benutze *alles* Mitgeteilte zur Erkennung des unbewußten Themas. Reichere das Material durch Elemente aus verschiedenen Zeiten und verschiedenen Zusammenhängen an. Achte dabei auf die Sukzession und die zeitliche Nachbarschaft, in der die Mitteilungen erfolgen (136). Dabei abwarten, bis die einzelnen Elemente in ihrer funktionalen Bedeutsamkeit aufeinander verweisen und sich daraus das unbewußte Thema als eine Gestalt abzeichnet, von der die einzelnen Elemente ihren Sinn erhalten (127).

»Gestaltpsychologische Perspektiven« der psychoanalytischen Grundregel: Wolfgang Mertens: Einführung in die psychoanalytische Therapie *(1990)*

Mertens weist in seiner dreibändigen *Einführung in die psychoanalytische Therapie* (1990/1991) wiederholt auf Verbindungslinien zur Gestaltpsychologie hin. Einer gestaltpsychologischen Betrachtung der Funktion der psychoanalytischen Grundregel widmet er ein eigenes Kapitel. Im Anschluß an Argelander (1979) und Spiegel (1975) zieht er zur Untersuchung des psychischen Geschehens in der analytischen Situation den gestaltpsychologischen Feld-Begriff heran und begreift dieses als »psychoanalytisches Feld« (1990, Bd.2, 35). Die freie Assoziation des Analysanden bewirkt eine Destabilisierung und Destrukturierung des jeweils etablierten psychoanalytischen Feldes. In den freien Einfällen offenbaren sich Abkömmlinge unbewußter Phantasien. Bislang unterdrückte Verbindungen kommen zum Vorschein und gruppieren das bisherige bewußte Sinngefüge um. Unbewußte Bedeutungen werden sichtbar und lösen alte Bedeutungen auf. »Die auf diese Weise neu entstehenden gefühlsmäßigen Zustände und Spannungen unterminieren das Gleichgewicht des Feldes, wobei die Widerstandsanalyse zu einer weiteren Destabilisierung beiträgt« (36). An dieser Stelle des Ungleichgewichts kann eine progressive Restrukturierung einsetzen, die ein neues dynamisches Feld erzeugt.

Die freien Einfälle des Analysanden, ihre Abfolge und die sie begleitenden Gefühle sind auf spezifische Weise charakteristisch für die inneren unbewußten Erwartungs- und Erlebnismuster des Analysanden, in die frühe konflikthafte oder traumatisierende Interaktionserlebnisse eingegangen sind. Deren Abkömmlinge drängen immer wieder an die Oberfläche des aktuellen Erlebens, um endlich doch noch eine späte Lösung zu erzielen.

Die Nichtbewältigung verschiedener Interaktionsaufgaben und Aushandlungsprozesse zwischen eigenen Bedürfnissen und Erwartungen und denen wichtiger Bezugspersonen schafft einen affektiven und kognitiven Druck, die bislang nicht erfolgreichen Problemlösungen endlich zu einem guten Ende zu bringen (188).

Wie schon Devereux (1951) weist auch Mertens darauf hin, daß diese ichpsychologische Auffassung des Wiederholungszwangs als Drang zur Problemlösung durch »eine alte Erkenntnis der Gestaltpsychologie«[28] gestützt wird (188). Allerdings, so Mertens, ist dieser Drang, ein offenstehendes Problem zu einer Gestalt zu schließen, von der Ich-Psychologie nicht nur unter affektiv-kognitiven, sondern auch unter interaktiven und triebmäßigen Vorzeichen formuliert worden.

Abschließende Bewertung

Aus der vorangehenden Zusammenstellung ergibt sich das Gesamtbild einer zeitlich zwar sporadischen, wohl aber früh begonnenen und bis heute fortgeführten Rezeption der Gestaltpsychologie in der Psychoanalyse. In denjenigen Arbeiten, in denen die Gestaltpsychologie zum besseren Verständnis bestimmter Aspekte der Psychoanalyse herangezogen wurden, ergaben sich daraus regelmäßig wissenschaftlich bedeutsame Erkenntnisfortschritte. Diese betrafen insbesondere methodologische, erkenntnistheoretische, ich-psychologische und kognitionspsychologische Fragestellungen.

Obgleich die »eigentliche« Gründung der Gestaltpsychologie auf das Jahr 1912 datiert wird, kann der Beginn ihrer Rezeption in der Psychoanalyse im Jahr 1922 dennoch als »früh« veranschlagt werden, da die Berliner Schule sich zu dieser Zeit gerade mit der Gründung der Zeitschrift *Psychologische Forschung* und der Berufung Köhlers in Berlin formiert hatte und ihre eigentliche »Blütezeit« erst noch bevorstand (Rechtien 1984). Der Beginn der psychoanalytischen Rezeption der Berliner Schule auf dem VII. Internationalen Psychoanalytischen Kongreß in Berlin fiel zusammen mit dem Beginn der psychoanalytischen Rezeption der Ent-

28 Bekannt geworden als »Zeigarnik-Effekt«.

wicklungspsychologie Piagets. In den folgenden Jahren war die Gestaltpsychologie gemeinsam mit Wundts Völkerpsychologie diejenige Schule der akademischen Psychologie, die in der Psychoanalyse die meiste Aufmerksamkeit fand. Dies änderte sich mit dem allgemeinen Bedeutungsverlust der Gestaltpsychologie, der durch die nationalsozialistische Vertreibung ihrer führenden Köpfe eingeleitet wurde. Zwar hielt die Rezeption der Gestaltpsychologie in der Psychoanalyse auch weiterhin an, doch verlor sie ihre vorrangige Stelle in der Häufigkeit und Intensität psychoanalytischer Rezeptionen an die zwischenzeitlich fortentwickelte Entwicklungspsychologie Piagets.

Sicherlich ist Schumacher Recht zu geben, wenn er die ab den 50er-Jahren nachlassende Beachtung der Gestaltpsychologie in der Psychoanalyse auf deren Verlust ihrer bedeutenden Position in der Schulpsychologie zurückführt. Prinzipiell bestand auch weiterhin Interesse und Bereitschaft zu einem interdisziplinären Austausch, wie die späteren psychoanalytischen Bezugnahmen auf die Gestaltpsychologie zeigen. Besonders die Arbeiten von Schumacher und Argelander bewiesen eindrucksvoll, wie gewinnbringend ein solcher Austausch mit der Gestaltpsychologie nach wie vor für die Psychoanalyse sein kann. Weiterhin ließen diese beiden Arbeiten erkennen, daß in diesem Austausch ein erkenntniserweiterndes Potential liegt, das immer noch ausgeschöpft werden kann. Ein eigener Beitrag in diese Richtung soll im anschließenden zweiten Teil versucht werden. Dabei werden die mit der Entwicklung der Objektbeziehungstheorie neu entstandenen und erweiterten Beziehungen zwischen Psychoanalyse und Gestaltpsychologie im Zentrum stehen.

II. Teil

Phänomenale Welt und Innere Welt - Annäherungen zwischen Gestaltpsychologie und Objektbeziehungstheorie

5. Gemeinsamkeiten der Epistemologie und des Gegenstandes: Repräsentationale Welten

Vorklärungen der Begriffe

Für die psychoanalytische Objektbeziehungstheorie stehen die intrapsychischen Repräsentanzen interpersonaler Beziehungen im Zentrum psychischen Geschehens. Die Objektbeziehungsrepräsentanzen bilden sich aus der Verinnerlichung erlebter oder auch phantasierter Interaktionen. Sie bilden ein inneres Beziehungsgeflecht, die innere Welt.

Der Terminus der inneren Welt wird mittlerweile in der psychoanalytischen Diskussion in einer sehr viel allgemeineren Bedeutung gebraucht, als er ursprünglich von Melanie Klein konzipiert wurde (Hayman 1990). In seinem allgemeineren Gebrauch steht er dem gestaltpsychologischen Begriff der phänomenalen Welt recht nahe. Unter beide Begriffe wird häufig der gesamten Bereich unserer Erlebnisse, Vorstellungen, Gedanken, Gefühle, Erinnerungen und Wahrnehmungen subsumiert (Stadler & Kruse 1986, Hayman 1990). Die phänomenale Welt mit der inneren Welt gleichzusetzen macht zumindest insoweit Sinn, als sich die phänomenale Welt in unserem Inneren ereignet. Die Welt ist für uns nur in ihren Erscheinungen in unserem Inneren, d.h. phänomenal erfahrbar. Die reale äußere Welt ist unserem Erleben prinzipiell nicht zugänglich.

Ein solch allgemeiner Gebrauch des Terminus der inneren Welt verfälscht jedoch die spezifische Intention, mit der er von Melanie Klein in die Psychoanalyse eingeführt wurde. Melanie Klein verstand unter der inneren Welt »eine Art inneres Theater, deren Personen in emotionalen Beziehungen und Konflikten leben, aus denen alle Bedeutung entsteht, die für die Außenwelt und die äußeren Beziehungen verwendet wird« (Meltzer 1988, 203). In ihrem Verständnis konstituiert sich die innere Welt aus dem »Wirken unbewußter Phantasie. In der unbewußten Phantasie werden Objekte introjiziert und im Ich wird eine vielschichtige innere Welt aufgebaut. Die inneren Objekte stehen, so meint man, untereinander und zum Ich in einer dynamischen Beziehung« (Segal 1974, 165). In der weiteren Diskussion dieses Konzepts war es stets strittig, inwieweit die Innere Welt repräsentationalen Charakter besitzt. Melanie Klein und ihre Schule sahen die primären inneren Objekte in erster Linie als Produkt autochthoner intrapsychischer Vorgänge an, denen gegenüber den externen Einflüssen eine nur sekundäre Bedeutung eingeräumt wurde (Hayman 1990, Imbasciati 1989). Andere Objektbeziehungstheoretiker wie Kernberg und Sandler, mittlerweile aber auch der Kleinianischen Schule nahestehende Theoretiker wie z.B. Imbasciati (1989), betonen dagegen die Erfahrungsgrundlage der primären inneren Objekte, ohne konstitutionelle Momente auszuschließen[29]. Kernberg (1988) sieht den Ursprung der inneren Welt »in der frühesten Stufe einer Sequenz der Verinnerlichung von Objektbeziehungen« (19). Auf dieser Stufe werden die Objektbeziehungen noch als ungeschiedene Einheit verinnerlicht:

Die frühesten Verinnerlichungsvorgänge besitzen dyadische Eigenschaften, ... das heißt die Verinnerlichung nicht nur eines Objekts als Objektrepräsentanz, sondern auch einer Interaktion des Selbst mit dem Objekt, und deshalb betrachte ich die Einheiten der Selbst- und Objektrepräsentanzen (und die sie verknüpfenden Affektdispositionen) als elementare Bausteine, auf denen die weiteren Entwicklungen verinnerlichter Objekt- und Selbstrepräsentanzen und später die übergreifende dreiteilige Struktur (Ich, Über-Ich, Es) beruhen (Kernberg 1988, 19f).

Nach diesen Vorklärungen kann der Begriff der inneren Welt in seiner spezifischen Bedeutung definiert werden als »Repräsentationsfeld verinnerlichter Objektbeziehungen«. Damit ist einerseits gesagt, daß die Begriffe der inneren und der phänomenalen Welt keineswegs identisch sind, andererseits wird erkennbar, daß beide Konzepte doch ein identischer Bezugsrahmen verbindet, »nämlich die Hineinverlagerung aller seelischen Vorgänge in ein Repräsentationsfeld« (Schumacher 1971, 163). Innere Welt und phänomenale Welt sind repräsentationale Welten (Sandler & Rosenblatt 1962, Stadler & Kruse 1990).

Weiteren Aufschluß über die Beziehung zwischen innerer und phänomenaler Welt liefert eine epistemologische Begriffsklärung. Hierfür bietet

29 Eine angeborene starke orale Bedürftigkeit kann beispielsweise die Ursache häufiger und intensiver Frustrationen sein und insofern eine Disposition zur Erzeugung außerordentlich feindseliger und aggressiver innerer Objekte darstellen.

sich auf psychoanalytischer Seite ein von Sandler und Joffe (1969) ausgearbeitetes »Grundmodell der Psychoanalyse« an, das von den Autoren als »Bezugssystem für die Untersuchung bestehender Begriffe« (462) und als »Brückenschlag zu den Nachbardisziplinen« (461) gedacht war und das Sandler (1990) später für die Objektbeziehungstheorie spezifizierte. Dem wird von gestaltpsychologischer Seite das von Stadler und Kruse (1986) in Anlehnung an Bischof (1966) ausgearbeitete erkenntnistheoretische Modell des kritischen Realismus gegenübergestellt.

Ein epistemologisches »Grundmodell der Psychoanalyse«

Sandler weist in seiner Untersuchung über die Struktur innerer Objektbeziehungen auf den ungeklärten psychologischen Status der Selbst- und Objektrepräsentanzen hin (1990). Unter diesen werden sowohl vorübergehende bewußte oder unbewußte Vorstellungen über sich selbst oder andere verstanden, als auch die überdauernden verinnerlichten Objektbeziehungen, die als stabile Strukturen das psychische Geschehen organisieren. Durch diese Mehrdeutigkeit des Begriffs der Repräsentanzen wird ein fundamentaler Unterschied übergangen. Die bewußten oder unbewußten Vorstellungen, Bilder, Eindrücke usw. sind im Prinzip erlebbar. Psychische Organisationsstrukturen sind prinzipiell nicht erlebbar. Diese Unterscheidung erscheint Sandler und Joffe (1969) so wesentlich, daß sie vorschlagen, das psychische Geschehen in einen »erlebnishaften« und einen »nicht-erlebnishaften Bereich« zu unterteilen.

Als erlebnishaften Bereich bezeichnen sie die Welt des subjektiven Erlebens, die »phänomenale Welt« (Sandler 1990, 165) der Wahrnehmungen, Empfindungen, Erinnerungen, Phantasien und Gefühle. Die Inhalte des erlebnishaften Bereichs sind zum Teil bewußt, zum größeren Teil aber unbewußt.

> Damit ist zugleich auch gesagt, daß die Person ihre eigenen erlebnishaften Inhalte außerhalb des Bewußtseins 'wissen' kann, daß Vorstellungen erlebt und Gefühle außerhalb des Bewußtseins gefühlt werden können und daß die Person nicht weiß, daß sie es unbewußt 'weiß' (1969, 465).

Der nicht-erlebnishafte Bereich bezeichnet die Welt der überdauernden biologischen und psychologischen Organisationsstrukturen und Apparate. Es ist der Bereich der Funktionen, der Pläne und Schemata, der Kräfte und Energien, der Sinnesorgane und der Instrumente intrapsychischer Anpassung.

Der nicht-erlebnishafte Bereich ist per se nicht 'wißbar', es sei denn insofern, als er auf dem Wege über die Hervorrufung oder das Auftreten eines phänomenalen Ereignisses im Bereich des subjektiven Erlebens dem Wissen zugänglich wird. Unter diesem Gesichtspunkt gehört die Gesamtheit des psychischen Apparates in den nicht-erlebnishaften Bereich; er ist unserem Wissen lediglich (und nur in einem begrenzten Maße) via subjektive Erlebnisse der einen oder anderen Art zugänglich (1969, 466).

Der erlebnishafte und der nicht-erlebnishafte Bereich stehen in kontinuierlicher Wechselwirkung zueinander. So wie die subjektiven Erlebnisse auf die Organisationsstrukturen und Prozesse des nicht-erlebnishaften Bereichs einwirken, organisiert, strukturiert und formt der nicht-erlebnishafte Bereich das subjektive Erleben. Sandler und Joffe nennen als Beispiel der Erlebnisorganisation durch den nicht-erlebnishaften Bereich die Wahrnehmungsstrukturen, welche von den biologisch gegebenen Sinnesorganen bis zu den psychischen Strukturen reichen und für die »Organisation der bloßen Sinnesdaten zu gestalteten Wahrnehmungen« (Sandler & Joffe 1969, 466) verantwortlich sind.

Im Hinblick auf die Struktur innerer Objekte und innerer Objektbeziehungen plädiert nun Sandler dafür, den Gebrauch dieser Termini auf ihre Bedeutung als Organisationsstrukturen im nicht-erlebnishaften Bereich zu zentrieren. Infolgedessen ist auch die innere Welt dem nicht-erlebnishaften Bereich zuzurechnen. Sie ist nicht unmittelbar erlebbar, sondern wird vielmehr »repräsentiert durch Vorstellungen, Gefühle usw.« (Loch 1989b, 83). Weil sie nicht direkt erlebbar sind, haben innere Objekte und innere Welt den epistemologischen Status theoretischer oder auch klinischer Konstrukte.

Es sind klinische *Konstruktionen* bedeutsamer innerer Objektbeziehungen, die im mentalen Leben des Patienten eine wesentliche Rolle spielen. Solche Konstruktionen können als wesentliches Element der interpretativen Arbeit des Analytikers angesehen und von *Rekonstruktionen* der Vergangenheit unterschieden werden. ... Solche Konstruktionen sind keine Erinnerungen, die durch zutreffende Deutungen an die Oberfläche gelangen. Es sind Interpretationen (im weitesten Sinne des Begriffs) der signifikanten und relevanten Aspekte der Strukturen und Funktionen der Psyche des Patienten. Solche Konstruktionen folgen der Absicht, die Einsicht des Patienten und sein Wissen über sich selbst und seine innere Welt zu erweitern (Sandler 1990, 170f; Übersetzung B.W.).

Das kritisch-realistische Grundmodell der Gestaltpsychologie und kritisch-realistische Ansätze bei Sigmund Freud

Das erkenntnistheoretische Grundmodell der Gestaltpsychologie beinhaltet ebenfalls eine fundamentale Unterscheidung hinsichtlich der Erlebbarkeit, nämlich die zwischen phänomenaler und transphänomenaler Welt. Die transphänomenale Welt ist die Welt »an sich«, die unabhängig von unserem Erkennen und Erleben gegebene objektive Realität. Sie ist »unserer Wahrnehmung und Erkenntnis prinzipiell nicht zugänglich ... und nur durch Glaubensakte auszufüllen« (Stadler & Kruse 1986, 78). Die phänomenale Welt steht zur transphänomenalen Welt in einem repräsentationalen Verhältnis. Sie ist die Welt der subjektiven Erscheinungen der Realität und wird von der Gestaltpsychologie insofern als eine »Funktion der Realität« (135) angesehen.

Das Grundpostulat der prinzipiellen Nicht-Erkennbarkeit der transzendentalen Realität geht auf Kant zurück, von dem es auch schon Freud übernahm und auf seine Erkenntnisse übertrug:

Wie Kant uns gewarnt hat, die subjektive Bedingtheit unserer Wahrnehmung nicht zu übersehen und unsere Wahrnehmung nicht für identisch mit dem unerkennbaren Wahrgenommenen zu halten, so mahnt die Psychoanalyse, die Bewußtseinswahrnehmung nicht an die Stelle des unbewußten psychischen Vorganges zu setzen, welcher ihr Objekt ist. Wie das Physische, so braucht auch das Psychische nicht in Wirklichkeit so zu sein, wie es uns erscheint (Freud 1913, 270).

Diese erkenntnistheoretische Analogie zwischen der Wahrnehmung des »Psychischen« und der Wahrnehmung des »Physischen« stellte Freud bereits in der *Traumdeutung* (1900) her:

Das Unbewußte ist ... *uns nach seiner inneren Natur so unbekannt wie das Reale der Außenwelt, und uns durch die Daten des Bewußtseins ebenso unvollständig gegeben wie die Außenwelt durch die Angaben unserer Sinnesorgane* [i.O. gesperrt] (617f).

Freud wies mit dieser Aussage bereits auf die epistemologische Äquivalenz der inneren und der transphänomenalen Welt hin. Beide Welten können wir nicht unmittelbar erkennen, sondern aus unserem Erleben nur ein Bild von ihnen konstruieren. Freud unterschied schon in seiner 1891 erschienen Arbeit *Zur Auffassung der Aphasien* zwischen dem Ding als dem Objekt der realen Welt und dessen Erscheinung in der mentalen Welt (Rizzuto 1990). Letztere bezeichnete Freud die »Objektvorstellung«.

Auch Sandler und Joffe (1969) setzen ihrem psychoanalytischen Grundmodell »Kants Unterscheidung zwischen noumena ('Dingen an sich') und phaenomena« (466) voraus: »'Wissen', d.h. hier unmittelbare Erfahrung, haben wir nur von Ereignissen der Erscheinungswelt, wenn wir diese auch als 'äußere Realität' bezeichnen« (466). »Alles, was wir wissen, ist uns nur durch solche subjektiven phänomenalen Repräsentanzen bekannt« (465).

Stadler und Kruse (1986) bezeichnen die erlebnisjenseitige Welt kurz als »Realität« und die phänomenale Welt als »Wirklichkeit«. Im Begriff der Wirklichkeit ist aufgehoben, daß der Erscheinungscharakter der uns umgebenden Welt in unserem unmittelbaren Erleben keine Repräsentanz besitzt, sondern diesem geradezu zu widersprechen scheint. Die Erscheinung der Realität wirkt nicht wie eine Erscheinung. Sie erscheint uns »wirklich«, eben wie die Realität selbst.

Die Wirklichkeit unterteilen Stadler und Kruse (1986) in einen »Bereich des unmittelbar Gegebenen« und einen Bereich der Konstruktionen, die »instrumentell vermittelt oder nur indirekt erschlossen werden können« (79). Der »Bereich des unmittelbar Gegebenen« umfaßt in seinem Zentrum das »Ich«, welches innerhalb eines »Körperschemas« (»Körper-Ich«) und dieses wiederum innerhalb eines »Weltschemas« (»anschauliche Umwelt«) repräsentiert ist. Die Aufgliederung in »Ich«, »Körperschema« und »Weltschema« geht auf Köhlers Vorschlag zur Lösung des scheinbaren Innen-Außen-Paradoxons zurück. Das Innen-Außen-Paradoxon besteht darin, daß die Wahrnehmungsphänomene auf amodalen Erregungen der Nervenbahnen basieren, welche erst im Gehirn ihre spezifische Erscheinungsform erhalten, dennoch aber nicht im Kopf, sondern in der Außenwelt erlebt werden. Diesen scheinbaren Widerspruch löste Köhler auf, indem er davon ausging, daß auch der eigene Körper hirnphysiologisch repräsentiert ist, und zwar inmitten der Gegenstände der phänomenalen Außenwelt. Dadurch befinden sich »die *wahrgenommenen* Gegenstände in ähnlicher Weise außerhalb des *wahrgenommenen* Körpers, wie sich die *physischen* Gegenstände außerhalb des *physischen* Organismus befinden« (Tholey 1988, 251). Wir erfahren diejenigen Prozesse und Dinge als der Außenwelt zugehörig, welche in unserem Kopf außerhalb unseres Körper-Ichs lokalisiert werden. Das Körper-Ich umfaßt alle unsere körperlichen Erfahrungen. Innerhalb des Körper-Ichs werden unsere unkörperlichen Ich-Zustände und -Erlebnisse, also Vorstellungen, Gedanken und Gefühle, empfunden.

Diese »kritisch-realistische Konstruktion« (Stadler & Kruse 1986) ist ansatzweise auch Freuds topologischem Modell inhärent. In der *Traumdeutung* (1900) lokalisierte Freud das System der Bewußtseinswahrnehmung - von ihm mit der Abkürzungsbezeichnung »*Bw*« versehen - inmitten des psychischen Apparates, welcher in diesem Fall dem Körperschema zugerechnet werden kann, und diesen wiederum inmitten der phänomenalen Außenwelt: »Der psychische Apparat, der mit dem Sinnesorgan der W-Systeme [Wahrnehmungssyteme, B.W.] der Außenwelt zugekehrt ist, ist selbst Außenwelt für das Sinnesorgan des *Bw*« (620f). In diesem frühen Modell Freuds ist die spätere gestaltpsychologische Aufgliederung in Ich, Körper-Ich und wahrgenommene Umwelt vorgezeichnet. Die Diskussionen um das Innen-Außen-Paradoxon waren Freud bekannt. 1923, 6 Jahre vor Köhlers entscheidender Arbeit zur Lösung dieses Problems, bemerkte er in *Das Ich und das Es*: »Es ist in der Psychophysiologie hinreichend erörtert worden, auf welche Weise sich der eigene Körper aus der Wahrnehmungswelt heraushebt« (253). Entgegen seinem Interesse an einer neurophysiologischen Fundierung der Psychoanalyse hat er seine eigenen Ansätze zu dieser Frage jedoch nicht weiter verfolgt, weil sie im Rahmen seiner Fragestellungen nur von peripherem Interesse war. Seine erkenntnistheoretischen Annahmen hat er nie explizit ausgearbeitet. Wie zu zeigen war, weisen seine diesbezüglichen sporadischen Aussagen und impliziten Hinweise jedoch eine verblüffend große Übereinstimmung mit dem kritischen Realismus der Gestaltpsychologie auf.

Die Gestaltpsychologie unterscheidet weiterhin von dem Bereich der unmittelbar gegebenen Welt die nach dem jeweils neuesten Stand von Forschung und Wissenschaft gedachte Welt. Dieses Weltbild beinhaltet die »Summe aller Kenntnisse« über die reale Welt »zu einem gegebenen Zeitpunkt« (Stadler & Kruse 1986, 77). Es ist identisch mit dem Realitätsbegriff von Erikson. Erikson definiert Realität als »die Welt der Erfahrung von Erscheinung, wahrgenommen mit einem Minimum an Entstellung und einem Maximum jener Art der Beweisführung, auf die man sich in einem gegebenen Zustand der Technik und Kultur geeinigt hat« (1962, zitiert nach Vogt 1988, 660). In Übereinstimmung mit Metzger (1975) sieht Erikson dieses Bild der realen Welt auf einen »methodischen Intersubjektivismus« (Vogt 1988) gestützt.

Stadler und Kruse (1986) bezeichnen dieses auf wissenschaftlichen, abstrakten und theoretischen Erkenntnissen basierende Bild der realen Welt als »konstruierte Welt«, als deren Teilmenge sie noch einen »konstruierten Organismus« differenzieren. Konstruierter Organismus und konstruierte Realität sind die konstruierten Bilder, die wir uns von unserem Körper und der Realität machen. Da angenommen wird, daß sich unsere Erlebnisvorgänge in unserem Organismus abspielen, lokalisiert die Gestaltpsychologie den Bereich des unmittelbar Gegebenen (Ich, Körper-Ich und wahrgenommene Umwelt) innerhalb des konstruierten Organismus, welcher wiederum von der konstruierten Realität umschlossen ist. Im Prinzip ist auch den unmittelbar gegebenen Phänomenen der Charakter von Konstruktionen zuzuschreiben, da uns die erlebnisjenseitige Realität prinzipiell nicht zugänglich ist. Da wir nichts über die Urbilder wissen, läßt es sich nicht begründen, deren Erscheinungen als Abbilder zu bezeichnen. Die gesamte phänomenale Welt ist deshalb als »konstruktive Wirklichkeit« anzusehen, die durch das »kognitive System« konstruiert wird.

Erlebnishafte Phänomene und nicht-erlebnishafte Konstruktionen

Bei dem Vergleich des epistemologischen Modells der Gestaltpsychologie mit dem psychoanalytischen Grundmodell von Sandler und Joffe (1969) werden weitreichende Übereinstimmungen deutlich, die es möglich erscheinen lassen, beide Modelle zu integrieren. Auf die grundlegende Übereinstimmung über den nur phänomenalen Charakter des Wissens und Erlebens und die prinzipielle Nicht-Erkennbarkeit der Realität wurde bereits hingewiesen. Die weitere Unterscheidung der phänomenalen Welt in einen Bereich des unmittelbar Gegebenen und einen Bereich der aus den Erscheinungen abgeleiteten Konstruktionen ist mit der psychoanalytischen Unterscheidung in einen erlebnishaften und einen nicht-erlebnishaften Bereich kompatibel. Inkompatibel ist allerdings die psychoanalytische Grundannahme des Unbewußten, die die Psychoanalyse nach wie vor von allen anderen ihr näher oder ferner stehenden Schulen der Psychologie trennt. Da auch die Gestaltpsychologie keine im systematischen Sinne unbewußten Vorgänge vorsieht, kann der »Bereich des unmittelbar Gegebenen« nur mit dem bewußten Vorgängen des »erlebnishaften Bereichs« gleichgestellt werden.

Tatsächlich wird in der Gestaltpsychologie die phänomenale Welt häufig mit dem Bewußtsein gleichgesetzt (z.B. Stadler et al. 1975). Bischof (1989a) hat dies ausdrücklich im Hinblick auf den psychoanalytischen Bewußtseinsbegriff getan. Freud bezeichnete das Bewußtsein als »Sinnesorgan zur Wahrnehmung psychischer Qualitäten« (1900, 620). Dabei verstand er unter psychischen Qualitäten sowohl Wahrnehmungen der Außenwelt als auch aus dem Inneren stammende Empfindungen. Sofern also der Begriff der phänomenalen Welt auf den Bereich des unmittelbar Gegebenen beschränkt bleibt, erscheint seine Gleichsetzung mit dem psychoanalytischen Bewußtseinsbegriff berechtigt.

Nicht kompatibel sind jedoch die Begriffsbildungen, die Stadler und

Kruse (1986) für die Aufgliederung des Bereiches des unmittelbar Gegebenen verwenden. Insbesondere der Begriff des Körperschemas, wie der Schema-Begriff überhaupt, verweist - und das nicht nur in der psychoanalytischen Theorie - auf überdauernde Organisationsstrukturen, die nicht unmittelbar erlebbar sind (Joraschky 1983). Für eine gegenseitige Verständigung erscheint es daher sinnvoll, die Begriffe »Ich«, »Körperschema« und »Weltschema« in »Ich- oder Selbsterleben«, »Körpererleben« und »Umwelterleben« zu übersetzen. Verständigungsfähig erscheint auch die Begriffswahl von Roth (1987): »Ich-Welt«, »Körper-Welt« und »Umwelt«.

Der im gestaltpsychologischen Modell außerhalb des Bereiches des unmittelbar Gegebenen lokalisierte konstruierte Organismus ist mit dem nicht-erlebnishaften Bereich im psychoanalytischen Modell vergleichbar. Die auch hier durchaus gegebenen Differenzen sind sehr viel leichter zu überbrücken als der Dissens über das Unbewußte im erlebnishaften Bereich. Für die Gestaltpsychologie ist der konstruierte Organismus ein naturwissenschaftlich konstruierter, physikalischer Organismus, weil für sie die psychischen Vorgänge an das zentrale Nervensystem gebunden sind. Im psychoanalytischen Modell umfaßt der nicht-erlebnishafte Bereich dagegen nicht nur »angeborene biologische Grundstrukturen« (Sandler & Joffe 1969, 466), sondern auch »psychische Strukturen, die im Laufe der Entwicklung ... geschaffen wurden« (ebd.). Aus psychoanalytischer Sicht erscheint es in Übereinstimmung mit den neuesten Erkenntnissen der Psychosomatik, insbesondere der Psychoneuroimmunologie (Kropiunigg 1990), geeigneter, sich ein biopsychosoziales Modell des realen Organismus zu machen[30]. Das gestaltpsychologische Modell des Organismus kann jedoch problemlos in diesem Sinne erweitert werden, zumal die Gestaltpsychologie selbst Hinweise in diese Richtung gibt. Stadler und Kruse (1989) schließen sich ebenfalls der Sichtweise der Psychosomatik an und betonen die intraindividuelle Verursachung körperlicher Symptome durch individuelle psychische Gegebenheiten.

30 Auch die neuesten Erkenntnisse der Neurobiologie gehen in diese Richtung. Sie zeigen, daß das Gehirn »seine Funktionen nur unter spezifischen sozialen Bedingungen entwickeln« kann (Roth 1987, 254).

Eine weitere Annäherung ergibt sich im Hinblick auf den Teil des Organismus, dem die Konstruktion der Wirklichkeit zugeschrieben wird, dem kognitiven System. Das kognitive System bezeichnet »große Teile des zentralen Nervensystems, soweit sie mit psychischen Funktionen wie Wahrnehmung, Denken, Vorstellung, Gedächtnis und Handlungsplanung verbunden sind« (Stadler & Kruse 1986, 80). Das Konzept des kognitiven Systems geht zurück auf Köhlers Konzept des psychophysischen Niveaus des zentralen Nervensystems. Bischof (1989a) hat das psychophysische Niveau dem psychischen Apparat in der psychoanalytischen Theorie gleichgestellt. Als Bestandteile des psychischen Apparates rechnet er auch das Ich und das Selbst dem psychophysischen Niveau zu. Umgekehrt nähern Sandler und Joffe (1969) das Konzept des psychischen Apparates gestaltpsychologischen Auffassun-gen an, indem sie den »Apparat als Ganzes« (464) begreifen. Die Strukturinstanzen Ich, Über-Ich und Es sind Teilaspekte dieses Ganzen: »Was man im Strukturmodell als Konflikt zwischen Es und Über-Ich beschreibt, wird hier als eine dynamische Abfolge von Ereignissen angesehen, die den gesamten Apparat einbezieht« (478).

Zwischen dem »psychischen Apparat« und dem »kognitiven System« besteht insoweit eine funktionelle Identität, als beiden die Organisation des Erlebens zugeschrieben wird. Die energetischen Grundlagen dieser Organisation entstammen in beiden Konzepten dem Organismus und den Außenweltreizen, wobei die Psychoanalyse die dem Organismus entstammenden Energien traditionell als Triebreize bezeichnet. Weiterhin werden sowohl der psychische Apparat als auch das kognitive System entgegen dieser energetischen Offenheit als semantisch geschlossen betrachtet. Die von den Sinnesorganen aufgenommenen Außenreize erreichen das Gehirn über die afferenten Nervenbahnen nur als amodale Impulsfolgefrequenzen. Die originäre Qualität des Außenreizes ist in den Impulsfolgefrequenzen verschwunden. Die erlebten Sinnesqualitäten werden erst im Gehirn nach einem rigorosen topologischen Prinzip erzeugt. Dieselbe Sinnesempfindung kann durch die verschiedensten sensorischen Reize hervorgerufen werden. Das sinnliche Erleben kann die ursprünglichen Reizqualitäten deswegen nicht widerspiegeln.

Das kognitive System kann in keinem Fall erkennen, wodurch der entsprechende Sinneseindruck ... verursacht wurde. Das kognitive System muß seiner Aktivität die *Bedeutungen* [Hervorhebung B.W.] ... selbst zuschreiben - es hat keinen Kontakt nach außen (Stadler & Kruse 1986, 82).

Auch Sandler und Joffe (1969) verweisen in ihrem psychoanalytischen Grundmodell auf die neurobiologischen Wahrnehmungsvorgänge, die die semantische Geschlossenheit des Organismus begründen:

Es ist jedoch zu beachten, daß ... »Außenreize« nicht eigentlich äußere sind, da sie eine Wirkung durch Erregen innerer Impulse im Nervensystem hervorrufen. Psychologisch betrachtet sind in der Tat alle Reize, die der Psychologe außerhalb des Organismus lokalisiert, nur *scheinbar* die entscheidenden Stimuli, auf die hin Reaktionen erfolgen. Alle Außenreize wirken, indem sie auf die eine oder andere Art innere Signale auslösen: die inneren Repräsentanzen der Außenwelt. Wenn eine äußere Situation Sinn und Bedeutung erlangen soll, muß ihre innere, bewußte oder unbewußte Wahrnehmungsrepräsentanz diese *Bedeutung* [Hervorhebung B.W.] annehmen (472).

Die semantische Geschlossenheit impliziert, daß dem psychischen Apparat bzw. dem kognitiven System keine objektiven Kriterien zur Verfügung stehen, nach denen unterschieden werden kann, ob ein Reiz von außen oder von innen stammt. Diese Unterscheidung wird zusätzlich erschwert durch eine »große funktionale Äquivalenz von Wahrnehmung und Vorstellung« (Stadler & Kruse 1986, 85). Letztlich sind Wahrnehmung und Vorstellung objektiv nicht unterscheidbar, was Shepard pointiert in einer dialektischen Gedankenfigur zum Ausdruck bringt: »I like to caricature perception as externally guided hallucination, and dreaming and hallucination als internally simulated perception« (1984, zit.n. Stadler & Kruse 1986, 85).

Der psychische Apparat bzw. das kognitive System ist deswegen für die Unterscheidung zwischen Wahrnehmung, Vorstellung, Halluzination und Traum auf immanente Kriterien der Wirklichkeitsbestimmung an gewiesen. Sandler und Joffe gehen davon aus, daß »die Unterscheidung zwischen der Realitätswahrnehmung und der halluzinatorischen Wiederbesetzung von Erinnerungen früherer Erlebnisse durch die Triebe erlernt ist; der entsprechende Lernprozeß beinhaltet die Entwicklung psychischer Kontrollstrukturen, die sich natürlich ihrerseits auf entsprechende biologische Strukturen gründen« (474). Die Gestaltpsychologie wies einige der Kriterien auf, nach denen diese Unterscheidung getroffen wird. Diese spezifischen »kognitionsinternen Wirklichkeitskriterien« sind zwei Grundprinzipien untergeordnet, nach denen sich das kognitive System ausrichtet: Stabilität und immanenter Sinn. Auch in dem psychoanalytischen Grundmodell gelten Stabilität und Sinn als regulatorische Grundprinzipien, allerdings mit dem Unterschied, daß diese ausdrücklich auf Gefühle bezogen werden: »Der Apparat ist ... fortwährend mit Problemlösungsprozessen befaßt, und das Grundproblem ist in jedem Falle die Regulation von Gefühlen. Wir können in diesem Zusammenhang von einer Ökonomie der Gefühlszustände sprechen« (1969, 471).

In der Gestaltpsychologie wird unter dem Stabilitätsprinzip die Herstellung und Aufrechterhaltung von Ordnungen verstanden, in der Psychoanalyse die Bewahrung der Gefühlshomöostase. In beiden Fällen geht es um die Abwendung oder Kompensation von Störungen. Beiden Konzeptionen ist eine homöostatisches Modell der Anpassung inhärent. Die Gestaltpsychologie betont dabei das Prinzip der sich selbst bildenden Ordnungen. Damit bezeichnet sie Vorgänge, »die frei, sich selbst überlassen einer ihnen gemäßen Ordnung fähig sind - und nach einer *Störung* [Hervorhebung B.W.] diese Ordnung wieder erlangen können« (Stadler & Kruse 1986, 93,). Dieser »Anpassung an veränderte Umstände« (Metzger 1976b, 663) durch das kognitive System entsprechen die Anpassungsvorgänge des psychischen Apparates, die durch »Selbst-Wahrnehmung von Veränderung« (Sandler & Joffe 1969, 465) bestimmt werden:

Die hier vertretene Auffassung der Anpassung impliziert, daß ständig Erlebnisse eintreten, die den Grund-Gefühlszustand der Person *stören*, und daß das Ziel, die Funktion oder Aufgabe der Anpassung darin besteht, eine grundsätzliche

Stabilität des zentralen Gefühlszustandes aufrecht zu erhalten[31] (Sandler & Joffe 1969, 470, Hervorhebungen B.W.).

Während zu Zeiten Freuds und Köhlers das Stabilitätsprinzip in der Psychoanalyse und der Gestaltpsychologie übereinstimmend als Tendenz zur Minimierung der Energieverteilung aufgefaßt wurde (Bernfeld 1934), wird in der Psychoanalyse mittlerweile dieses energetische Modell nicht mehr für zureichend gehalten, um das Prinzip der Gefühlshomöostase zu erklären. Sehr viel größere Bedeutung als den mit einer Triebbefriedigung einhergehenden Lustgefühlen wird inzwischen dem Gefühl der Sicherheit zugesprochen. Ein sich daraus ableitendes basales Bedürfnis nach Erhaltung eines minimalen Niveaus an Sicherheitsgefühl kann auch die Wahl sehr unlustvoller Erlebnisweisen begründen (Sandler & Joffe 1969).

Mit dem Stabilitätsprinzip werden in beiden Modellen auch Störungen des Wirklichkeitsempfindens, wie sie beispielsweise bei Schizophrenen zu beobachten sind, erklärt. In diesen Fällen wird die Realitätswahrnehmung einer zwar intersubjektiv inkonsistenten aber subjektiv konsistenten Ordnung untergeordnet. Die Gestaltpsychologie siedelt diese subjektiv konsistente Ordnung kognitionsintern an, für die Psychoanalyse hängt sie letztlich von der Gefühlshomöostase ab:

Wenn es der Person aus irgendwelchen Gründen ökonomischer erscheint, die Realität nicht zu berücksichtigen - z.B. wenn die Realitätswahrnehmung die Gesamtsumme unlustvoller und bedrohlicher Gefühle steigert und das Sicherheitsgefühl auf ein unerträgliches Maß herabsetzt, dann kann ihre Anpassung im Auffinden einer 'pathologischen' Lösung (in Gestalt einer Psychose) bestehen (Sandler & Joffe 1969, 472).

Aus der Sicht der Psychoanalyse hat das Prinzip der internen Konsistenz eine emotionale Grundlage. Die Gefühlshomöostase ist das letzte und entscheidende Kriterium, nach dem sich die Organisation psychischen

31 Es handelt sich hierbei, wie im kognitiven System, um eine »Ordnungsbildung ohne Ordner«. Insofern läßt sich für das psychoanalytische Grundmodell - ebenso wie Stadler und Kruse (1986) dies für die gestaltpsychologischen Grundannahmen aufzeigen - eine große inhaltliche Ähnlichkeit mit der Selbstorganisationstheorie feststellen (s. Brocher & Sies 1986).

Geschehens ausrichtet. Zwar sind auch aus psychoanalytischer Sicht die Organisationsprozesse selbst überwiegend kognitiver Art (Argelander 1979), so daß sich durchaus kognitive Organisationsprozesse von emotionalen Prozessen abgrenzen lassen, doch erscheint es wegen der letztlich emotionalen Regulierung dieser Vorgänge sinnvoll, sich die Organisation psychischen Geschehens - zu dem die Konstruktion der Wirklichkeit gehört - in einem affektiv-kognitiven Organisationssystem vorzustellen. Damit ließen sich die inhaltlichen Konvergenzen zwischen den Konzepten des psychischen Apparates und des psychophysischen Niveaus bzw. kognitiven Systems in einem Begriff vereinigen, für den behauptet werden kann, daß er beiden Theoriegebäuden integrierbar ist. So gewinnen in der Psychoanalyse kognitionstheoretisch orientierte Ansätze an Einfluß, die die Funktionsinstanz des Ich als prozeßhaft organisiertes affektiv-kognitives Regulationssystem verstehen (Steffens & Kächele 1988).

Auch in der Gestaltpsychologie lassen sich Hinweise finden, mit denen diese Erweiterung des Konzepts des kognitiven Systems um affektive Vorgänge begründet werden können. Stadler und Kruse (1986, 1990) zählen zu den Kriterien, nach denen das kognitive System die Wirklichkeit des Wahrgenommenen bewertet, die Wesenseigenschaften *Bedeutungs-* und *Ausdruckshaltigkeit*, die *Valenz* und die *Antizipierbarkeit*. Reizkonfigurationen, denen die Wesenseigenschaften Bedeutung und Ausdruck zugeordnet werden, besitzen einen starken Wirklichkeitscharakter. Zur Kategorie der Wesenseigenschaften zählt die Gestalttheorie auch Stimmungen und Gefühle (Metzger 1975). Daß diese ebenfalls die Wahrnehmung und das Wirklichkeitsempfinden beeinflussen, impliziert Lewins Konzept der »Valenz«: »Ein attraktives Objekt besitzt mehr Wirklichkeitscharakter als ein für den Betrachter neutrales Objekt. Neutrale Objekte werden u.U. gar nicht bewußt wahrgenommen« (Stadler & Kruse 1990, 151). Der Einfluß der Gefühle auf die Wahrnehmung wurde in wahrnehmungspsychologischen Untersuchungen belegt (Guski 1989). Für die Psychoanalyse sind Gefühle und Bedeutungshaltigkeit untrennbar miteinander verknüpft. Eine Wahrnehmung besitzt oder erhält nur Bedeutung, wenn sie mit Gefühlen verbunden ist (Sandler 1990).

Die vorangehenden gestaltpsychologischen und psychoanalytischen Aussagen über Bedeutung, Valenz und Gefühle lassen sich zu einer Hypothese Linckes (1981) vereinigen, die sich ihm aus einer Vermittlung psychobiologischer Erkenntnisse mit der psychoanalytischen Theorie ergab, nämlich daß die »Bewußtseinsfähigkeit einer Wahrnehmung ... an ihre Besetzung mit emotionaler Bedeutung gebunden [ist]. ... Nur was emotionale Qualität und Bedeutung erlangen kann, findet offenbar Zutritt zum Bewußtsein« (1981, 74). Aufgrund der Reduktion seiner instinktiven Bindungen ist der Mensch in der Lage, grundsätzlich allen Informationen emotionale Bedeutung zu verleihen. Wahrnehmungen, die aufgrund ihrer emotionalen Neutraliät keine Bedeutung und deswegen auch keine Bewußtseinsqualität erlangen, werden unterhalb der Bewußtseinsschwelle dennoch erlebt und können über gelernte Reiz-Reaktions-Strukturen automatisiertes Verhalten hervorrufen (wie z.B. bei der Fortbewegung zu Fuß oder mit dem Auto) (Lincke 1981). Neurobiologische Untersuchungen bestätigen, daß von unserer Erlebniswelt »unsere bewußte Erlebniswelt nur ein Teilbereich und wahrscheinlich nicht einmal der größte ist. ... [Die] bewußte Wahrnehmung [ist] eine Art Fokuseinstellung des Gehirns ..., wobei dieser Fokus ... sensorisch, *emotional* [Hervorhebung B.W.] und gedächtnismäßig konstituiert ist« (Roth 1987, 251f)

Schließlich enthält auch das Wirklichkeitskriterium der Antizipierbarkeit einen Hinweis auf den regulierenden Einfluß der Gefühle auf die Wirklichkeitskonstruktion. Erwartete Ereignisse erscheinen wirklicher als unerwartete Ereignisse. Stadler und Kruse (1990) schreiben, daß die »Erwartung von Objekten und deren Bestätigung im Zusammenhang mit den Bedürfnissen des Kindes bereits im Säuglingsalter der Auslöser für die Konstruktion der Objektivität« (152) ist[32]. Da bedürfnisabhängig erwartete Objekte immer eine emotionale Bedeutung besitzen, die von deren Erwartung ebensowenig zu trennen ist wie von der Bestätigung dieser Erwartung, welche in der Regel als befriedigend erlebt wird, ist auch die kindliche »Konstruktion der Realität« nicht von Affekten trennbar. Zieht man zudem die prinzipiell »größere Stärke, Wärme und Lebhaftig-

32 Dieser Hinweis bietet bereits einen unmittelbaren Einstieg in die entwicklungspsychologischen Berührungspunkte zwischen Objektbeziehungstheorie und Gestaltpsychologie, die Gegenstand des 8. Kapitels sein werden.

keit des frühmenschlichen Gefühlslebens« (Metzger 1975, 312) in Betracht, kann angenommen werden, daß sich dieses auch auf die Herausbildung der überdauernden Organisationsstrukturen des psychischen Apparates bzw. des psychophysischen Niveaus auswirkt. Damit wäre auch ein genetisches Argument für die Erweiterung des Konzepts des kognitiven Systems zu einem affektiv-kognitiven System gegeben.

Es ließen sich einige Anknüpfungspunkte aufzeigen, mit denen eine Synthese der Modelle des psychischen Apparates und des psychophysischen Niveaus bzw. kognitiven Systems in dem Konstrukt eines affektiv-kognitiven Organisationssystems begründet werden können. Die Kompatibilität findet jedoch auch hier wieder ihre Grenze an dem psychoanalytischen Paradigma des Unbewußten. Das kognitive System entscheidet über Wirklichkeitscharakter und Konfigurationen des sinnlichen Erlebens. Der psychische Apparat entscheidet darüber hinaus, ob die psychischen Inhalte überhaupt dem Bewußtsein zugeleitet werden. Die Inhalte des Erlebnisfeldes »werden abgetastet, bearbeitet, modifiziert, geprüft, organisiert und 'zensiert', ehe ihnen der Zugang zum Bewußtsein oder zur motorischen Abfuhr freigegeben wird« (Sandler & Joffe 1969, 473). Vorgänge des Abtastens, der Bearbeitung, Modifikation, Prüfung und Organisation finden auch im kognitiven System statt. Bevor die sensomotorischen Erregungen als Wahrnehmungsinhalte ins Bewußtsein treten, durchlaufen sie eine interne Konsistenzprüfung, nach deren Maßgabe die Wahrnehmung gestaltet wird. Auf dieser Ebene erfolgen beispielsweise die kognitiven Konstanzleistungen der Invariantenbildung, Objektkonstanz und Abstraktion (Roth 1985). Die gestaltpsychologische Konstruktion des kognitiven Systems sieht jedoch nicht vor, daß bei der Zuschreibung von Bedeutung und Qualität auch mitentschieden wird, ob die Gefühlshomöostase die Bewußtwerdung der bearbeiteten Inhalte erlaubt: Eine Zensur findet im kognitiven System nicht statt.

Repräsentation und Repräsentanz

Nachdem die epistemologischen Parallelen zwischen dem erlebnishaften Bereich und dem Bereich des unmittelbar Gegebenen zum einen und dem nicht-erlebnishaften Bereich und dem konstruierten Organismus einschließlich des kognitiven Systems zum anderen dargestellt wurden, läßt sich für die Beziehung zwischen diesen Bereichen eine weitere epistemologische Parallele feststellen. Der nicht-erlebnishafte Bereich steht zum erlebnishaften Bereich ebenso wie der konstruierte Organismus zum Bereich des unmittelbar Gegebenen in einer wechselseitigen Abbildbeziehung. Die Konstruktionen im nicht-erlebnishaften Bereich und der konstruierte Organismus sind Abbilder der unmittelbaren Erlebniswelt, aus der sie abgeleitet werden. Die Phänomene, aus denen sie erschlossen wurden, sind in ihnen repräsentiert. Umgekehrt sind die Konstruktionen, die wir aus den Phänomenenen erschließen, wiederum in diesen repräsentiert.

Der Abbildcharakter gilt für die konstruierten inneren Objekte und inneren Objektbeziehungen in doppelter Weise. Sie sind nicht nur Abbild der Phänomene, aus denen sie erschlossen werden, wie das beim konstruierten Organismus der Fall ist, sie werden auch gedacht als Abbilder (Repräsentanzen) vergangener Interaktionserlebnisse. Deswegen lassen sich in der Psychoanalyse die auf die innere Welt bezogenen Konstruktionen auch aus Rekonstruktionen früherer Beziehungserfahrungen erschließen (Sandler 1990).

Wie Sandler (1990) kritisiert hat, bietet der Terminus der Objektrepräsentanz Anlaß zur Verwirrung, weil er sowohl für das unmittelbare Erleben eines wahrgenommenen, vorgestellten oder phantasierten Objekts, als auch für die nicht-erlebnishaften organisierten Repräsentanzen von Objekten gebraucht wird. Hier bietet die deutsche Sprache mit ihrer zweifachen Übersetzungsmöglichkeit des englischen Terminus »representation« eine begriffliche Differenzierung an. Ich möchte vorschlagen, das Erleben einer Objektbeziehung - sei es als sog. Realitätswahrnehmung, als Vorstellung oder als Phantasie - als (Objektbeziehungs-) »Repräsentation« zu bezeichnen. Dieser Vorschlag befindet sich in Übereinstimmung mit der repräsentationalen Wahrnehmungstheorie der Gestaltpsychologie, in der die Erlebnisinhalte der phänomenalen Welt ebenfalls als Repräsentationen bezeichnet werden (Tholey 1988)[33]. Der Terminus »Repräsentanz« sollte demgegenüber, dem Vorschlag Sandlers (1990) folgend, für die dem nicht-erlebnishaften Bereich zugehörigen Organisationsstrukturen vorbehalten bleiben, die auf die Internalisierung von Objektbeziehungsrepräsentationen zurückgehen.

Die Objektbeziehungsrepräsentanzen lassen sich infolgedessen definieren als nicht-erlebnishafte mentale Strukturen, die, einmal aus internalisierten Beziehungserlebnissen gebildet, das weitere Beziehungserleben und Beziehungsverhalten organisieren (Zelnick & Buchholz 1990). Auf diese Weise repräsentieren sich die Objektbeziehungsrepräsentanzen in den (phänomenalen) Objektbeziehungsrepräsentationen, wie umgekehrt in den Objektbeziehungsrepräsentanzen vergangene Objektbeziehungsrepräsentationen strukturell repräsentiert sind. Weiterhin kann festgestellt werden, daß in einer aktuellen Repräsentation einer Objektbeziehung sowohl die erlebte Objektbeziehung als auch die dieses Erleben organisierenden Objektbeziehungsrepräsentanzen repräsentiert sind.

In die Repräsentation von Objektbeziehungen gehen von früher Kindheit an Abwehrprozesse ein. Diese bewirken Transformationen oder Verschiebungen. In den Prozeß der Internalisierung von Objektbeziehungsrepräsentationen gehen wiederum Abwehrprozesse ein, welche

33 Aus der Sicht des radikalen Konstruktivismus können die in unserem Gehirn erzeugten Erlebnisinhalte streng genommen auch nicht Repräsentation geheißen werden, weil dem Gehirn die Reizmuster nicht zugänglich sind. So, wie wir ein Objekt nicht abbilden können, weil wir keinen Zugang zum Urbild haben, kann das Gehirn auch nicht re-präsentieren, sondern »nur (für sich und in sich selbst) präsentieren« (Roth 1985, 237). Insofern ist der ursprüngliche und schon fast in Vergessenheit geratene Freudsche Begriff der »Objektvorstellung« epistemologisch fortschrittlicher gewesen. Es erscheint mir jedoch legitim, an den eingängigen Begriffen der Repräsentation und der Repräsentanz festzuhalten, wenn man sie bei Berücksichtigung ihrer epistemischen Ungenauigkeit metaphorisch begreift. Maturana bemerkte zum Repräsentationsbegriff: »Von einer Repräsentation der Umgebung oder der Umwelt in der Organisation eines lebenden Systems zu reden, kann metaphorisch nützlich sein, ist jedoch inadäquat und irreführend, wenn es um eine Analyse der Organisation eines autopoietischen Systems geht« (Maturana 1982, zit.n. Brocher & Sies 1986, 37). Brocher & Sies (1986) sehen in dem Repräsentationsbegriff sogar eine entscheidende Grundlage für eine Verständigung zwischen dem radikalen Konstruktivismus und der psychoanalytischen Theorie.

weitere Transformationen und Verschiebungen erzeugen können. Die Objektbeziehungsrepräsentanzen können sich deshalb von den realen Beziehungskonfigurationen, auf die sie zurückgehen, völlig unterscheiden. Soweit die Gestaltpsychologie der Wahrnehmung einen autochthonen Charakter gegenüber der objektiven Realität zuschreibt, gilt dies für die Entwicklung der Repräsentanzen folglich in doppelter Weise. Die in sie eingegangenen Wahrnehmungen unterliegen im Prozeß der Internalisierung einer erneuten sukzessiven Verarbeitung. Insofern ist das erlebnishafte wie das nicht-erlebnishafte, zur Struktur geronnene Bild des Objekts eine Konstruktion, die nicht mit dem realen, repräsentierten Objekt übereinstimmen muß. So bestimmen auch Brocher und Sies (1986) den epistemologischen Status der Repräsentanzen in der psychoanalytischen Theorie:

> Die in der Psychoanalyse gebräuchlichen Begriffe Objektrepräsentanzen, Vorstellungsrepräsentanzen, Affektrepräsentanzen, d.h. der Begriff der Repräsentanz geht nicht davon aus, daß es sich dabei um eine (objektive?) Repräsentation der Umgebung oder der Umwelt in der Organisation eines lebenden Systems (Individuen) handelt, sondern um eine im Laufe der Ontogenese entstandene, vorläufige, subjektive Struktur bei unveränderter Organisation, die nicht der physikalischen Umgebung oder Umwelt voll entspricht, sondern im Interesse der Aufrechterhaltung der Autopoiese selektive Modulationen bewirkt hat (39).

Diese Definition der Objektrepräsentanz befindet sich in Übereinstimmung mit der radikal-konstruktivistischen Epistemologie der Theorie der Selbstorganisation, welche wiederum als eine Fortführung der gestaltpsychologischen Epistemologie betrachtet werden kann (Portele 1985, Roth 1985, Stadler & Kruse 1986). Brocher und Sies (1986) vergleichen ihre Definition mit einem Zitat aus v. Foersters *Epistemologie der Lebewesen* (1972): »Objekte und Ereignisse sind keine primitiven Erfahrungen. Objekte und Ereignisse sind Repräsentationen von Relationen« (zit.n. Brocher & Sies 1986, 111). Diese Aussage ist ihrer Auffassung nach der psychoanalytischen Auffassung äquivalent, »daß Objektbeziehungen nicht die Wirklichkeit der erfahrenen Objekte darstellen, sondern die mit diesen verbundenen subjektiven begleitenden Emotionen von Ereignissen« (111).

Das Verhältnis zwischen innerer und phänomenaler Welt läßt sich nun differenzierter und eindeutiger bestimmen: Die innere Welt ist ein nichterlebnishaftes Organisationssystem, das durch die Internalisierung der in der phänomenalen Welt erlebten Objektbeziehungen konstitutiert wird. Deshalb ist die phänomenale Welt der Objektbeziehungen in der inneren Welt repräsentiert. Aus psychoanalytischer Sicht umfaßt dabei die phänomenale Welt der Objektbeziehungen bewußtes und unbewußtes Erleben. Die innere Welt ist nicht unmittelbar erlebbar, sie kann nur aus der phänomenalen Welt erschlossen und damit in die phänomenale Welt als gedachte Konstruktion eingeholt werden. Dadurch wird sie zum Bestandteil des in unserer phänomenalen Welt konstruierten affektiv-kognitiven Systems, unserem theoretischen Bild von jener Instanz in unserem realen Organismus, von der wir glauben, daß sie unsere phänomenale Welt konstruiert. Die Erschließung der inneren Welt aus der phänomenalen Welt ist nur möglich, weil die innere Welt die phänomenale Welt der Objektbeziehungen organisiert und demnach in ihr repräsentiert ist. Somit kann schließlich behauptet werden, daß die innere Welt und die phänomenale Welt in einem reziproken Repräsentationsverhältnis zueinander stehen.

Zur Unterscheidung des Begriffs der »inneren Realität«

Nun kann auch ein weiteres psychoanalytisches Konzept, das mit dem der inneren Welt wegen seiner begrifflichen Verwandtschaft häufig verwechselt werden dürfte, in unsere epistemologischen Überlegungen eingeordnet werden. Gemeint ist das Konzept der »inneren Realität«, wie es in Anlehnung an Frosch (1966, zit.n. Vogt 1988) verstanden wird. Frosch versteht unter dem Begriff der inneren Realität »Erinnerungen, Phantasien, Impulse, Wünsche, Affekte, Gedanken, Körperbild, Identität, Selbstrepräsentanzen und somatische Empfindungen wie z.B. Schmerzen oder Herzrhythmus« (Frosch 1966, zit.n. Vogt 1988, 659). Ausgeschlossen sind alle psychischen Vorgänge, die auf die Außenwelt gerichtet sind, »wie z.B. Objektrepräsentanzen und die Wahrnehmungsprozesse« (Vogt 1988, 659). Aus dieser Definition wird deutlich, daß der Begriff der inneren Realität mit keinem der in diesem Kapitel explizierten Begriffe kompatibel ist. Geometrisch ausgedrückt steht er in einem orthogonalen Verhältnis zu der von Sandler und Joffe (1969) hervorgehobenen Unterscheidung. Er faßt jeweils eine bestimmte Teilmenge des erlebnishaften und des nicht-erlebnishaften Bereichs zusammen. Gleichermaßen sperrt er sich einer Übersetzung in die gestaltpsychologischen Konstrukte. Zwar läßt sich feststellen, daß er das Ich-Erleben und das Körpererleben umfaßt, aber darüber hinaus enthält er auch überdauernde psychische Strukturen (Identität, Selbstrepräsentanz) die nicht dem Bereich des unmittelbar Gegebenen zuzurechnen sind. Diese in dem Begriff der inneren Realität enthaltenen nicht-erlebnishaften Strukturen bilden wiederum aber nur eine Teilmenge des konstruierten Organismus, weil die auf die Außenwelt gerichteten Prozesse ausgeschlossen sind.

Nach diesen Vorklärungen ist der Begriff der inneren Realität in unserem Zusammenhang am ehesten so einzuordnen, daß er das Ich- und Körpererleben, sowie die dieses Erleben organisierenden nicht-erlebnishaften Strukturen umfaßt. Es bleiben jedoch einige Unstimmigkeiten dieses Konzepts bestehen, auf die Vogt (1988) bereits hinwies und die bei dem Versuch einer übergreifenden Einordnung besonders deutlich werden. Die von Frosch außerhalb der inneren Realität lokalisierten Objektrepräsentanzen und Wahrnehmungsvorgänge sind wesentlich von den Prozessen geprägt, die er der inneren Realität zurechnet. Ebenso wird auch das der inneren Realität zugeschriebene Erleben maßgeblich durch die Objektrepräsentanzen geprägt. Die Objektrepräsentanzen von der inneren Realität mit der Begründung auszuschließen, daß sie auf die Außenwelt gerichtet seien, übergeht die Tatsache, daß die Objektrepräsentanzen nicht unwesentlich durch innere Phantasiebildungen bestimmt werden, die zu einem großen Teil gerade nicht auf die Außenwelt, sondern auf die Vermeidung schmerzhafter innerer Gefühle ausgerichtet sind. Und schließlich beeinflussen »die inneren Objektbeziehungen im nicht-erlebnishaften Bereich ... wiederum den Inhalt des subjektiven Erlebens, welche Form dieses Erleben auch immer annehmen mag« (Sandler 1990, 169; Übersetzung B.W.).

Auf der Basis der in diesem Kapitel herausgearbeiteten epistemologischen Gemeinsamkeiten zwischen der Gestaltpsychologie und der Objektbeziehungstheorie lassen sich nun in den anschließenden Kapiteln die im engeren Sinne psychologischen Berührungspunkte untersuchen. An der Entwicklung der Wahrnehmungsorganisation und der Genese der Objektbeziehungsrepräsentanzen wird sich dabei nicht nur aufzeigen lassen, wie die innere Welt aus der phänomenalen Welt qua Verinnerlichung hervorgeht und dabei nach ähnlichen Organisationsprinzipien gestaltet wird, sondern auch wie die innere Welt auf die phänomenale Welt zurückwirkt, sich ebenso in dieser repräsentiert, wie die phänomenale Welt in ihr repräsentiert ist.

6. Gemeinsamkeiten der Entwicklungsmodelle: Aufgliederung und Zusammenschluß

Schon allein die Terminologie der Objektbeziehungstheorie läßt an die Gestaltpsychologie denken und nach Gemeinsamkeiten mit ihr fragen. So unterscheidet die Objektbeziehungstheorie zwischen »Teil«- und »Ganz«-Objektrepräsentanzen. Dabei werden die Begriffe »Teil« und »Ganzes« durchaus im Sinne der Gestaltpsychologie verwendet, so daß die terminologische Überschneidung auch auf eine inhaltliche Affinität hinweist. In den Teil-Objektrepräsentanzen sind unterschiedliche Aspekte einer Beziehung zu einer Person getrennt voneinander repräsentiert. Vor allem die als »gut« und die als »böse« erlebten Anteile einer Objektbeziehung werden aufgespalten und in gegensätzlichen Teil-Objektrepräsentanzen repräsentiert. In den Ganz-Objektrepräsentanzen sind die unterschiedlichen Aspekte einer Objektbeziehung zu einer Einheit integriert. Dabei setzen sich die Ganz-Objektrepräsentanzen nicht additiv aus den Teil-Objektrepräsentanzen zusammen, sind also nicht Und-Summe dieser, sondern stellen eine qualitativ neue Einheit dar. Die vormaligen Teil-Objektrepräsentanzen haben in der Ganz-Objektrepräsentanz ein neues Verhältnis zueinander eingenommen. Aus einem Alternieren zwischen gespaltenen Partial-Objektrepräsentanzen entwickelt sich eine flexible Wechselwirkung zwischen Teilaspekten einer integralen Ganz-Objektrepräsentanz. Hierin folgt die Objektbeziehungstheorie zwei zentralen Prinzipien der Gestaltpsychologie, »der Nichtsummativität psychischer Ganzer« (Metzger 1975) und der Modifikation der Teile innerhalb des Ganzen: »Den Teilen kommen innerhalb eines Ganzen Eigenschaften zu, die sie als Einzelgebilde nicht besitzen« (Tholey 1988, 250). Die integralen Repräsentanzen des Selbst und der Objekte bilden im Sinne eigenständiger Untergestalten eine »Gesamtgestalt« der inneren Welt. Eine solche als Gesamtgestalt beschreibbare innere Welt macht aus der Sicht der Objektbeziehungstheorie den Kern einer reifen und stabilen Persönlichkeit aus.

Noch vor der Integration der Teil-Objekte besteht der erste wesentliche Entwicklungsschritt darin, aus einer primär ungeschiedenen Ganzheit Repräsentanzen des Selbst und der Objekte zu differenzieren. Die Differenzierung der Selbst- und Objektrepräsentanzen geht einher mit der Entwicklung der Realitätsprüfung:

Realitätsprüfung [ist] die Fähigkeit, Selbst und Nichtselbst, sowie intrapsychische Wahrnehmungsquellen und Reize von äußeren zu unterscheiden, und die Fähigkeit, die eigenen Affekte, das Verhalten und die Denkinhalte im Rahmen der üblichen gesellschaftlichen Normen einzuschätzen (Kernberg 1988, 17).

Für die Objektbeziehungstheorie sind differenzierte Selbst- und Objektrepräsentanzen »die elementaren Substrukturen« der Entwicklung, aus denen sich »schrittweise ... komplexere Substrukturen« entwickeln (Kernberg 1988, 19). Der zweite wesentliche Entwicklungsschritt nach der Differenzierung der primären Ganzheit von Selbst und Objekten ist die bereits erwähnte Integration »bruchstückhafter« Partialrepräsentanzen des Selbst und der Objekte zu einem ganzen Selbst und ganzen Objekten.

Diesem in groben Grundzügen zusammengefaßten Entwicklungsmodell der Objektbeziehungstheorie entspricht in vieler Hinsicht das Entwicklungsmodell der Gestaltpsychologie. Auch das Entwicklungsmodell der Gestaltpsychologie enthält ein genetisches Primat undifferenzierter Ganzheiten, die mit einer mangelnden Realitätsprüfung einhergehen und aus denen sich über Prozesse der Differenzierung *und* Integration komplexere Einheiten entwickeln. Dies sollen einige Zitate aus Metzgers *Psychologie* (1975) belegen:

Im Anfang der Entwicklung stehen die Ganzeigenschaften und unter diesen wieder die Wesenseigenschaften an erster Stelle ... Wesenseigenschaften (z.B. 'freundlich') spielen in der kindlichen Wahrnehmung sehr viel früher eine Rolle, als einfache Sinnesqualitäten (z.B. 'blau'). Besonders sind auch im Bereich des *Nicht*lebendigen Ausdruckseigenschaften sehr viel verbreiteter und lebhafter als später (312). Hierzu kommen die Erweiterungen des Bereiches der für möglich gehaltenen Beeinflussung, die erstens in der Behandlung alles Gegebenen als 'Wesen', d. h. in der Möglichkeit seiner Beeinflussung durch Anreden, Beschwören oder auch durch bloßes Auftreten, und zweitens in dem frühmensch-

lichen Identitätsverhältnis zwischen allem Gestaltverwandten begründet ist (323).
[Dieser] Wirkungszusammenhang zwischen Innenwelt und Außenwelt ... wird mit dem Alter schwächer (315). [Die seelische Entwicklung geht] von einem Neben- und Nacheinander verhältnismäßig einfacher Gestalten *sowohl abwärts* im Sinn einer Aufgliederung (die schließlich zum Zerfall und Verlust der Einheit führen *kann, aber nicht muß*), *als auch aufwärts* im Sinn des Zusammenschlusses zu immer umfassenderen, reicheren und verwickelteren Gestalten (326).

Die für die Gestaltpsychologie am Anfang der Entwicklung stehenden Ganzheiten mit Wesenseigenschaften entsprechen der primären Ungeschiedenheit von Selbst- und Objektrepräsentanzen. Die Behandlung alles Gegebenen als »Wesen« verweist darauf, daß auf dieser Stufe die Trennung von innerer und äußerer Realität und damit die Fähigkeit zur Realitätsprüfung noch nicht ausgebildet ist. Die *»abwärts«* verlaufende Entwicklungslinie der »Aufgliederung« ist vergleichbar mit dem ersten wesentlichen Entwicklungsschritt im Modell der Objektbeziehungstheorie: der Differenzierung zwischen Selbst- und Objekten. Die *»aufwärts«* verlaufende Entwicklungslinie des »Zusammenschlusses« ist dem zweiten wesentlichen Entwicklungsschritt im Modell der Objektbeziehungstheorie analog: der Integration der inneren Teil-Objekte zu ganzheitlichen Objektrepräsentanzen. Beiden Entwicklungsmodellen ist damit gemeinsam, daß in ihnen die Entwicklung von primären, in sich unstrukturierten und unabgegrenzten Ganzheiten ausgeht und sich aus diesen über Vorgänge der Aufgliederung und des Zusammenschlusses komplexe, in sich gegliederte und optimalerweise integrierte Ganzheiten entwickeln. Kaum anders faßt Loch (1988) den aktuellen Stand allein der psychoanalytischen Entwicklungsvorstellungen zusammen:

Für die Erfahrung des Kindes mit der unbelebten und in entscheidender Weise mit der belebten Welt gilt, daß Affekte und Emotionen in Verknüpfung mit motorischen Aktionen und der Erregung von Sinnesrezeptoren ihm eine Welt konstruieren, die sich von Partialobjekten zu Ganzobjekten ... und auch umgekehrt von kaum strukturierten Ganzheiten zu mehr oder weniger scharf umrissenen Einzelheiten entwickelt (Loch 1988, 56).

Die entwicklungpsychologischen Parallelen zwischen Objektbeziehungstheorie und Gestaltpsychologie wurden in jüngster Zeit auch von gestaltpsychologischer Seite aufgegriffen. Bischof (1989a, 1989b) legte einen interessanten Ansatz vor, die Entwicklung der Selbst- und Objektrepräsentanzen aus der Gestaltperspektive der Figur-Grund-Relation zu beschreiben. Für den Terminus »Grund« setzte er den synergetischen Terminus »Medium« ein und charakterisiert dieses wie folgt: Im Gegensatz zur Figur sind dem Medium keine Grenzen eigen, es ist amorph, unscheinbar und anonym. Es ist invariant und hat kein Schicksal, ist aber selbst schicksalbestimmend und übt großen Einfluß aus. Diese medialen Qualitäten kommen in der frühen Kindheit den Eltern zu. Zunächst sind in der inneren Welt des Kindes weder die beiden Elternteile, noch es selbst als Figur repräsentiert. Alle drei gehören einem ubiquitären Medium an. Aus diesem Medium bildet sich zunächst eine »Selbst-Figur«, die im Kontrast zu dem sie umgebenden elterlichen Medium steht. In der nächsten Entwicklungsphase differenziert sich das noch homogene omnipräsente Eltern-Medium zu getrennten und eigenständigen »Objekt-Figuren«. Das Ich verliert damit seine egozentrische Position und realisiert, daß es mit anderen in ein übergeordnetes Bezugssystem eingebettet ist. Der Wunsch nach Aufrechterhaltung der Symbiose und die mit deren Auftrennung einhergehenden Ängste und Aggressionen bedingen ein starkes Affekterleben in dieser Entwicklungsphase (Bischof 1989a, 1989b).

Die nun zusammengetragenen inhaltlichen Übereinstimmungen zwischen der Objektbeziehungstheorie und der Gestaltpsychologie belegen für deren Verhältnis, was Schumacher für das Verhältnis von Ich-Psychologie und Gestaltpsychologie aufzeigte, »nämlich einmal die Möglichkeit eines subsummativen In-Beziehung-Setzens (Einfügbarkeit von Beständen des einen Systems in das andere) und zum anderen die Gleichheit oder doch Ähnlichkeit des zugrundeliegenden Interpretationsansatzes« (1971, 162). Beides nannte Schumacher (1971) als Voraussetzung, damit sich aus der hergestellten Verbindung für die eine oder andere Seite ein Gewinn ergibt und es nicht bei einer »vergleichenden Explikation« bleibt.

Wenn zwei Theoriegebäude beträchtliche Konvergenzen aufweisen, dann läßt dies nach gemeinsamen Quellen fragen. Diese sind in der

Theoriegeschichte oder dem Gegenstandsbereich zu suchen. Die theoriegeschichtlichen Überschneidungen zwischen Gestaltpsychologie und Psychoanalyse wurden im ersten Teil zusammengetragen. Sie können die Kompatibilität der gestaltpsychologischen und speziell der objektbeziehungstheoretischen Grundannahmen m.E. nicht hinreichend erklären. Zwar lebten und arbeiteten die beiden Psychoanalytikerinnen, die als »Gründerinnen« der Objektbeziehungstheorie angesehen werden können, Edith Jacobson und Melanie Klein, vor der Veröffentlichung ihrer entsprechenden Arbeiten lange Jahre in Berlin, doch ist weder bekannt, noch aus ihren Schriften erkennbar, daß sie dort die Berliner Schule kennenlernten oder gar rezipierten.

Deswegen hat der weitere Gang der Untersuchung nach strukturellen Affinitäten der Gegenstandsbereiche von Objektbeziehungstheorie und Gestaltpsychologie zu forschen, als deren Widerspiegelung die strukturelle Affinität der Theorien eventuell erklärt werden könnte. Aus mehreren Gründen soll dabei vor allem der Prozeß der Wahrnehmung untersucht werden: Erstens, weil die Gestaltpsychologie an der Wahrnehmung ihre Prinzipien und Gesetze am klarsten dokumentieren konnte und die Wahrnehmung noch bis heute als ihre Domäne gilt[34]. Zweitens, weil das Theoriegebäude der Psychoanalyse an dieser Stelle besonders ergänzungsfähig erscheint, so daß die Psychoanalyse hier von einem Austausch mit der Gestaltpsychologie wahrscheinlich am meisten profitieren kann. Aber auch für die Gestaltpsychologie läßt die Untersuchung insbesondere von psychisch bedingten Störungen der Wahrnehmung eine Erweiterung und Differenzierung ihrer Konzepte erwarten.

Die Untersuchung verläßt damit die metatheoretischen Sphären und begibt sich hinein in die phänomenale und in die innere Welt. Im anschließenden Kapitel soll zunächst an auffälligen Korrespondenzen zwischen der Strukturierung der Wahrnehmung und der Strukturierung der Repräsentanzenwelt aufgezeigt werden, daß den herausgearbeiteten begrifflich-theoretischen Parallelen zwischen Objektbeziehungstheorie und

34 Damit enthält sich die Untersuchung auch der Gefahr, eine Überdehnung der Gestaltterminologie zu betreiben, wie dies mittlerweile im Rahmen eines allgemeinen Holismus-Booms häufig zu konstatieren ist.

Gestaltpsychologie tatsächlich auch entsprechende Parallelen in ihrem empirischen Relativ korrespondieren. Neuere Erkenntnisse der Kleinkindforschung, die wesentliche Hinweise zur Erklärung dieser strukturellen Affinitäten geben, werden im darauffolgenden Kapitel zusammengetragen. Daraus wird die Hypothese zu entfalten sein, daß die strukturelle Affinität zwischen Objektbeziehungstheorie und Gestaltpsychologie in den frühen Organisationsformen des kleinkindlichen Erlebens begründet liegt.

7. Wahrnehmen zwischen Repräsentation und Repräsentanz

Wie die epistemologischen Begriffsklärungen bereits verdeutlichten, betrachtet die Gestaltpsychologie Wahrnehmung nicht als passiv-abbildendes Geschehen, sondern als einen aktiven Konstruktionsprozeß, der durch innere Vorgänge motiviert und gesteuert wird. Die wahrnehmbaren Stimuli werden selektiert, organisiert und strukturiert. In diesen Verarbeitungsprozeß gehen in starkem Maße frühere Erfahrungen, Emotionen, Erwartungen, gespeicherte Vorstellungen und Begriffe ein (Kaufmann-Hayoz 1989, Roth 1987). Die Bedeutung, die einem Wahrnehmungsobjekt zugewiesen wird, beeinflusst selbst noch die basalen visuellen Wahrnehmungsvorgänge: Der Prozeß der Objektidentifikation interferiert mit der »präkategorialen Objektausgliederung« (Kruse 1986, 141). Aus diesen Bestimmungen des Wahrnehmungsgeschehens kann geschlossen werden, »daß menschliche Wahrnehmung 'von allem Anfang an' nicht etwas ist, dem soziale Beziehungen etwa äußerlich oder gar feindlich gegenüberstehen« (Stadler et al. 1975, 211). »Die von unserem Gehirn konstituierte Wirklichkeit [ist] eine soziale Wirklichkeit« (Roth 1987, 254).

Auch in der Psychoanalyse wird die Wahrnehmung als ein wesentlich innengeleiteter Prozeß aufgefaßt:

> Das, was wir als äußere Realität begreifen, ist also nicht nur abhängig von der Objektivität der Gegenstandswelt, sondern auch von der Beschaffenheit der inneren Realität, die unsere Wahrnehmung der äußeren Realität wesentlich mitbestimmt (Vogt 1988, 660).

Wie bereits aus der epistemologischen Klärung der Begriffe »phänomenale« und »innere Welt« hervorging, ist für die Psychoanalyse das letztlich entscheidende Prinzip auch der Wahrnehmungsorganisation die Aufrechterhaltung eines basalen Gefühlszustandes. Diesem Prinzip sind alle weiteren Prinzipien wie z.B. das der kognitiven Konsistenz untergeordnet. Deshalb können die Wahrnehmungsvorgänge »geprägt (sein) von subjektiven Tendenzen triebhaft-narzißtischer und abwehrbestimmter Art« (Vogt 1988, 659).

Es ist an dieser Stelle jedoch grundsätzlich zu bemerken, daß der Wahrnehmungsbegriff in der Psychoanalyse und der Gestaltpsychologie zwar nicht unbedingt verschieden definiert, aber doch unterschiedlich gebraucht wird. Genau genommen existiert für den Wahrnehmungsbegriff in der Psychoanalyse keine klare und allgemein anerkannte Definition. Verwendet wird er meist in einem Sinne, dem in der Psychologie die Spezialgebiete »social perception« oder »interpersonale Wahrnehmung« entsprechen. Häufig fungiert der Wahrnehmungsbegriff in der Psychoanalyse auch als Sammelbegriff all jener Vorgänge, die sich irgendwo in dem Bedeutungsfeld zwischen Empfindung, Eindruck, Anmutung oder Bewußtwerdung tummeln. Alles dies steht durchaus nicht im Widerspruch zum Wahrnehmungsbegriff der Gestaltpsychologie. Auch für die Gestaltpsychologie gehören der Wahrnehmungswelt »atmosphärische Qualitäten« (Bischof 1989b), »gefühlsartige Erlebnisse«, »Eindrücke« und »Anmutungsweisen« (Metzger 1975) an. Hingegen unterscheiden sich Gestaltpsychologie und Psychoanalyse in der Aufmerksamkeit und Genauigkeit, die sie der Wahrnehmung der physikalisch-gegenständlichen Welt zukommen lassen. Die visuelle Wahrnehmung von Figuren, Formen, Konfigurationen usw. ist zwar ebenfalls aus dem psychoanalytischen Wahrnehmungsbegriff nicht ausgeschlossen, sie wird aber nur selten ausdrücklich berücksichtigt und kaum der Untersuchung wert befunden. Unter der Wahrnehmung der äußeren Realität wird in der Psychoanalyse insofern meist die phänomenale Objektbeziehungswelt verstanden. In diesem Sinne kann aus psychoanalytischer Sicht gelten, daß »das [innere] Objekt, genauer gesagt die [innere] *Objektbeziehung* ... Urbild der äußeren Realität« (Vogt 1988, 660) ist, womit auf die Repräsentation der Objektbeziehungsrepräsentanzen in den phänomenalen Objektbeziehungsrepräsentationen hingewiesen wird.

Nicht haltbar erscheint dagegen eine Auffassung, die die Objektbeziehungsrepräsentanzen als basales Urbild auch der Dingwelt begreift. Zu diesem Schluß kommt Hoffmann-Axthelm (1987) am Ende einer umfangreichen Studie über die Wahrnehmung. Er entfaltet die Hypothese, daß die Gestaltgesetze der Wahrnehmungsorganisation aus den Objektrepräsentanzen hervorgehen:

> Mich auf einen Gegenstand zu konzentrieren, ihn als Figur abzuheben von einem dann zu vernachlässigendem Untergrund, verlangt eine Inszenierung des Blickraums. ... Eine andere Inszenierung ist für den Überblick, die weiträumige Orientierung, das Suchen, Einordnen usw. nötig, das Entdecken von Ordnungen, Gesetzmäßigkeiten, Typischem. ... All das funktioniert nur, wenn ich dafür von mir heraus ein Modell zur Verfügung stelle, sozusagen das entsprechende Urereignis. Diese Urereignisse sind die Repräsentanzen (1987, 315ff).

Um eine Überprüfung seiner Hypothese an empirisch gewonnenen Erkenntnissen hat sich Hoffmann-Axthelm allerdings gar nicht erst bemüht. So läßt sich denn auch zeigen, daß seine Hypothese dem aktuellen Stand des Wissens über die Entwicklung der Wahrnehmungsorganisation und die Genese der Objektbeziehungsrepräsentanzen nahezu diametral entgegengesetzt ist.

Zunächst sollen jedoch einige interessante Korrespondenzen zwischen der Strukturierung der Gestaltwahrnehmung und der Strukturierung der Objektbeziehungen aufgeführt werden, ohne daraus zugleich Aussagen über die Kausalität ableiten zu wollen. Besonders auffallend ist eine solche Korrespondenz bei psychotischen Wahrnehmungsstörungen, bei denen die Gestaltwahrnehmung fehlt, zerfällt oder zerstört wird. Vor allem bei den schizophrenen Psychosen zeichnet sich die Wahrnehmung häufig durch einen »Gestaltzerfall« aus. Der Begriff »Gestaltzerfall« bezeichnet eine Entstrukturierung der Wahrnehmungswelt und deren Auflösung in Einzelqualitäten (Peters 1984).

Er geht zurück auf Wertheimers Beschreibung eines psychopathologischen Zerfalls von Bewegungsgestalten (1912) sowie auf Goldsteins Studien über pathologische Wahrnehmung und wurde später von Conrad (1958) zu seiner psychopathologischen Theorie des »Gestaltwandels« ausgebaut. Für Conrad zeichnet sich die Schizophrenie durch einen »Gestaltwandel des Erlebnisfeldes« aus:

> Als Zeichen eines langsamen Destruktionsprozesses des Wahrnehmungsfeldes kommt es zu einem immer stärker werdenden Vordrängen der 'Wesenseigen-

schaften' (Matussek) gegenüber den Gefügeeigenschaften, das langsam alle Bereiche des aktuellen Wahrnehmungsfeldes einbezieht (1958, 159).

Hierbei stützte sich Conrad auf Untersuchungen von Paul Matussek[35], der aus gestaltpsychologischer Perspektive gezeigt hatte, daß in der Wahnwahrnehmung die Zusammenhänge sehr gelockert sind und die Wesenseigenschaften dominieren. Die Einbuße der Gestalteigenschaften in der phänomenalen Welt wurde mittlerweile in vielfältigen Experimenten belegt. Tölle (1988) faßt deren Ergebnisse wie folgt zusammen:

Die Aufmerksamkeit ist insofern verändert, als zu viele irrelevante Reize aufgenommen werden (Wahrnehmungsüberflutung), was in optischen (Tachistokop) und akustischen Versuchen festzustellen ist. Gestaltpsychologisch gesehen führt der Wahrnehmungsprozeß nicht bis zur Endgestalt, sondern bleibt vorher an Details hängen, so daß die Gesamtwahrnehmung versäumt wird (Tölle 1988, 183f).

Im Rorschach-Test zeigt sich der Gestaltzerfall der psychotischen Wahrnehmung in dem Phänomen der Inkohärenz. Inkohärente Mitteilungen zu der Klecks-Vorlage sind auf unverknüpfte, fragmentierte Eindrücke beschränkt.

Dem Gestaltzerfall in der psychotischen Wahrnehmung korrespondiert in der inneren Welt der Zerfall oder die Zerstörung der Selbst- und Objektrepräsentanzen. Dieser simultane Zerfall der Ganzheiten in der inneren wie in der phänomenalen Welt ist dem autistischen Syndrom der Schizophrenie zuzuordnen (Kernberg 1988). Von dem autistischen Syndrom unterscheidet die Objektbeziehungstheorie die symbiotischen Formen der schizophrenen Psychose. Diese zeichnen sich durch eine »Wiederverschmelzung der Selbst- und Objektrepräsentanzen« (Kernberg, 117) aus. In der inneren Welt bleiben ganzheitliche Strukturen erhalten, diese bewegen sich jedoch auf dem Niveau der primären Ganzheiten unter Vorherrschaft der Wesenseigenschaften. In der phänomenalen Welt spiegelt sich dies in einer deutlichen Entdifferenzierung der Wahrnehmung, insbesondere der Figur-Grund-Wahrnehmung wider.

35 Paul Matussek wandte sich später der Psychoanalyse zu und arbeitete an der Konzeptualisierung einer psychodynamischen Psychosentherapie.

Die Koinzidenz von Figur-Grund-Verschmelzungen in der phänomenalen Welt mit der Verschmelzung der Selbst- und Objektrepräsentanzen in der inneren Welt veranlasste Blatt und Lerner (1983), die Schizophrenie als allgemeine kognitiv-affektive Störung der Repräsentation von Konturen und Grenzen zu bezeichnen. Die Differenzierung zwischen Selbst und anderen, Innen und Außen, Phantasie und Realität erfordert die Repräsentation von Grenzen, worin die Autoren eine der ersten und wesentlichsten kognitiven Strukturbildungen in der psychischen Entwicklung sehen. Im Rorschach-Test sind außer den erwähnten Figur-Grund-Verschmelzungen auch Kontaminations- und Konfabulationsantworten deutliche Indikatoren für eine Störung der Repräsentation von Grenzen[36]. Blatt konnte zeigen, daß die Ausprägung der Störungen von Grenzbildungen, wie sie in Kontaminations- und Konfabulationsantworten im Rorschach-Test feststellbar sind, der Qualität der inneren Objektbeziehungen korrespondiert (Blatt & Lerner 1983)[37].

Im nicht-pathologischen Bereich hat Witkin (1973) Zusammenhänge zwischen der Ausdifferenzierung der phänomenalen Welt und der Ausdifferenzierung der Selbst- und Objektrepräsentanzen aufzeigen können. H.A. Witkin widmete sich zu Beginn seiner wissenschaftlichen Laufbahn vorwiegend wahrnehmungspsychologischen Fragestellungen, die aus der Gestaltpsychologie hervorgingen. Später wandte er sich immmer mehr der Untersuchung des Zusammenhangs zwischen Wahrnehmung und Persönlichkeit zu. Auch in diesem Forschungsgebiet blieb der Einfluß der Gestaltpsychologie auf ihn noch unverkennbar. Witkin unterscheidet einen feldabhängigen von einem feldunabhängigen Modus der Wahrnehmung. Diesen Wahrnehmungsmodi sprach er den Rang kognitiver Stile zu, die über verschiedene Situationen und die Zeit stabil sind

36 Bei Kontaminationsantworten werden unterschiedliche Perzepte und Einfälle zu einem in sich widersprüchlichen Konzept verschmolzen, die Grenzen zwischen ursprünglich separaten Einfällen gehen verloren. Konfabulationsantworten zeichnen sich durch eine mangelnde Abgrenzung zwischen Wahrnehmungen des Kleckses und subjektiven Phantasien aus.

37 Eine solche Beziehung zwischen der Repräsentation der Wahrnehmungsobjekte in der phänomenalen Welt und den Repräsentanzen des Selbst und der Objekte in der inneren Welt ist die implizite Voraannahme jeder Rorschachdiagnostik der Objektbeziehungen.

(Witkin & Goodenough 1981). Die beiden Modi drücken aus, »ob eine Person fähig oder nicht fähig ist, in ihrer Wahrnehmung ein Objekt von dem umgebenden und organisierenden Feld abzugrenzen« (Witkin 1973, 557). Insofern ist in dieser Unterscheidung die von Blatt und Lerner als basale kognitive Struktur angesehene Fähigkeit zur Repräsentation von Grenzen aufgehoben.

Der feldabhängige Modus zeichnet sich durch eine globale und diffuse Wahrnehmung aus. Die Teile eines Feldes verschmelzen in der Organisation des Feld-Ganzen. Gestaltpsychologisch formuliert dominieren in diesem Wahrnehmungsmodus einfache, ungegliederte Gestalten. Im feldunabhängigen Modus werden dagegen »die Teile eines jeweiligen Feldes als deutlich - voneinander und von dem Feld - abgesondert und das Feld selbst als strukturiert erfaßt« (Witkin 1973, 569). Diesem Wahrnehmungsmodus entspricht in der Terminologie der Gestaltpsychologie die gegliederte, figurale Wahrnehmung komplexer Gestalten. Diese theoretisch naheliegende und gut begründbare Übersetzung der beiden von Witkin unterschiedenen Wahrnehmungsmodi in die gestaltpsychologische Terminologie konnte auch in der Empirie bestätigt werden. In einer frühen Untersuchung fand Witkin (1950, zit.n. Joraschky 1983) eine signifikante Korrelation zwischen der Feldunabhängigkeit und der Fähigkeit, eine Figur aus einer komplexen Gestalt herauszulösen.

Witkin konnte nun mehrfach zeigen, daß die Ausprägung der Feldabhängigkeit der Wahrnehmung mit dem Grad der Selbst-Objekt-Differenzierung korreliert. Personen mit einem feldunabhängigen Wahrnehmungsmodus weisen sehr viel eher »ein hochentwickeltes Gefühl für eigene getrennte Identität auf, d. h. sie sind sich der Bedürfnisse, Gefühle und Attribute bewußt, die sie als ihre eigenen und damit als verschieden von denjenigen anderer identifizieren« (Witkin 1973, 563). Feldabhängige Personen weisen dagegen eher unscharf abgegrenzte Objektbeziehungsrepräsentanzen auf.

Diese Entsprechung der Differenzierung in der phänomenalen Welt mit der Differenzierung in der Repräsentanzenwelt umfaßt auch die Repräsentanz des eigenen Körpers, das Körperschema. Personen mit feldunabhängigem Wahrnehmungsmodus besitzen sehr viel stärker als Personen mit feldabhängigem Wahrnehmungsmodus »in ihrem Körperschema ein definitives Gefühl für Körpergrenzen und die zwischen den einzelnen Körperteilen bestehenden Beziehungen« (Witkin 1973, 569). Die Annahme eines engen Zusammenhangs zwischen dem Körperschema und der visuellen Wahrnehmung hat eine lange naturphilosophische Tradition und kann sich auch auf immer mehr empirische Befunde stützen (vgl. die Übersicht bei Joraschky 1983). Unter anderem weisen die körperliche und die visuelle Wahrnehmung eine beindruckende Parallele auf, die den autonomen und konstruktiven Charakter der Wahrnehmung anschaulich demonstriert: Sowohl in der Körperwahrnehmung wie in der visuellen Wahrnehmung kann es zu Wahrnehmungen faktisch nicht existenter Reizkonfigurationen kommen, die sich auch wider besseres Wissen einstellen: In der Körperwahrnehmung ist dies bei dem Phänomen des Phantomgliedes, in der visuellen Wahrnehmung bei dem Phänomen der virtuellen Figuren der Fall.

Witkin (1973) kommt auf der Grundlage seiner eigenen Studien sowie zahlreicher Studien anderer Autoren zu dem Schluß, daß die »in der Regel zusammen auftretenden Charakteristika [der Wahrnehmung und der Persönlichkeitsstruktur, B.W.] nicht die Endprodukte einer sich in verschiedenen Kanälen vollziehenden Entwicklung, sondern verschiedene Manifestationen eines zugrunde liegenden Entwicklungsprozesses sind« (569).

Da die innere Welt der Objektbeziehungsrepräsentanzen aus der Verinnerlichung von Objektbeziehungsrepräsentationen hervorgeht, liegt es nahe, die Wurzel dieses »zugrunde liegenden Entwicklungsprozesses« zuerst im Bereich der Wahrnehmungsorganisation zu suchen. Die Rückführung von »Objektvorstellungen« auf Wahrnehmungen folgt auch dem metapsychologischen Postulat Freuds, »daß alle Vorstellungen von Wahrnehmungen stammen« (Freud 1925, 14). Schumacher (1986) leitete daraus die räumliche Qualität aller Vorstellungen und Phantasien ab:

> Sie sind räumlich-szenisch organisiert, vollziehen sich in einem inneren Vorstellungsraum, der eine Verinnerlichung des vormaligen äußeren Wahrnehmungsfeldes darstellt. ... Diese Aufrichtung einer inneren Raumrepräsentanz anstelle des vormals äußeren Anschauungsfeldes mit der hierdurch möglichen Loslösung von der - wie wir sagen können - materiellen Realität mit ihren Versagungen,

Kränkungen und Ängstigungen, ist das anthropologisch eigentlich bedeutsame[38] (19f).

Mit Schumacher kann also angenommen werden, daß auch die innere Welt, die auf der Verinnerlichung von Wahrnehmungen, Vorstellungen und Phantasien basiert, maßgeblich nach Prinzipien organisiert ist, die die visuell-räumliche Wahrnehmung strukturieren. Wie diese Verinnerlichung von Wahrnehmungsprinzipien vor sich geht und um welche Prinzipien es sich dabei handelt, das soll im folgenden Kapitel dargestellt werden.

38 Schumacher bezieht sich hierbei auf die Ethologie, die »ebenfalls die Aufrichtung einer zentralen Raumrepräsentanz als eine der tragenden Voraussetzungen zur Menschwerdung herausstellt« (Schumacher 1986, 20).

8. Gestaltwerdung - Entwicklung und Verschränkung von phänomenaler und innerer Welt in der frühen Kindheit

Amodale und Gestaltwahrnehmung im Säuglingsalter

In den vergangenen 30 Jahren wurden zahlreiche beeindruckende Befunde über die kognitiven Fähigkeiten von Säuglingen und Kleinkindern gewonnen, die sowohl die Psychologie als auch die Psychoanalyse zur Modifikation ihrer Annahmen über die frühkindliche Entwicklung zwangen. Entgegen allen früheren Überzeugungen zeigte sich, daß der Säugling von den ersten Tagen an seine Umwelt aktiv aufnimmt. Er sucht nach für ihn neuartigen Stimuli und kann diese in z. T. schon sehr komplexen Wahrnehmungsleistungen zu ganzheitlichen Repräsentationen integrieren.

Eine der ersten experimentellen Studien über die Wahrnehmungsorganisation von Säuglingen, die bis heute als bahnbrechend gilt, stammt von Michael Wertheimer (1961), dem Sohn Max Wertheimers. Er konnte zeigen, daß Neugeborene ihre Augen einer bestimmten Richtung zuwenden, wenn sie aus dieser Richtung ein Geräusch hören. Die Koordination zwischen dem visuellen und dem akustischen Sinnessystem konnte folglich als eine angeborene Fähigkeit gelten. Ausgehend von dieser paradigmatischen Untersuchung Michael Wertheimers entwickelte sich eine umfangreiche Beforschung der intermodalen Koordination in der Wahrnehmungsorganisation von Kleinkindern.

Eine ähnlich eindrucksvolle und bahnbrechende Demonstration der intermodalen Koordinationsfähigkeiten von Säuglingen lieferten Meltzoff und Barton (1979). Sie konnten zeigen, daß drei Wochen alte Säuglinge in der Lage sind, von zwei ihnen vorgehaltenen Schnullern unterschiedlicher Form denjenigen zu selektieren, den sie unmittelbar zuvor im Mund hatten. Da diese frühe Koordination visueller und taktiler Wahrnehmungen nicht auf Lern- oder Assoziationsprozesse zurückführbar ist, nahmen Meltzoff und Barton (1979) eine angeborene Fähigkeit zur amodalen Wahrnehmung von *Formen* an.

Weitere Untersuchungen zeigten, daß Säuglinge nicht nur zur amodalen, sondern auch zur invarianten Repräsentation von Formen in der Lage sind. Schon zwei Tage alte Säuglinge nehmen geometrische Formen, die in unterschiedlichen räumlichen Perspektiven dargeboten werden, invariant wahr, obwohl sie zur Diskrimination der unterschiedlichen Neigungswinkel durchaus in der Lage sind (Slater & Morison 1985). An der visuellen Wahrnehmung von geometrischen Figuren konnte auch gezeigt werden, daß spätestens ab dem 3. Monat die Gestaltgesetze wirksam sind. Säuglinge in diesem Alter nehmen zunächst die ganze Figur wahr und ordnen dann deren Teile nach den Prinzipien der »guten Gestalt«, der Ähnlichkeit, der Nähe und des gemeinsamen Schicksals an (VanGiffen & Haith 1984). Diese an der Wahrnehmung geometrischer Formen gewonnen Befunde sind weitere Belege dafür, daß Säuglinge sehr früh beginnen, abstrakte und transponierbare Repräsentationen von Formen zu erzeugen.

Auch akustische Stimuli wie Sprachlaute werden mit visuellen Wahrnehmungen von Formen intermodal koordiniert. Bereits im Alter von sechs Wochen erwarten Säuglinge eine Übereinstimmung zwischen den gehörten Stimmgeräuschen und den gesehenen Lippenbewegungen. Wenn das, was sie von einer Person hören, nicht mit deren Lippenbewegungen übereinstimmt, dominiert die visuelle über die akustische Information. Dann »hören sie, was sie sehen, nicht was gesagt wird« (Stern 1985, 50)[39].

Neben den angeführten Belegen für eine angeborene visuell-taktile und visuell-akustische Koordination ergaben sich auch experimentelle Hinweise auf eine frühe visuell-propriozeptive Integration. Bei zwei Tage alten Babies wurde beobachtet, daß diese unterschiedliche Gesichtsausdrücke eines Modells nachahmen. Es wird vermutet, daß der Anblick einer spezifischen visuellen Konfiguration etwa im Gesicht einer anderen Person eine propriozeptive Konfiguration im eigenen Gesicht des Säuglings auszulösen vermag (Stern 1985).

39 Dieses und alle folgenden Zitate aus Stern (1985) wurden von mir versuchsweise übersetzt. Eine autorisierte deutsche Übersetzung dieses eminent bedeutsamen Buches lag zum Zeitpunkt der Niederschrift leider noch nicht vor.

Aus den zahlreichen Befunden über die offenbar angeborene Fähigkeit zu vielfältigen kreuzmodalen Transponierungen wurde die Hypothese abgeleitet, daß von den ersten Lebenstagen an eine amodale und abstrakte Repräsentation des Wahrgenommenen erfolgt. Dieses Ergebnis der wahrnehmungspsychologischen Kleinkindforschung konvergiert mit der Erkenntnis der Neurobiologie, daß die Sinnesorgane die von ihnen registrierten Stimuli in modalitätsunspezifische neuronale Erregungen übersetzen. Alle Erregungen, die von den verschiedenen Sinnesorganenen an das Gehirn weitergeleitet werden, sind von gleicher Qualität. Sie unterscheiden sich lediglich in den zeitlichen Veränderungsmustern der Dichte neuronaler Entladungen. Auf der Grundlage dieses neurobiologischen Wahrnehmungsprozesses können Kinder von Geburt an »in jeder Modalität amodale Qualitäten ... wahrnehmen, diese Qualitäten abstrakt repräsentieren und dann in andere Modalitäten transponieren« (Stern 1985, 51). Die abstrakte amodale Repräsentation konstituiert den Kleinkindern jene von Metzger (1975) beschriebene phänomenale Welt, die zwar noch wenig differenziert ist, aber geordnet und ganzheitlich wahrgenommen wird (Stern 1985, Kaufmann-Hayoz 1989).

Die Theorie einer abstrakten und transponierbaren Repräsentation des Wahrgenommenen schließt an das gestaltpsychologische Grundprinzip der »Transponierbarkeit« wahrgenommener Gestalten an und kann daher als Fortführung der gestaltpsychologischen Wahrnehmungslehre angesehen werden. Zwar hatte die Berliner Schule zu ihrer Zeit das Prinzip der Transponierbarkeit noch nicht an der intermodalen Koordination expliziert, doch wurde die erste, paradigmatische Untersuchung hierzu von Michael Wertheimer durchgeführt, so daß die theoretische Kontinuität hier auch durch eine familiäre Kontinuität belegt wird. Wesentliche empirische und theoretische Beiträge zur Theorie der abstrakten intermodalen Repräsentantion lieferte weiterhin der Entwicklungspsychologe T.G.R. Bower, welcher mit seinen diesbezüglichen Studien ebenfalls explizit an die Gestaltpsychologie anknüpfte (s. z.B. Bower 1967).

Doch nicht nur die Theorie der transponierbaren Repräsentation, sondern auch die Bestimmung der Qualitäten, in denen diese abstrakte Repräsentation erfolgt, war in der Gestaltpsychologie bereits angelegt. Gesehenes, Gehörtes, Gespürtes wird einheitlich repräsentiert in den Qualitäten »Form«, »Intensität«, »Bewegung«, »zeitliche Muster« oder »Rhythmus« (Stern 1985). Zumindest den Qualitäten »Form«, »Bewegung« und »Rhythmus« galt auch schon das besondere Interesse der Gestaltpsychologie. Indem die Gestaltpsychologen an Formen, (Schein-) Bewegungen und Rhythmen die Nicht-Summativität und Transponierbarkeit von Wahrnehmungsgestalten demonstrierten, antizipierten sie deren Eignung als Qualitäten einer amodalen und abstrakten Wahrnehmungsrepräsentation.

Während die Qualität »Form« vor allem für die amodale Repräsentation räumlicher Wahrnehmungen eingesetzt wird, dienen die Qualitäten »Bewegung«, »Rhythmus« und »zeitliche Verlaufsmuster« der Repräsentation von Wahrnehmungen in der zeitlichen Dimension. Dabei werden wiederum mit den Qualitäten »Rhythmus« und »zeitliche Muster« vor allem die strukturellen Invarianten von Geschehnissen und ereignishaften Abläufen erfaßt, welche »auf vielfältige Weise auditiv, visuell, taktil oder propriozeptiv erlebt werden« können (Kaufmann-Hayoz 1989, 411).

Auch die amodale Repräsentation durch »Bewegung«, »Rhythmus« und »zeitliche Muster« wird von den ersten Monaten an nach Gestaltprinzipien erzeugt. Im auditiven Bereich können schon zwei Monate alte Säuglinge »einfache Rhythmen voneinander unterscheiden, und mit vier bis sechs Monaten nehmen sie eine einfache Melodie als ganzheitliche Gestalt wahr, von der sich eine Transposition nicht unterscheidet« (Kaufmann-Hayoz 1989, 412). Im visuellen Bereich können Kinder dieses Alters Bewegungen bereits als Verlaufsgestalten erfassen. Nach mehrfachen Beobachtungen eines Gegenstandes, der hinter einem Schirm verschwindet und an dessen anderer Seite wieder auftaucht, richten zwei Monate alte Kinder nach Verschwinden des Gegenstandes antizipierende Blicke auf die andere Seite des Schirmes (Kaufmann-Hayoz 1989).

Das Lebensalter, ab dem sich die Organisation der Wahrnehmung nach Gestaltgesetzen zeigen läßt, rückt mit der Verfeinerung der Untersuchungsmethoden immer mehr an die ersten Lebenstage heran. Daher kann vermutet werden, daß die Gestaltprinzipien der Wahrnehmung ebenso wie die Fähigkeit zur abstrakten Repräsentation einer angeborenen Matrix der Wahrnehmungsorganisation angehören. In dieser Matrix sind die Gestaltprinzipien eng verbunden mit der Fähigkeit zur abstrakten Wahrnehmungsrepräsentation, wenn nicht sogar ein konstitutiver Bestandteil dieser. In diesem Sinne läßt sich die amodale und abstrakte Repräsentation in den Qualitäten »Form«, »Bewegung«, »Intensität«, »Rhythmus« und «zeitliche Muster« zusammenfassend auch als »Gestaltrepräsentation« bezeichnen.

Die angeborenen Wahrnehmungsfähigkeiten des Säuglings fördern ebenso wie sein reizsuchendes Verhalten die Herstellung von Interaktionen und Objektbindungen. Die Fähigkeit des Säuglings zur Gestaltwahrnehmung und dessen Wahrnehmungspräferenzen für Merkmale, die typisch für das menschliche Gesicht sind, lassen ihn das menschliche Gesicht suchen und ganzheitlich wahrnehmen[40]. Dadurch ist der Säugling prädestiniert für die Aufnahme und Regulierung sozialer Kontakte.

> Diese Stimuli [des menschlichen Gesichts, der Augen und der Wahrnehmung von Bewegung] schließen sich mit anderen zusammen und werden Teil einer Gestalt, welche im Alter von zwei oder drei Monaten die ersten sozialen Reaktionen des Kleinkindes hervorruft und dessen Wahrnehmung der Differenz zwischen Ich und Nicht-Ich einleitet (Spitz 1963, zit.n. Spitz Blum 1992, persönliche Mitteilung; Übersetzung B.W.).

Die angeborenen Wahrnehmungsfunktionen bilden somit eine biologische Vorprogrammierung zwischenmenschlicher Beziehungen. Insofern sind sie ein wesentliches Element der »Natürlichkeit des Sozialen« bzw. der »Sozialität der Natur« (Lorenzer 1988).

Von der Repräsentation zur Repräsentanz

Aus den empirischen Befunden zur abstrakten Wahrnehmungsrepräsentation bei Säuglingen wurde weitergehend geschlossen, daß diese schon

40 Diese Erkenntnisse entsprechen Bions Konzept der »preconceptions« im Sinne einer angeborenen Disposition, die der Erwartung eines bestimmten Objekts entspricht. So postulierte Bion beispielsweise eine »Vor-Erwartung« der Brust (Beland 1990). Die Wahrnehmungspräferenz von Neugeborenen für das menschliche Gesicht spricht nun dafür, daß Babies zumindest mit einer Präkonzeption des menschlichen Gesichts auf die Welt kommen.

über eine allgemeine mentale Repräsentationsfähigkeit verfügen. Meltzoff (1985) nimmt an, daß dem Säugling von Geburt an die Fähigkeit gegeben ist, mittels gespeicherter Repräsentationen sein Verhalten zu organisieren und zu kontrollieren. Daran schließt sich die Auffassung vieler psychoanalytischer Kleinkindforscher an, daß sich durch mentale Repräsentationen früher Interaktionsererfahrungen ebenfalls von Geburt an frühe Vorläufer der Selbst- und Objektrepräsentanzen zu organisieren beginnen (Zelnick & Buchholz 1990). Auf der Grundlage der angeborenen Wahrnehmungsfunktionen entstehen bereits im ersten Lebensjahr intrapsychische Strukturen, aus denen die späteren Selbst- und Objektrepräsentanzen hervorgehen. Diese Kerne der Objektbeziehungsrepräsentanzen versetzen das Kleinkind bereits in die Lage, gegenwärtige Interaktionen zu bewerten und Erwartungen über zukünftige Interaktionen zu entwickeln (Zelnick & Buchholz 1990).

Das bisher detaillierteste Modell der Entwicklung der Selbst- und Objektrepräsentanzen, das die Ergebnisse der neueren Kleinkindforschung verarbeitet, legte Stern in seiner Monographie *The interpersonal world of the infant* (1985) vor. Stern sieht in der globalen amodalen Wahrnehmung des Säuglings einen wesentlichen Organisator seines Selbsterlebens. Konform zur Gestaltpsychologie geht er davon aus, daß die integrative Wahrnehmung (in der Gestaltpsychologie verstanden als Gestaltwahrnehmung) einer sich aus sich selbst heraus verwirklichenden Ordnung entspricht (s. Metzger 1976b). Das Erleben der eigenen, sich selbst organisierenden Wahrnehmung vermittelt dem Säugling das »Gefühl eines auftauchenden Selbst«[41].

Das Gefühl eines »auftauchenden Selbst« ist von Geburt an erlebbar und bestimmt die Entwicklungsspanne bis zum zweiten Monat. Es basiert wesentlich auf dem Erleben der präformierten, sich entwickelnden Wahrnehmungsorganisation und zwar sowohl dem Erleben des Prozesses als auch dem Erleben der Produkte. Beeindruckende *Produkte* der sich herausbildenden Wahrnehmungsorganisation sind insbesondere die intermodal integrierten Perzepte. Den *Prozeß* der Wahrnehmungsorganisation erlebt das Kleinkind beispielsweise, wenn es einen Gegenstand vor

41 Im Original: »sense of an emergent self«.

die Augen bekommt, der genau so aussieht, wie er aufgrund seiner taktilen Wahrnehmung in etwa aussehen müßte. Der Erlebnischarakter dieser Erfahrung dürfte dem vergleichbar sein, was in der Erfahrungswelt der Erwachsenen als »déjà-vu-Erlebnis« gilt. »Diese primitive Form einer déjà-vu-Erfahrung ist völlig verschieden von der Herstellung assoziativer Verknüpfungen, die eher die Qualität einer Entdeckung haben, daß zwei Dinge, die bereits erfaßt wurden, zusammengehören« (Stern 1985, 53). Auf präverbalem Niveau stellt sich beim Kleinkind der Eindruck ein, daß der gegenwärtigen Erfahrung etwas Früheres, Vertrautes anhaftet. Aus dieser vagen Wahrnehmung einer entstehenden Struktur erwächst »die Vorahnung einer noch verborgenen Zukunft« (Stern 1985, 53). Es scheint berechtigt, das von Stern beschriebene infantile déjà-vu-Erleben mit dem Erleben einer Gestaltschließung zu vergleichen. Eine Gestaltschließung erfolgt beispielsweise durch das »*Auffallen* dessen, was« gleichsam in eine vorbereitete »Lücke paßt« (Metzger 1975, 128), also ebenfalls einer »Vorahnung einer noch verborgenen Zukunft« (Stern 1985, 53) entspricht.

Dieses Erleben der eigenen Selbstorganisationsprozesse gibt dem Neugeborenen von Geburt an das Gefühl eines »auftauchenden Selbst«. Dabei bewirken nach Auffassung Sterns insbesondere die differenzierten und komplexen Wahrnehmungsleistungen schon eine frühe Differenzierung zwischen »Selbst« und »Anderem«. Komplementär zu dem »Gefühl eines auftauchenden Selbst« bildet sich ein »Gefühl eines auftauchenden Anderen«[42] heraus. Von Anfang an schließt das Gefühl des Selbst das Gefühl eines Anderen, zu dem das Selbst in Beziehung steht, ein. Sterns »Selbst« ist stets ein »self and other«, da das Selbst und die intrapsychi-

42 Im Original: »sense of an emergent other«. Stern verwendet den Begriff »other« anstelle des psychoanalytischen Terminus »Objekt«. Er schließt sich der Kritik an diesem psychoanalytischen Terminus an, die ihn für einseitig hält, weil er auszuschließen scheint, daß das »Objekt« auch Subjekt ist. Sicherlich kann der Terminus »Objekt« mißverständlich erscheinen, muß es aber nicht. Ich will die sich darum rankende Diskussion jedoch hier nicht aufgreifen, sondern werde jeweils der Terminologie der behandelten Theorien folgen; d.h. bei der Behandlung von Sterns Theorie seinem Begriff des »Anderen« und bei der Behandlung der Objektbeziehungstheorie dem Begriff »Objekt«. Beide Begriffe sind in diesem Zusammenhang synonym zu verstehen.

schen Strukturen sich aus frühen Interaktionsepisoden entwickeln. Deshalb gilt der psychoanalytischen Kleinkindforschung die Dyade als basale Untersuchungseinheit.

Den Beitrag der präformierten Wahrnehmungsorganisation zur Differenzierung zwischen Selbst und Anderem und zum »Gefühl eines auftauchenden Anderen« erläutert Stern an der Wahrnehmung der mütterlichen Brust. Nach Piaget müßte das Baby die Brust, an der es saugt, und die Brust, die es sieht, unverbunden als zwei verschiedene Brüste wahrnehmen. Tatsächlich kann nach dem heutigen Erkenntnisstand aber angenommen werden, daß aufgrund der intermodalen Koordination visueller und taktiler Sensationen ein bereits integriertes Erleben zumindest von Teilen eines Anderen (hier: der Brust der Mutter) stattfindet. Keineswegs werden einzelne menschliche Formen wie das Gesicht, die Stimme oder die Brust nur als beliebige physikalische Stimulusassoziationen erlebt. Nicht wenige Hinweise sprechen sogar dafür, daß Menschen von Geburt an als ganze Gestalt wahrgenommen werden.

Mit seiner Annahme einer frühen Differenzierung zwischen »Selbst» und »Anderem« widerspricht Stern der objektbeziehungstheoretischen Annahme einer primären Ungeschiedenheit zwischen Selbst- und Objektrepräsentanzen und damit auch der Annahme einer symbiotischen Phase in den ersten 7 Lebensmonaten (Mahler, Pine & Bergman 1978). Dagegen legte wiederum Pine (1985) ein Entwicklungmodell vor, das auch bei Berücksichtigung der von Stern zusammengetragenen Befunde der neonatologischen Forschung an der klinisch bewährten Annahme der primären Ungeschiedenheit zwischen Selbst- und Objektrepräsentanzen festzuhalten erlaubt. Pine betont, daß der Säugling zwar in seiner Wahrnehmung zwischen sich selbst und anderen diskriminieren kann, ihm aber die organisierenden Konzepte fehlen, um dieser Differenz einen Sinn zu geben. Der Säugling kann sich selbst und den anderen, wie z.B. die Mutter, noch nicht als differenziert organisierte und konstante Einheiten erleben, weshalb es zwischen ihm und seiner Mutter in affektiv hochbedeutsamen Situationen zu Verschmelzungserlebnissen kommen kann. Solche Situationen besonderer affektiver Dichte bezeichnet Pine als »formative Momente«, weil sie seiner Auffassung nach für die psychische Entwicklung von herausgehobener Bedeutung sind. Diese Situationen werden unter den Laborbedingungen der experimentellen Säuglingsforschung in der Regel gerade nicht erfaßt. Zu den meisten Untersuchungsaufgaben lassen sich Säuglinge nur in einem Zustand mäßiger bis mittlerer affektiver Erregung gewinnen. Insofern ist die Gültigkeit vieler Ergebnisse der Kleinkindforschung auch auf solche Zustände begrenzt und kann nicht auf emotional besonders intensive Situationen übertragen werden.

Das Konzept der symbiotischen Phase läßt sich insofern zwar nicht mehr in seiner ursprünglichen Totalität, aber in modifizierter Form aufrechterhalten. Pine revidiert das ehemals von ihm gemeinsam mit Mahler und Bergmann vorgelegte Entwicklungsmodell dahingehend, daß der Säugling sich in der symbiotischen Phase keineswegs konstant und ausschließlich als mit der Mutter verschmolzen erlebt. Vielmehr wechseln in dieser Entwicklungsperiode Erlebnisse der Differenzierung mit solchen der Verbundenheit ab. In Situationen mäßiger affektiver Spannung finden Verschmelzungserlebnisse nicht oder nur selten statt. Situationen hoher affektiver Intensität enthalten jedoch in den ersten sieben Lebensmonaten meist Verschmelzungsmomente, die es weiterhin rechtfertigen, diese Entwicklungszeit als symbiotische Phase zu bezeichnen[43].

Die herausgehobene Bedeutung formativer Momente ergibt sich aus ihrer affektiven Dichte. Auch die Zustände geringerer affektiver Erregung sind für die intrapsychische Entwicklung natürlich von Bedeutung, nicht jedoch als umgrenzte Momenterlebnisse, sondern in ihrem kontinuierlichen Prozessablauf. Zu dem ruhigeren, mäßig affektiven Erfahrungsablauf verhalten sich die aus diesem Ablauf hervorragenden »formativen Momente« wie Figur zu Grund (Pine 1985). Demgemäß werden in der Kleinkindforschung die Erlebnisabläufe geringerer affektiver Intensität auch als Hintergrunderfahrungen oder -phänomene bezeichnet (Lichtenberg 1990).

Auch diese Hintergrunderfahrungen des Kleinkindes besitzen affektive Qualitäten. Diese lassen sich jedoch nicht mit der bestehenden Taxono-

43 Die frühere Annahme von Mahler, Pine & Bergman (1978), daß die ersten beiden Lebensmonate zunächst durch eine »autistische Phase« gekennzeichnet sein sollen, wurde dagegen durch die Ergebnisse der neonatologischen Forschung eindeutig widerlegt und von Mahler und Pine inzwischen auch zurückgenommen.

mie kategorialer Affekte als Angst, Wut, Trauer, Scham, Ekel, Glück, Überraschung usw. beschreiben. Es sind vielmehr Affekte, die am ehesten mit dynamisch-kinetischen Qualitäten wie »fließend«, »ausklingend«, »explodierend«, »zunehmend« »abnehmend« oder »wogend« zu beschreiben sind. Stern (1985) bezeichnet sie »Vitalitätsaffekte«[44]. Sie entstehen ebenfalls in Interaktionen und können vom Kleinkind aus sich selbst heraus oder aus dem Verhalten der anderen Person heraus erlebt werden. Dabei ist weniger das »Was» als das »Wie« des Verhaltens bestimmend: Wie nimmt die Mutter das Kind auf den Arm, wie faltet sie die Windel, wie streicht sie dem Kind durch das Haar oder wie reicht sie ihm die Flasche. Das Kind erlebt diese Handlungen der Mutter zunächst nicht so, wie sie von Erwachsenen erlebt würden (als »Reichen der Flasche« oder »Falten der Windel«). Vielmehr nimmt es diese Handlungen unmittelbar wahr und ordnet sie nach Ausdrucksqualitäten ein. Die soziale Welt ist für das Kleinkind primär eine Welt von Vitalitätsaffekten und erst sekundär eine Welt formaler Handlungen. Das frühkindliche Erleben ist förmlich eingetaucht in diese Welt der Vitalitätsaffekte.

Sterns Konzept der Vitalitätsaffekte bedeutet eine eindrucksvolle Bestätigung und Weiterentwicklung des von Metzger (1975) vertretenen genetischen Primats der Wesenseigenschaften. Metzgers Beispiele für Wesenseigenschaften (auch: Ausdruckseigenschaften) sind den Beispielen, die Stern für Vitalitäsaffekte gab, qualitativ sehr ähnlich und belegen daher die Wesensverwandtschaft der Konzepte: »wuchtig«, »polternd«, »krachend«, »klirrend«, »friedlich«, »freundlich«, »feierlich« usw. (1975, 64). Das Erleben der Vitalitätsaffekte leitet sich aus der amodalen Wahrnehmung ab, denn diese konstruiert primär eine ganzheitliche Welt aus »Form«, »Intensität«, »Rhythmus« usw. und nicht eine Welt gesehener, gehörter oder gespürter Dinge. Die Fähigkeit zur amodalen Wahrnehmung ist also auch von wesentlicher Bedeutung für das Erleben der Vitalitätsaffekte.

Wenn verschiedene sinnliche Empfindungen, die das Kleinkind als Vitalitätsaffekte erlebt, korrespondierende Aktivitätsmuster aufweisen, kann es diese intermodal integrieren und erlebt dabei wiederum eine in

44 Im Original: »vitality affects«.

sich entstehende Organisation. Wenn beispielsweise eine Mutter ihr Kind beruhigen oder zu einer bestimmten Handlung motivieren will, weist die Modulation ihrer Stimme häufig ein ähnliches Veränderungsmuster auf wie ihr Streicheln oder Drücken des Kindes. Die beiden Handlungsdimensionen der Mutter werden von dem Kleinkind unabhängig von ihrer sensorischen Spezifität als gleich erlebt und zu einem gemeinsamen Vitalitätsaffekt integriert. Dieser Vorgang trägt wesentlich zu dem Erleben eines »auftauchenden Anderen« bei. Das Kleinkind erlebt nicht eine streichelnde und separat davon eine summende Mutter, sondern in einem einheitlichen Vitalitätsaffekt eine beruhigende Mutter.

Auch in seinen Vitalitätsaffekten erlebt sich das Kleinkind folglich durch seine Fähigkeit zur amodalen Wahrnehmung in einer ganzheitlich strukturierten Welt. Die Fähigkeit zur amodalen Wahrnehmung und das darauf basierende Erleben von Vitalitätsaffekten bilden die wesentliche Grundlage für das Gefühl eines »auftauchenden Selbst« in Beziehung zu einem »auftauchenden Anderen«. Amodale Wahrnehmung und Vitalitätsaffekte sind unmittelbare, »globale« Wahrnehmungen, in denen verschiedene Sinnesempfindungen integriert werden und dem Kleinkind eine einheitliche subjektive Erfahrung vermittelt wird (Stern 1985).

Vitalitätsaffekte sorgen für einen kontinuierlichen affektiven Bezug zwischen Mutter und Kind. Sie werden vom Kleinkind in seinen Interaktionen durchgängig erlebt, unabhängig davon, ob gleichzeitig kategoriale Affekte ausgedrückt werden oder nicht. Kategoriale Affekte prägen dagegen nur einen quantitativ geringen Teil der Interaktionen zwischen Mutter und Kind. Sie treten im Durchschnitt etwa alle 30 bis 90 Sekunden in einer Mutter-Kind-Interaktion auf. Vitalitätsaffekte, die dagegen in nahezu allen Verhaltensweisen zum Ausdruck kommen, bilden den kontinuierlichen Hintergrund für die affektiv herausgehobenen Interaktionsfiguren.

Auch die kategorialen oder diskreten Affekterlebnisse gehen natürlich in das Gefühl eines »auftauchenden Selbst« bzw. »Anderen« ein. Daß Stern diesen dabei jedoch eine geringere Rolle zuschreibt als der amodalen Wahrnehmung und den Vitalitätsaffekten, ist zum einen auf die methodisch bedingte Vernachlässigung von affektintensiven Situationen in der Kleinkindforschung zurückzuführen. Zum anderen entspricht er damit der Argumentation von Pine (1985), der davon ausgeht, daß intensive affektive Interaktionen mit der Mutter eher zu Verschmelzungserlebnissen führen, bei denen die Differenzierung zwischen Selbst und Objekt vorübergehend aufgehoben ist[45].

Stern nennt noch drei weitere Erlebensbereiche, die zu dem »Gefühl eines auftauchenden Selbst« bzw. »Anderen« beitragen, nämlich Handlungen, Lust-Unlust-Erleben und der Wechsel zwischen verschiedenen Bewußtseinszuständen. Für unsere Untersuchung ist dabei von besonderem Interesse, wie Stern die Integration der genannten Erlebensbereiche zu einer Organisation des Selbst konzeptualisiert:

Das Problem mit jedem dieser Zugänge ist, daß Kleinkinder die Welt nicht in dieser Weise sehen (d.h. in der Weise unserer akademischen Subdisziplinen). Infantiles Erleben ist mehr ganzheitlich und global. ... Sie nehmen zwar Sensationen, Wahrnehmungen, Handlungen, Kognitionen, innere Motivationszustände sowie wechselnde Bewußtseinszustände auf, erleben diese aber direkt in Gestalt von Intensitäten, Formen, zeitlichen Verlaufsmustern, Vitalitätsaffekten, kategorialen Affekten und Lust-Unlust-Empfindungen. Dies sind die basalen Elemente früher subjektiver Erfahrungen. Alle Erlebnisse erfahren eine Umformung zu geordneten Konfigurationen, in denen alle subjektiven Elemente des Kleinkindes kombiniert werden. ... Und immer wenn sich eine solche Konfiguration bildet, erlebt das Kleinkind das Auftauchen von Organisation. ... Diese globale subjektive Welt der auftauchenden Organisation ... bildet außerhalb des Bewußtseins die Erlebnismatrix, aus der sich später Gedanken, wahrgenommene Formen, identifizierbare Handlungen und verbalisierbare Gefühle entwickeln (Stern 1985, 67).

Auch dieses Modell früher Selbstorganisationsprozesse kann als Bestätigung und Konkretisierung gestaltpsychologischer Annahmen angesehen werden. Stern bestätigt nicht nur erneut das »Primat der Wesenseigen-

45 Das folgende Kapitel wird zeigen, daß das Kleinkind die Gewahrwerdung der Differenz nur verkraften und voranbringen kann, wenn es darin durch Erlebnisse intensiver Verbundenheit mit der Mutter unterstützt wird. Der Wechsel zwischen differenzierenden und symbiotischen Erlebnissen in den ersten Lebensmonaten erscheint dann nicht etwa als Unreife oder Unstetigkeit, sondern als sinnvoller und notwendiger Zwischenschritt in der Ablösung von der Mutter. Kurz und prägnant: Ohne symbiotische Verschmelzung keine differenzierende Individuation.

schaften« (Metzger 1975), sondern befindet sich mit seinem Modell frühkindlicher Selbstorganisation[46] auch in Übereinstimmung mit dem gestaltpsychologischen Grundprinzip »der dynamischen Selbststeuerung und Selbstregulation« (Metzger 1974b, 551, s.a. Stadler & Kruse 1986). Diese grundsätzliche Übereinstimmung zwischen Sterns Entwicklungsmodell mit der Gestaltpsychologie wird noch konkretisiert durch Sterns These, daß die globale subjektive Organisation die Erlebnismatrix der Wahrnehmungen, Gefühle usw. bildet. Nahezu derselben Auffassung ist Metzger (1976b), der die »gesamte Wahrnehmung, d. h. den Aufbau der Welt des unmittelbar Gegebenen«, in eine »dynamisch bedingte Ordnung« eingebettet sieht (667). Weiterhin weist Sterns Annahme einer sich »außerhalb des Bewußtseins« bildenden »Erlebnismatrix« auf das Konzept des nicht-erlebnishaften Bereiches von Sandler und Joffe (1969) hin (s. Kap.5). Die sich außerhalb des Bewußtseins bildende Erlebnismatrix kann als erste intrapsychische Struktur des nicht-erlebnishaften Bereichs angesehen werden. So sieht Stern in dem »Gefühl des auftauchenden Selbst« auch bereits eine primitive Vorform der Objektbeziehungsrepräsentanzen angelegt.

Aus dem »Gefühl des auftauchenden Selbst« geht in der Zeit zwischen dem 2. und 7. Monat das »Gefühl eines Kern-Selbst«[47] hervor. Das »Gefühl eines Kern-Selbst« basiert wesentlich auf einem integrierten Selbstgefühl eines sich von anderen unterscheidenden, abgegrenzten und kohärenten Körpers. Ein solches kohärentes Körper-Selbstgefühl fügt sich wiederum aus verschiedenen Wahrnehmungsqualitäten zusammen: der *Einheit des Ortes*, der *Kohärenz der Form*, der *Kohärenz der Bewegung*, der *Kohärenz der zeitlichen Struktur* und der *Kohärenz der Intensitätsstruktur*. Auch die Untersuchung dieser Wahrnehmungsqualitäten schließt an Befunde und Theorien der Gestaltpsychologie an.

Die *Einheit des Ortes* ist ein Grundmerkmal einer kohärenten Entität. Neugeborene sind darauf bereits eingestellt, indem sie beispielsweise die

46 Sterns Einflechtung der »Theorie der Selbstorganisation« in sein Entwicklungsmodell ist offenkundig, auch wenn er dies nicht ausdrücklich kenntlich macht. Ein Modell zur Entstehung des Selbst, das explizit auf die »Theorie der Selbstorganisation« Bezug nimmt, legte Stechler (1985) vor.

47 Im Original: »sense of a core self«.

Augen nach der Quelle eines akustistischen Reizes ausrichten (Wertheimer 1961).

Die *Kohärenz der Form* oder auch der Konfiguration ist eine basale Eigenschaft jedes Menschen und erlaubt dessen Identifizierung als stabile und kohärente Entität. Kleinkinder sind bereits ab dem zweiten Monat in der Lage, die Gesichter ihrer Mütter sogar auf Photographien wiederzuerkennen. Die Fähigkeit zur Gestaltwahrnehmung ermöglicht ihnen, unabhängig von den im Alltag auftretenden Änderungen der Distanz, der Position und des Ausdrucks eine kohärente und invariante Gesichtskonfiguration zu identifizieren.

Kohärente Bewegungen induzieren ebenfalls eine integrierte und abgegrenzte Repräsentation eines sich bewegenden Objekts. Dies wurde von der Gestaltpsychologie mit dem »Gesetz des gemeinsamen Schicksals« beschrieben. Dinge, die in der Zeit gemeinsam verlaufen, werden unter sonst gleichen Umständen als zusammengehörig wahrgenommen (Guski 1989). So wird beispielsweise die sich im Raum bewegende Mutter als kohärente Gestalt wahrgenommen, weil sich ihre Körperteile relativ zum Hintergrund gemeinsam bewegen.

Eine *Kohärenz der zeitlichen Struktur* trifft in der Regel auf jedes simultan ausgeführte Verhalten eines Menschen zu. Alle von einer Person gleichzeitig ausgehenden Stimuli (akustisch, visuell, taktil, propriozeptiv) zeigen eine synchrone zeitliche Struktur, die sich von der anderer Personen unterscheidet. Besonders ausgeprägt ist die Selbst-Synchronizität des Verhaltens bei Müttern gegenüber ihren Kleinkindern. Unbewußt kommen die Mütter damit einer Fähigkeit ihrer Kinder entgegen, die diese spätestens ab dem vierten Monat entfalten, nämlich solche gemeinsamen zeitlichen Strukturen zu erfassen und voneinander zu unterscheiden. Die amodale Repräsentation in der Qualität »zeitlicher Muster« oder »Rhythmen« ermöglicht es dem Kind, die in verschiedenen Sinnesmodalitäten wahrgenommenen gleichzeitigen Stimuli anderer Personen zu integrieren. Gleiche Zeitstrukturen führen gemäß dem Gestaltgesetz der Ähnlichkeit zur Wahrnehmung einer integrierten Gestalt. Damit steht dem Kleinkind ein weiterer bedeutsamer Zugang zur Unterscheidung zwischen sich selbst und anderen sowie anderer untereinander zur Verfügung.

Auch in den alltäglichen Verhaltensinteraktionen, die durch Unterbrechungen und schnelle Wechsel der zeitlichen Verhaltensmuster gekennzeichnet sind, können Kleinkinder differente Zeitstrukturen voneinander diskrimieren. Auch Überlagerungen verschiedener Verhaltensstrukturen stören sie in dieser Diskriminierung nicht. Sie sind in der Lage, gegenüber der »Störquelle« selektiv unaufmerksam zu sein. In einer experimentellen Untersuchung blendeten vier Monate alte Kinder von zwei übereinanderliegenden visuellen Reizdarbietungen mit unterschiedlicher Zeitstruktur diejenige selektiv aus, die nicht mit einer simultan dargebotenen akustischen Reizfolge zusammenpasste. Offensichtlich führen die Kleinkinder auf der Grundlage ihrer amodalen Repräsentationsfähigkeit bereits eine interne Konsistenzprüfung durch. Diese erfolgt häufig - wie bei dem vorherigen Beispiel - nach dem Gestaltgesetz der Geschlossenheit, d.h. dem »Auffallen dessen, ... was z.B. in eine bestehende Lücke paßt« (Metzger 1975, 128) bei gleichzeitiger Vernachlässigung »unpassender« Wahrnehmungsmöglichkeiten.

Die Fähigkeit der Säuglinge zur selektiven Ausblendung störender Stimuli kann als Vorläufer der späteren intrapsychischen Abwehrvorgänge angesehen werden (Lichtenberg 1983). Zahlreichen experimentellen Untersuchungen ist zu entnehmen, daß bereits der Säugling seine Wahrnehmungen nach dem Prinzip innerer Konsistenz sondiert und sich von störenden Stimuli entweder abwendet, oder diese aus seiner Wahrnehmung ausschaltet. Die interne Konsistenzprüfung und das Konsistenzerleben des Säuglings erfolgt zunächst vor allem über seine Fähigkeit zur amodalen Wahrnehmung. So wenden beispielsweise Säuglinge ihr Gesicht von dem Gesicht der Mutter ab, wenn sie zu den Mundbewegungen der Mutter eine fremde Stimme vorgespielt bekommen. Dieses Beispiel verdeutlicht auch das Ineinandergreifen des kognitiven und des emotionalen Regulationsprinzips. Die Wahrnehmung einer Stimme, die nicht der gesehenen Mutter gehört, die kognitive Realisierung dieser Dissonanz bewirkt einen unangenehmen Affekt, der die Abwendungsreaktion gegenüber der dissonanten Stimulusgrundlage motiviert. Die kognitive Konsistenzprüfung wird von Affekten zumindest begleitet. Das Erleben von Konsistenz wird in der Regel von angenehmen, das Erleben von Inkonsistenz mit unangenehmen Affekten begleitet. Solche unangenehmen Affekte bzw. das Streben nach deren Vermeidung bilden wahrscheinlich die motivationale Grundlage der Ausblendung inkonsistenter Stimuli. Die Gefühlshomöostase ist das grundlegendere Regulationsprinzip. Sie kann die kognitionsinterne Konsistenzprüfung beeinflussen, manipulieren oder gar ganz außer Kraft setzen. In Zuständen geringer emotionaler Beteiligung tritt sie jedoch gewöhnlich in den Hintergrund. Dem Prinzip der selektiven Ausblendung unpassender Wahrnehmungsinhalte folgen auch die späteren Abwehrvorgänge, bei denen intrapsychische Vorstellungsinhalte aus dem Erleben ausgeschlossen werden, weil sie die Gefühlshomöostase stören. Die sich hierin andeutende Entwicklung der Abwehrorganisation aus der Wahrnehmungsorganisation wird in den nächsten Kapiteln weiter verfolgt.

Stern (1985) nennt als weitere bedeutende Eigenschaft, die dem Säugling ein invariantes Kohärenzgefühl von seinem Körper vermittelt, die *Intensitätsstruktur*. Analog zur Kohärenz der zeitlichen Struktur weist das simultane Verhalten einer Person häufig auch eine Kohärenz der Intensitätsstruktur auf. Auch dafür besitzen Kleinkinder eine sensible intermodale Wahrnehmungsfähigkeit. Beispielsweise sind sie in der Lage, die Helligkeit einer Lichtquelle nach der Lautstärke einer Schallquelle auszusteuern. Insofern gelangen Kleinkinder auch über die Prüfung intermodaler Korrespondenzen der Intensität zu einem sowohl kohärenten wie differenzierten Erleben von Selbst und anderen.

Die fünf aufgezählten, potentiell invarianten Eigenschaften ermöglichen dem Kleinkind kumulativ die Entdeckung jener separaten Organisationsstrukturen, die für Stern (1985) das »Gefühl eines Kern-Selbst« und eines »Kern-Anderen« konstituieren. Die Entstehung eines selbstkohärenten Erlebens des Säuglings wird durch die Tendenz vieler Mütter und Väter gefördert, ihrem Säugling häufig ein invariantes Verhaltensthema in verschiedenen Variationen zu präsentieren.

Weitere wesentliche Erlebnisinvarianten, die zu dem Gefühl des »Kern-Selbst« oder »Kern-Anderen« beitragen, sind nach Stern die Selbst-Urheberschaft von Handlungen, die Selbst-Affektivität und die Selbst-Geschichte im Sinne des Erlebens einer Kontinuität mit der eigenen Vergangenheit mittels früher Gedächtnisleistungen.

Auch auf dieser Ebene der Repräsentanzenentwicklung ist für unsere

Fragestellung von besonderem Interesse, wie Stern die Integration der aufgezählten Selbst-Invarianten im Gefühl des »Kern-Selbst« konzeptualisiert: Grundlage dieser Integration der Selbst-Invarianten ist erneut die Fähigkeit des Kleinkindes zu abstrakter Repräsentation. Die Integration durch abstrakte Repräsentationen erfolgt über die Zeit hinweg im episodischen Gedächtnis, in dem die Selbstinvarianten im Kontext von Erlebnisepisoden, in die sie eingebettet sind, gespeichert werden. Erlebnisepisoden sind kleine, aber kohärente Sequenzen des Alltagserlebens. Sie setzen sich zusammen aus Wahrnehmungen, Empfindungen, Affekten, Gedanken, Handlungen und Zielen, die in einem zeitlichen, örtlichen oder kausalen Zusammenhang stehen.

Eine Episode geht wie eine unteilbare Einheit in das Gedächtnis ein. Die verschiedenen Teile, Erlebnisattribute, die eine Episode ausmachen, wie Wahrnehmungen, Affekte und Handlungen lassen sich zwar von der ganzen Episode, von der sie ein Teil sind, isolieren, aber im allgemeinen ist die Episode eine Ganzes (Stern 1985, 95)[48].

Erlebnisepisoden werden im Gedächtnis mit eventuell bereits vorhandenen ähnlichen Episoden verbunden. Die den verschiedenen Einzelepisoden gemeinsamen, invarianten Aspekte werden herausgefiltert und zu einer prototypischen Repräsentation kondensiert, welche eine »gemittelte« Repräsentation aller Einzelepisoden darstellt. Aus den spezifischen Einzelepisoden wird ein strukturiertes Ganzes komponiert. Die auf diese Weise konstruierte neue Gedächtnisstruktur entspricht keinem konkreten Einzelerlebnis mehr. Die abstrakte, verallgemeinerte Episode repräsentiert den durchschnittlichen, wahrscheinlichen Ablauf der Geschehnisse und ermöglicht damit individualisierte, persönliche Erwartungen darüber, wie sich der Lauf der Dinge von einem Moment zum nächsten wahrscheinlich gestalten wird (Stern 1988).

48 Diese Definition Sterns liest sich wie eine Anwendung gestaltpsychologischer Auffassungen auf die frühkindliche Gedächtnisstruktur. Stern bestätigt und konkretisiert damit auch die Aussage Metzgers (1976b), daß die Anordnung der Inhalte im Gedächtnis nach derselben dynamischen Ordnung erfolgt, wie die Organisation der Wahrnehmung.

Die Integration spezifischer Einzelerlebnisse zu einer durchschnittlichen Repräsentation veranschaulicht eine beeindruckende Untersuchung mit 10 Monate alten Kindern. Diesen wurde zunächst eine Reihe unterschiedlicher Zeichnungen von Gesichtern vorgelegt. Anschließend wurde überprüft, welche Zeichnung für sie die gesamte Bilderserie am besten repräsentiert. Dies traf auf eine Zeichnung zu, die sie zuvor nicht gesehen hatten und die ihnen nun zusätzlich gezeigt wurde. Es war eine Zeichnung, die einen Durchschnitt aller Merkmale der zuvor gezeigten Gesichtszeichnungen darstellt.

Die abstrakten prototypischen Repräsentationen stehen zu den konkreten Erfahrungen eines Menschen in einer »zirkulären Rückkoppelungsbeziehung. Sie gehen aus seinen Erfahrungen hervor und bilden zugleich das strukturierende Bezugssystem für seine neuen Erfahrungen, sie determinieren also zu wesentlichen Anteilen, *was* er *wie* und *warum* so und nicht anders wahrnimmt, fühlt, denkt, tut etc.« (Deneke 1989, 594). Wenn das strukturierende Bezugssystem keine Wahrnehmungsidentität zwischen der aktuellen Erfahrung und der Erwartung herstellen kann, bewirkt dies eine Modifikation und Anpassung der prototypischen Repräsentation. Mit zunehmender Akkumulation von Erfahrungen nimmt jedoch die Veränderungssensibilität gegenüber einzelnen, spezifischen Episoden ab. Die prototypischen Repräsentationen begründen die individuellen Erlebnisweisen und damit auch die gelegentlichen Divergenzen zwischen der intersubjektiven und der subjektiven Wirklichkeit (Stern 1985).

Auch die frühkindlichen Interaktionserlebnisse erfahren eine abstrakte und verallgemeinerte Repräsentation im episodischen Gedächtnis. Stern nennt solche generalisierten Interaktionsrepräsentationen »RIGs«. »RIGs« ist sein Akronym für »Representations of Interactions that have been Generalized« (Stern 1985, 97). »RIGs sind die basale Einheit der Repräsentanz des Kern-Selbst. RIGs ... vereinigen die verschiedenen Merkmale des Kern-Selbst, Handlungen, Wahrnehmungen und Affekte, zu einem Ganzen« (98). Die verschiedenen Selbst-Erfahrungen werden nicht etwa durch Lernvorgänge miteinander assoziiert, sondern durch die episodische Organisation des Gedächtnisses zu einer gemeinsamen und übergeordneten Einheit des subjektiven Erlebens zusammengeschlossen.

Ebenso gilt dies auch für das Erleben des »Anderen«. So wie das handelnde Selbst, das fühlende Selbst und das sich ganzheitlich wahrnehmende Selbst zu einem Ganzen vereinigt wird, wird beispielsweise auch die spielende, die beruhigende und die gesehene Mutter zu einer ganzheitlichen »Anderen« zusammengefaßt. Das »Kern-Selbst« basiert auf generalisierten Interaktionsrepräsentationen und impliziert daher notwendig auch die Existenz eines »Kern-Anderen«.

Auch die verallgemeinerten Episoden von Interaktionen stellen einen Durchschnitt verschiedener Einzelepisoden dar. Aus den verschiedenen Einzelepisoden wird eine flexible prototypische Gedächtnisstruktur komponiert, welche die Einzelepisoden möglichst gut repräsentiert. Eine generalisierte Interaktionsrepräsentation ist folglich kein exaktes Abbild einer irgendwann stattgefundenen Interaktion, sondern eine aus einer Vielzahl strukturähnlicher Interaktionen verdichtete Konstruktion.

»Kern-Selbst« und »Kern-Anderer« können als präverbale Kerne oder Vorformen der späteren symbolisch strukturierten Selbst- und Objektrepräsentanzen angesehen werden. Im Unterschied zu den symbolisch strukturierten Repräsentanzen diskreter und persistierender Qualität sind »Kern-Selbst« und »Kern-Anderer« noch untrennbar in »räumlich-szenische« (Schumacher 1985, 19) Handlungssequenzen eingebettet. Sie ermöglichen dem Kleinkind jedoch bereits die Entwicklung interpersoneller Erwartungen und eine Bewertung gegenwärtig stattfindender Interaktionen. Die späteren Repräsentanzen gehen aus diesen mental repräsentierten verallgemeinerten Interaktionsepisoden hervor (Zelnick & Buchholz 1990).

Auf dem »Gefühl des Kern-Selbst« baut nach Auffassung Sterns zwischen dem 7. und dem 9. Monat das »Gefühl eines subjektiven Selbst« auf. Diesem Gefühl liegen noch präverbale intersubjektive Beziehungserfahrungen zugrunde. Die Kleinkinder entdecken, daß ihre subjektiven Erfahrungen von anderen geteilt werden können[49]. Zwischen Mutter und

49 Emde (1991) lokalisiert in dieser Phase der beginnenden interpersonalen Welt geteilter Bedeutungen die Anfänge eines »Wir-Gefühls«, das er im Anschluß an G.S. Klein als eigenständige psychische Instanz dem Ich gegenüberstellt. Als historische Grundlage dieses Modifikationsvorschlages nennt er G.H. Mead und Vygotsky. Die Gestaltpsychologie kann für sich beanspruchen, daß Wertheimer bereits 1924 in

Kind entfaltet sich ein affektives Zusammenspiel, bei dem die Mutter die Gestimmtheit des Säuglings aufnimmt und das Ausdrucksverhalten des Säuglings in einer anderen Modalität mit einem strukturgleichen Verhaltensmuster erwidert. Beispielsweise begleitet eine Mutter rhythmische Bewegungen des Kleinkindes mit korrespondierenden Lauten. Eine solche »Affektabstimmung«[50] beinhaltet sehr viel mehr als eine Imitation, bei der lediglich das manifeste Verhalten des Kindes aufgenommen und erwidert wird, nicht jedoch die darin zum Ausdruck kommende Gestimmtheit. Eine interaktive Affektabstimmung setzt voraus, daß das Ausdrucksverhalten in seinen verschiedenen Formen und Sinnesmodalitäten transferierbar ist. Wiederum ist es die Fähigkeit zur amodalen Wahrnehmung und abstrakten Repräsentation, die dem Kleinkind die Erfahrung eröffnet, daß seine affektiven Zustände von einer anderen Person aufgenommen und in transponierter Form zurückgegeben werden können. Der Prozeß der Affektabstimmung vollzieht sich im wesentlichen über die drei fast allen Wahrnehmungsmodalitäten gemeinsamen Erlebnisqualitäten Intensität, zeitliche Struktur (Rhythmus) und Form. Ebenso wie die Affekte in diesen Qualitäten ausgedrückt werden können, kann die Wahrnehmung dieser Qualitäten das Erleben von Affekten auslösen. Dieser Vorgang liegt allgemein der Übersetzung eines bei anderen Personen wahrgenommenen Verhaltens in eigene Gefühle zugrunde. Stern nennt hierfür als Beispiel aus der Erwachsenenwelt den Gesichtsausdruck und die Auslösung von Gefühlen beim Ballettanz[51].

Für Beebe und Lachmann (1988) stellt der beschriebene Interaktionsprozeß gegenseitiger Feinabstimmung[52] zwischen dem Baby und seiner Pflegeperson die Basis der Selbst- und Objektrepräsentanzen dar. Etwa im Alter von neun Monaten beginnen die Kinder charakteristische Regu-

Kritik an Freuds Strukturtheorie dem »Ich« ein »Wir« gegenübergestellt hat (s. Levy 1986).

50 Im Original: »affect attunement«.

51 Die von Stern angenommene Transponierbarkeit der Affekte entspricht der gestaltpsychologischen Ausdruckshypothese, »daß das äußere Verhalten eines Menschen die Vorgänge in seinem Inneren im wahren Sinn des Wortes 'abbildet'« (Metzger 1976b, 666).

52 Der von Beebe geprägte und verwendete Terminus für diese frühe interpersonale Kommunikation ist »matching«.

lationsmuster ihrer Objektbeziehungen zu repräsentieren. Aus solchen dyadischen Repräsentationen ergibt sich die Erwartung, hinsichtlich der Zeitstruktur und den Affekten mit dem Interaktionspartner abgestimmt zu sein. Aus den Feinabstimmungen mit der versorgenden Bezugsperson erwächst für den Säugling die Erfahrung und Erwartung des guten Objekts. Die Feinabstimmung vollzieht sich über strukturanaloge Verhaltensweisen auf unterschiedlichen Modalitäten, die zu einer ganzheitlichen Interaktionskonfiguration integriert werden. Wenn einzelne Elemente dieser dyadischen Ganzheit ausfallen oder fehlen, reagiert der Säugling mit deutlichem Unbehagen und versucht aktiv, mit seiner Bezugsperson wieder zu einer Feinabstimmung zu gelangen. Scheitert dieser Reparationsversuch entweder aufgrund situativer Bedingungen oder einer Pathologie der Bezugsperson, werden die bestehenden Repräsentationen und Erwartungen verändert oder aufgegeben. Im ungünstigen Fall bleiben die überholten Erwartungen jedoch als wiederkehrende unproduktive Phantasien bestehen (Zelnick & Buchholz 1990). Beebe und Lachmann (1988) wenden sich mit ihrem Modell sowohl gegen die traditionelle psychoanalytische Konzeption als auch gegen die Konzeption Piagets, daß die Entwicklung psychischer Strukturen durch Konflikte oder Disäquilibration in Gang gesetzt wird. Sie kommen mit ihrem Modell dem gestaltpsychologischen »Grundsatz der natürlichen Ordnung«, welche im Störungsfall sich wiederherstellt oder geändert wird (Metzger 1976b), auffallend nahe.

Stern betrachtet die Affektabstimmung als wichtige Vorstufe der Entwicklung von Symbolen und der Sprache:

In der Affektabstimmung erfährt ein subjektiver Zustand eine Umgestaltung. Der subjektive Zustand ist als Referent und das offene Verhalten als eines von mehreren möglichen Manifestationen oder Ausdrucksweisen dieses Referenten zu werten. Beispielsweise kann der Grad und die Qualität einer freudigen Erregung in der Form einer besonderen Vokalisierung, einer besonderen Geste oder eines besonderen Gesichtsausdrucks geäußert werden. Jede dieser Manifestationen ist bis zu einem gewissen Ausmaß als erkennbares Zeichen desselben inneren Zustandes [i.e. Referenten, B.W.] austauschbar. Auf diese Weise wird in der Affektabstimmung Verhalten über nonverbale Metaphern und Analogien umgestaltet. Wenn man sich eine Entwicklungslinie vorstellt von der Imitation über

Metaphern und Analogien zu Symbolen, vermittelt diese Periode der Ausbildung des Gefühls eines subjektiven Selbst die Erfahrung mit Analogien in der Form von Affektabstimmungen, worin ein wesentlicher Schritt zur Benutzung von Symbolen zu sehen ist (Stern 1985, 161).

Die Entwicklung einer Zeichenwelt der inneren Welt in der phänomenalen Welt

Im Prozeß der Affektabstimmung fungieren bestimmte Konfigurationen der amodalen Wahrnehmungsqualitäten erstmals als Zeichen eines aktuellen inneren Zustandes. In diesen Qualitäten werden damit nicht mehr nur aus der Außenwelt angeregte Wahrnehmungen, sondern auch aus der Innenwelt stammende Empfindungen repräsentiert. Der Säugling nutzt diejenigen Qualitäten, die ihm eine ganzheitliche und in der Regel auch effiziente Repräsentation seiner Außenwelt vermitteln, nun auch zur äußeren Darstellung seiner inneren Zustände und Erwartungen.

Es kann angenommen werden, daß einzelne amodale Repräsentationen dem Kleinkind ebenso auch zum Zeichen seiner »generalisierten Interaktionsrepräsentationen« werden können. Stern (1985) geht davon aus, daß bestimmte hinweisende Stimuli eine »RIG« aktivieren können. Dadurch kommt es zu einer Vergegenwärtigung der abstrakten Repräsentanz in Form eines »evozierten Begleiters«[53]. Die Evokation eines Begleiters ist eine exemplarische »Verbildlichung« der abstrakten Interaktionsrepräsentation. Mit dem Terminus der »Evokation« kennzeichnet Stern, daß es sich hierbei nicht nur um den Vorgang einer Wiedererinnerung, sondern um eine darüber hinaus gehende aktive und konstruktive Leistung des Kleinkindes handelt. Die Vergegenwärtigung einer »RIG« muß also keineswegs auf eine real erlebte Interaktionsepisode zurückgreifen oder auf eine solche verweisen.

Jeder Teilaspekt der ganzheitlich repräsentierten Interaktionsepisoden kann deren Aktivierung und damit die Evokation eines Begleiters auslösen. Der Teilaspekt weist das Kleinkind auf die repräsentierte Ganzheit

53 Im Original: »evoked companion«.

hin und erhält insofern die Qualität eines indizierenden Zeichens. Die aktivierten »RIGs« kommen im Erleben des Kleinkindes als »evozierte Begleiter« zum Ausdruck, welche damit ebenfalls Zeichen der »generalisierten Interaktionsrepräsentationen« sind. Die »evozierten Begleiter« sind eine Vorstufe der späteren symbolisch strukturierten und willkürlich hervorrufbaren Objektvorstellungen, die die Objektkonstanz konstituieren. Sterns Konzeptualisierung der »Affektabstimmung« als Vorstufe in der Sprach- und Symbolentwicklung läßt sich hier fortsetzen. Ebenso wie Stern den inneren Affektzustand als Referent und deren Manifestation im Ausdrucksverhalten als erkennbares Zeichen verstand, kann auch die aktivierte Interaktionsrepräsentanz als Referent und der auslösende Teilaspekt ebenso wie der evozierte Begleiter als Zeichen dieses Referenten gewertet werden.

Als auslösende Teilaspekte kommen vor allem Konfigurationen abstrakter Repräsentationsqualitäten wie Formen, Bewegungen, zeitliche Muster und Rhythmen in Frage, da diese konstitutiv an der Herausbildung der »generalisierten Interaktionsrepräsentationen« beteiligt waren. Die Inhalte der »generalisierten Interaktionsrepräsentationen« sind maßgeblich in diesen abstrakten Qualitäten kodiert und deswegen auch vornehmlich über diese Qualitäten evozierbar. Dies demonstriert Reiff (1987) für die amodale Repräsentationsqualität »Form« am Beispiel des Saugens an der Brust: Wenn ein Säugling mehrfach hintereinander eine Episode der Abfolge erlebt, daß er hungrig ist, an die mütterliche Brust gelegt wird, diese taktil, olfaktorisch und visuell wahrnimmt, den Mund öffnet, zu saugen beginnt und Milch bekommt, dann verdichten sich diese Erfahrungen, die natürlich jedesmal in anderen Variationen ablaufen, aber im Grundmuster gleich bleiben, zu einer »generalisierten Brust-Milch-Episode« (Stern 1985, 95). Indem der Säugling Teile dieser Brust-Milch-Episode »in eigener Regie für eine Art lustvolles Leerlaufverhalten benutzt« (Reiff 1987, 213), wie etwa im »Wonnesaugen«, kann er sich von dieser ganzheitlichen Brust-Milch-Episode abgeleitete Befriedigungen verschaffen.

Im 'Wonnesaugen' introjiziert der Säugling zwar die Brust der Form nach, nicht aber ihren Inhalt (209). Er verzichtet dabei auf die wirkliche Introjektion und nimmt vorlieb mit der bloßen Form (213). Phänomenologisch entspricht die Einverleibung der bloßen Form einer Gestaltwahrnehmung. ... Sie ermöglicht eine identifizierende, wiedererkennende Form der Befriedigung und hebt dadurch die Einverleibung des Objektes im doppelten Sinne des Wortes auf (210).

Ein Teilaspekt der Brust-Milch-Episode, nämlich die taktil und visuell wahrgenommene Form der Brust, evoziert in dem Säugling eine Vergegenwärtigung der ganzen Brust-Milch-Episode und verschafft ihm eine davon abgeleitete Befriedigung. Die Brust wird so zu einem körperlichen Zeichen, das den Säugling auf die Brust-Milch-Episode hinweist. Stern (1985) nennt die eine Evokation auslösenden Zeichen u.a. »Hinweisreize« oder auch »sensorische Hinweise«. Reiff (1987) bezeichnet sie - in Anlehnung an die Zeichentheorie des amerikanischen Semiotikers Charles S. Peirce - wegen ihrer hinweisenden Qualität als »Index«. Indizierende Zeichen sind »noch nicht Stellvertreter des Bezeichneten, sondern gehören ihm als Teil der jeweiligen aktuellen Situation an: präsentierend, hinweisend, auffordernd in Mimik, Gestik und präskriptiver Sprache« (Reiff 1989, 251). Diese Funktionsweise indizierender Zeichen liegt wahrscheinlich auch dem Phänomen der »Valenz« (Lewin) bzw. des »Aufforderungscharakters» (Koffka) zugrunde. Zumindest besteht eine deutliche phänomenologische Kongruenz zwischen den Konzepten der »Valenz« und des »Aufforderungscharakters» auf gestaltpsychologischer Seite und dem Konzept der indizierenden Zeichen auf semiotisch-psychoanalytischer Seite.

Indizierende Zeichen sind meist räumliche Konfigurationen:

Sie sind immer Teil einer Szene, eines 'praktischen Raumes' (Piaget), verweisen also auf innere Repräsentanzen von Teil-Objekten in verschiedenen räumlichen Situationen. Diese Räume, in denen unterschiedliche Aspekte von Objekten, je nach Situation, wahrgenommen werden, sind noch nicht innerlich synthetisiert zu einem ganzheitlichen dreidimensionalen Raum und ganzen Objekten darin (Reiff 1987, 210).

Indizierende Zeichen aktivieren abstrakte Repräsentationsmuster verschiedener Interaktionsepisoden, die noch nicht die Qualität konstanter Repräsentanzen von Personen haben. Ein und dieselbe Person kann gleichzeitig in völlig unterschiedlichen, affektiv sogar gegensätzlichen »RIGs« vertreten sein. In der weiteren Entwicklung hin zu ganzheitlichen Repräsentanzen des Selbst und der Objekte erfolgt zunächst eine Integration der affektiv gleichwertigen »RIGs«. Daraus ergeben sich die gespaltenen »guten« und »bösen« Repräsentanzen des Selbst und der Objekte.

Zur Bildung psychischer Repräsentanzen, die eine stabile, den Augenblick überdauernde Grenze etablieren, indem sie den aktuellen Raum transzendieren, bedarf es aber eines weiteren Entwicklungsschritts, eines wiederum höheren kognitiven Niveaus. Das Ich muß lernen, ... daß die verschiedenen (Teil-) Objekte ... sich zu konstanten, ganzen Objekten zusammenfügen lassen. ... War das Ich vorher in der Lage, ein aktuelles Ereignis (eine Gestalt) wiederzuerkennen, so muß es hier lernen, diesen Akt des Wiedererkennens selber wiederzuerkennen, und damit ein Bewußtsein von Selbst und Objekten zu entwickeln. Es identifiziert sich mit seinen Identifikationen als dasjenige, was zu identifizieren vermag (214).

Die Synthetisierung zu konstanten und willkürlich evozierbaren Selbst- und Objektrepräsentanzen findet nach übereinstimmender Auffassung aller psychoanalytischen Kleinkindforscher im zweiten Lebensjahr in einem Übergangsstadium von der räumlich-handlungshaften zur symbolischen Repräsentation statt. In diesem Übergangsstadium ist das Kleinkind für die Evokation seiner Selbst- und Objektrepräsentanzen zunächst noch auf die Wahrnehmung strukturähnlicher Konfigurationen in der Außenwelt angewiesen:

Das innere Bild von Objekt und Selbst braucht weiterhin die Veräußerlichung, um sich zu explizieren. Allerdings ist die innere Repräsentanz nicht mehr auf die gegebene Situation angewiesen, in die das Ich sich indizierend einbringt, sondern es vermag selber die Szene zu setzen [im Spiel und der Phantasie, B.W.] ... Das Ich benutzt ... ikonische Zeichen, d.h. Zeichen, die mit der inneren Welt (dem Dargestellten) in einer Beziehung der Ähnlichkeit stehen (Reiff 1987, 214f).

Das Stadium der vorrangigen Verwendung ikonischer Zeichen markiert zwei wesentliche Entwicklungsfortschritte gegenüber der vorherigen Begrenztheit auf indizierende Zeichen. Während das indizierende Zeichen der bezeichneten Situation als Teil angehört, steht das ikonische Zeichen für etwas anderes, ist nun »Stellvertreter des Bezeichneten« (Reiff 1989, 251). Zweitens ist das Kleinkind nicht mehr auf gegebene Hinweisreize angewiesen, um seine »generalisierten Interaktionsrepräsentationen« zu aktivieren, sondern es gestaltet nun selbst aktiv Zeichen seiner inneren Welt. Es setzt seine innere Welt aktiv in äußere Wahrnehmungen um. Räumliche und bildhafte Elemente der Wirklichkeit dienen ihm einer vorsprachlichen (Selbst-) Darstellung. Es sind weiterhin vorrangig die amodalen Wahrnehmungsqualitäten, welche die nun wechselseitige Repräsentation von phänomenaler und innerer Welt ermöglichen: Im ikonischen Abbild erfolgt die Kommunikation in der »'Form' der Wirklichkeit« (Reiff 1990, 526).

Der Umweg der Selbstexplikation über die Vorstellung einer äußeren Wirklichkeit kann erst aufgegeben werden mit der Aneignung der Symbole, bei denen »Zeichen und Bezeichnetes ... nur noch per Konvention miteinander verbunden sind« (Reiff 1989, 249). Die Bedeutung der Symbole handelt das Kleinkind in Interaktionen mit seinen Eltern aus. Auf diese Weise erwirbt es die sprachliche Ordnung. Mit dem Sprachspiel erschließt sich dem Kind eine neue Ebene der Gemeinsamkeit und Zusammengehörigkeit mit seinen Elternfiguren. Die mentale Verbindung geteilter Bedeutungen vermittelt ihm eine neuartige Erfahrung von Vereinigung.

Andererseits zerstört die Sprache aber auch das Erleben von Gemeinsamkeit und Vereinigung. Das primäre Erleben einer ganzheitlich wahrgenommenen Welt, das zuvor durch die abstrakte und amodale Repräsentation gewährleistet wurde, geht durch die Verknüpfung der amodalen Wahrnehmung mit Sprache verloren. Das ganzheitliche Erleben wird durch sprachliche Bezeichnungen partialisiert in bestimmte Einzelmerkmale und die elementaren Sinnesmodalitäten. Die »Gewalt der Semiotisierung« (Anzieu 1982, zit.n. Reiff 1989) trennt das Erleben von dem amodalen Fluß, der ursprünglich das Erleben prägte. Die Sprache treibt somit einen Keil zwischen das Erleben und die Repräsentation des Erlebten. Das Selbst erfährt durch die Sprache eine unvermeidbare Aufteilung (Stern 1985). Zusammenfassend bezeichnet Stern (1985) deshalb den

Spracherwerb als ein zweischneidiges Schwert für das sich entwikkelnde Kleinkind.

Den Schritt in die Welt der symbolischen Repräsentation vollziehen Kinder etwa im Alter von 18 Monaten. Stern verbindet mit diesem Entwicklungsschritt die Entstehung des »verbalen Selbst«. Das Sprachspiel ermöglicht nun die Konstruktion abstrakter, individualisierter und persistierender Repräsentanzen der Objekte und des Selbst. »Man könnte auch sagen, indizierendes (präsentierendes) und repräsentierendes [symbolisches, B.W.] Schema verhalten sich zueinander wie Teilobjekt zu ganzem Objekt« (Reiff 1989, 250). Die Verfügbarkeit symbolischer Zeichen hebt die Bindung der Repräsentationen an räumlich-handlungshafte Interaktionssequenzen auf und ermöglicht u.a. auch eine konzeptuelle Repräsentation der Intentionaliät (Lichtenberg 1983). Das Kleinkind kann sich nun auf dem symbolischen Niveau mittels seines »Vorstellungsvermögens«[54] selbst mental repräsentieren und damit zum Objekt seiner eigenen Betrachtung machen. Aus dieser Selbstobjektivierung des Selbst geht für Lichtenberg (1983) in der Mitte des zweiten Lebensjahres das »Selbst als Ganzes«[55] hervor. Damit befindet er sich in gewissem Gegensatz zu Stern (1985), der mit dem Spracherwerb einen Riß durch das Selbst gehen sieht. Diese gegensätzlichen Pointierungen schließen sich jedoch nicht aus, da sie jeweils einen Aspekt der Simultaneität von Differenzierung und Integration in dieser Entwicklungsperiode betonen. Darauf hat Stern auch in seinem Bild des zweischneidigen Schwertes bzw. der zwei Seiten einer Medaille hingewiesen.

In diesem Kapitel wurde aufgezeigt, daß die amodale und ganzheitliche Wahrnehmung konstitutiven Anteil an der Herausbildung der Objektbeziehungsrepräsentanzen hat. Die Erlebnisinhalte der frühen Interaktionen werden zu einem großen Teil in den Qualitäten der amodalen Wahrnehmung repräsentiert. Sind einmal die ersten intrapsychischen Repräsentationsstrukturen angelegt, dann bekommen die in ihnen als Teil des Ganzen aufgehobenen Erlebniskonfigurationen bei erneutem Erleben die Qualität hinweisender oder darstellender Zeichen. Dabei er-

54 Im Original: »imaging capacity« (Lichtenberg 1983).
55 Im Original: »self-as-a-whole« (Lichtenberg 1983).

möglicht die abstrakte Repräsentation, daß es sich nicht um identische Neuauflagen der in den generalisierten Interaktionsepisoden kondensierten einzelnen Interaktionepisoden handeln muß, sondern auch strukturähnliche Erlebniskonfigurationen anderer Modalitäten die Funktion eines Zeichens erfüllen können. Die phänomenale Welt wird zur Zeichenwelt der entstehenden inneren Welt. Damit gerät die phänomenale Welt unter den Einfluß der inneren Welt. Die Konstruktion der phänomenalen Welt unterliegt nun der Maßgabe, mit der Homöostase der inneren Welt verträglich zu sein. Wenn die phänomenale Welt Zeichen enthält, die sehr schmerzhafte oder bedrohliche Interaktionsrepräsentanzen aktivieren könnten, werden die entsprechenden Wahrnehmungsinhalte ausgeblendet oder umkonstruiert. Die Beeinflussung der phänomenalen Welt durch die innere Welt erfolgt jedoch nicht nur negativ in Form einer solchen Zensur. Die innere Welt bewirkt auch eine positive Gestaltung der phänomenalen Welt, in der sie nicht-erlebnishafte Organisationsprozesse erlebbar werden läßt und aushandelt. Die phänomenale Welt wird der Steuerung eines Systems unterstellt, das selbst aus ihr hervorgegangen ist und weiterhin durch sie aktiviert und modifiziert wird. Im gewöhnlichen Wahrnehmungsalltag spielt dies jedoch nur eine geringe bis keine Rolle. Erkennbar wird dies entweder, wenn die Wahrnehmungsvorlage so komplex und unstrukturiert ist, daß sie der Konstruktion des Wahrnehmungbildes einen großen Freiheitsgrad läßt und damit das Ich förmlich zu einer individualtypischen Interpretation zwingt (was sich z.B. das Rorschachverfahren zunutze macht), oder wenn die innere Gefühlshomöostase so massiv gestört oder bedroht ist, daß sie umgekehrt der Konstruktion der phänomenalen Welt nur wenig Freiheitsgrade läßt. Viele Wahrnehmungsinhalte stellen dann potentielle Zeichen schmerzhafter Interaktionsrepräsentanzen dar und müssen deswegen ausgeblendet oder verformt werden. Die Konstruktion der phänomenalen Welt wird dann von der inneren Welt dominiert. Besonders deutlich wird dies bei autistischen Störungen.

9. Gestaltzerstörung - Die Okkupation der phänomenalen Welt durch die innere Welt bei psychogen autistischen Kindern

Ähnlich wie beim autistischen Syndrom schizophrener Erwachsener ist auch bei autistischen Kindern die Gestaltwahrnehmung massiv gestört. In Untersuchungen der visuellen Wahrnehmung autistischer Kinder zeigten diese eine übermäßige und unspezifische Selektion von Einzelreizen (Rohmann 1985, Dalferth 1989). Autistische Kinder können eine Gestalt nur dann als Ganzes erfassen, wenn die verschiedenen Einzelaspekte der Gestalt sehr eng beieinanderliegen. Ihre Umweltwahrnehmung gleicht dem Blick durch eine Röhre, die jeweils nur Felder von bis zu 5 cm Durchmesser zusammenhängend zu erfassen erlaubt. Deswegen können sie auch schon visuell andere Personen nicht als integriertes Ganzes wahrnehmen (Dalferth 1989). Als visuell-motorische Besonderheiten fallen weiterhin auf eine »Bevorzugung des peripheren Gesichtsfeldes ... und das Angewiesensein auf das Gleichbleiben der visuellen Gestalt« (Dalferth 1989, 129).

Für die Wahrnehmungsverarbeitung autistischer Kinder ist spezifisch, »daß sie verschiedene kognitiv und affektiv bedeutsame Elemente, die unmittelbar zusammengehören, getrennt verarbeiten« (Dalferth 1989, 125). Besonders die Erfassung solcher Merkmale, die affektiv oder sozial bedeutsam sind, ist beeinträchtigt. Solchen Merkmalen ziehen sie in der Regel formale, äußere Eigenschaften vor. So ordnen sie Photographien von Menschen nach ausdrucksarmen, »idiosyncratischen« Kriterien (Mundpartie) einander zu, während andere Kinder sich dabei vorwiegend am emotionalen Ausdruck orientieren. Die hierbei von autistischen Kindern verwendete formale Erfassungsstrategie wurde u.a. dadurch offenkundig, daß sie ohne Schwierigkeiten ihnen bekannte Personen auch auf kopfstehenden Photos wiedererkennen können.

Oehler und Remschmidt (1990) nehmen an, »daß die Besonderheiten des autistischen Kindes im sozialen und interpersonalen Kontext (z.B.

der Mangel an Reaktionen auf andere Menschen oder die eigentümlichen Reaktionen auf verschiedene Aspekte der Umgebung) auf spezifische Defizite in der sozialen Wahrnehmung zurückgeführt werden können« (12). Neuere Untersuchungen über das Erkennen alters- und geschlechtsspezifischer Charakteristika ergaben jedoch, daß nicht nur in der Wahrnehmung, sondern auch in der Vorstellung keine »ganzheitlichen, multimodalen und komplexen Personen« (Dalferth 1989, 126) gebildet werden können, so daß eine fundamentale Störung der ganzheitlichen Repräsentation anzunehmen ist, die auch den »besonderen Schwierigkeiten bei der interpersonalen Wahrnehmung von Gefühlen« (126) zugrundeliegen könnte. Die beobachtbaren Wahrnehmungsstörungen sind offenbar überwiegend funktionaler Qualität, da einerseits das visuelle Sinnessystem autistischer Kinder als intakt gilt - es aber eben »in eigenartiger Weise in Anspruch genommen wird« (129) - , andererseits die Wahrnehmungsstörungen durch Lern- und Erfahrungsprozesse weitgehend kompensierbar sind. Auch die besonderen Schwierigkeiten autistischer Kinder mit der Wahrnehmung emotionaler Qualitäten gelten mittlerweile als kompensierbar (Dalferth 1989).

Einen instruktiven Einblick in die phänomenale Welt autistischer Kinder vermittelt die Selbstbeschreibung einer leichter behinderten Person mit Autismussyndrom:

> Es ist die Wahrnehmungsstörung, die mich beeinträchtigt. Ich sehe und höre zu viel und brauche dann mehr Ruhe als andere ... Überhaupt ist unterscheiden wichtig, sonst ist alles Wahrnehmungsbrei. Die schlimmste Zeit in meinem Leben war, als alles ungeordnet auf mich einwirkte und ich mich nicht retten konnte vor dem Chaos. Alle Menschen hatten krumme Nasen, waren Ungeheuer, Fettgebilde ohne Konturen ... Warum soll man Blickkontakt üben, wenn man immer zu viel sieht? Ich muß doch aufpassen, wie ich meine Augen einstelle, damit das Bild klar ist. Ich schaue Menschen und Gegenstände so lange an wie es für mich geht. Es würde sonst alles durcheinander geraten (Zöller 1989, *Wenn ich mit Euch reden könnte*, zit.n. Dalferth 1989).

Die aus empirischen Untersuchungen ableitbare Annahme einer fundamentalen Störung der Repräsentation »ganzheitlicher, multimodaler und komplexer Personen« (Dalferth, 126) liefert einen Anknüpfungspunkt und experimentellen Beleg für einen objektbeziehungstheoretischen Erklärungsansatz des Autismussyndroms, der von Tustin (1988, 1989, 1991) vorgelegt wurde. Frances Tustin ist eine englische Kinderanalytikerin, die sich in ihren Überlegungen auf mehr als 30 Jahre klinische Erfahrungen mit autistischen Kindern stützt. Sie nimmt an, daß das Autismussyndrom organischer oder psychogener Ursache sein kann. Ein organisch bedingter Autismus resultiert aus einer genetischen Abweichung, die eine Hirnschädigung bzw. einen affektiv-kognitiven Defekt zur Folge hat. Dabei wird gegenwärtig an eine genetisch bedingte Störung der affektiven und visuellen Reizverarbeitungssysteme gedacht (Dalferth 1989). Daß das Autismussyndrom in vielen Fällen einen genetischen Defekt zur Ursache haben kann, darf als unbestritten gelten. Anlaß heftiger Kontroversen ist jedoch nach wie vor die Annahme einer psychogenen Variante des Autismussyndroms, zu der auch Tustin in ihrer langjährigen Arbeit mit autistischen Kindern gelangte. Die von ihr entwickelte Theorie eines psychisch bedingten Autismus setzt an den fundamentalen Wahrnehmungsstörungen der autistischen Kinder an.

Tustin sieht die fundamentale Wahrnehmungsstörung psychogen autistischer Kinder wesentlich in einer ausgeprägten Neigung zur Randwahrnehmung begründet. Dieses periphere Sehen ist das Komplement zur Vermeidung des Augenkontakts mit anderen Menschen. Augenkontakte erinnern autistische Kinder an frühe Erlebnisse der Getrenntheit von der Mutter, die sie noch nicht verkraften konnten. Tustin vermutet, daß autistische Kinder besonders sensible Kinder sind, »die aus verschiedenen Gründen geglaubt hatten, daß ihre Annäherungsversuche von der stillenden Mutter ihrer Kindheit zurückgewiesen worden sind. Das hat ein schmerzliches Bewußtsein ihres Getrenntseins von der Mutter hervorgerufen, die für sie der erste Repräsentant der Außenwelt ist. Darauf reagierten sie, indem sie jede weitere Wiederholung dieses Bewußtseins vermieden« (Tustin 1988, 284).

Sie wenden sich von der Mutter ab und entwickeln eine starke Angst davor, ihr oder anderen Menschen in die Augen zu sehen. Diese adaptive Abwehrreaktion äußert sich in den ersten erkennbaren Symptomen des Autismussyndroms: »Autistische Syndrome werden frühestens im Verlauf des 2./3. Lebensmonates offenkundig, wenn die Spontanerfassung der Sinnbedeutung spezifisch-visueller Reize (Augen, Gesichtskonfiguration der Mutter) nicht erfolgt« (Dalferth 1989, 130).

Die »Nichtbeachtung der Augengestalt« (Dahlferth 1989, 125) bestätigte sich in zahlreichen experimentellen Untersuchungen als Spezifikum der Reizselektion autistischer Kinder (Dahlferth 1989). Neben einem traumatischen - weil von der Mutter nicht ausreichend aufgefangenen - Gewahrwerden der Getrenntheit von der Mutter (Tustin 1989) kann auch eine als verfolgend und vereinnahmend erlebte Mutter (Beebe & Stern 1977) oder das völlige Fehlen einer konstanten primären Bezugsperson (Spitz 1945) zu einer Vermeidung des Blickkontakts führen.

Tustin liegt es jedoch fern, den psychogenen Autismus monokausal auf eine nicht ausreichend haltgebende Mutter zurückzuführen. Sie betont, daß in dem Kind auch eine bestimmte Bereitschaft vorgegeben sein muß, um etwa selbstunsichere und depressive Verhaltensweisen der Mutter als eine so starke Abweisung zu erleben, daß es sich daraufhin von der Mutter zurückzieht und in sich einkapselt. »Psychogener Autismus [ist] das Ergebnis eines Zusammenspiels eines vorübergehenden depressiven Zustands bzw. mangelnden Selbstvertrauens der Mutter während der frühen Kindheit einerseits und der besonderen Natur des Kindes andererseits« (Tustin 1988, 128). Unter der »besonderen Natur des Kindes« versteht Tustin, daß der »neuromentale Apparat« (1988, 105) sich zum Zeitpunkt der frühen Trennungserlebnisse noch nicht ausreichend entwickelt hat, um diese verarbeiten zu können. Damit bietet sie die Annahme einer Reifungsdisposition an, die zu weiteren Überlegungen über eine erbgenetisch-psychische Interaktion bei der Entstehung des Autismus einladen.

Exkurs: Eine pathogenetische Hypothese zur Interaktion psychischer und neurobiologischer Faktoren beim infantilen Autismus

Die »besondere Natur« des neuromentalen Apparates der autistischen Kinder könnte nach neuesten neurophysiologischen Untersuchungen in einer erbgenetisch angelegten metabolischen Dysfunktion der Retina liegen. In dieser vermutet Ritvo (1986, zit.n. Dalferth 1989) einen neurobiologischen Marker für die autistischen Wahrnehmungsstörungen wie die »Bevorzugung des peripheren Gesichtsfeldes ... (und) das Angewiesensein auf das Gleichbleiben der visuellen Gestalt« (Dalferth 1989, 129).

Die Disposition zur Randwahrnehmung würde es dem Säugling erschweren, über die Wahrnehmung des ganzen Gesichts und insbesondere der Augen der Mutter zu dieser einen Kontakt herzustellen, der es ihm ermöglichen würde, das Erleben der körperlichen Getrenntheit zu ertragen. Weiterhin wäre der Säugling darin behindert, die sich bewegende Mutter als einheitliche, gleichbleibende Gestalt zu erleben, was ebenfalls das Erleben der Getrenntheit eher verstärkt als kompensiert. Die beschriebene Wahrnehmungsdisposition impliziert also nicht einfach nur einen Wegfall der visuell Wahrnehmung positiver Kontakterfahrungen, sondern würde vielmehr eine Umkehrung potentiell positiver Kontaktwahrnehmungen in potentiell störende, irritierende, negative Wahrnehmungen zur Folge haben. Die Wahrnehmungsstörungen verstärken das Gefühl der Getrenntheit von der Mutter und lassen dies besonders schmerzhaft werden.

Trifft ein Kind mit dieser Wahrnehmungsdisposition auf eine Mutter, die ihm den Schmerz der Trennung nicht erträglich gestalten kann, wird es nun auch sekundär den Anblick des ganzen Gesichts und der Augen der Mutter ängstlich meiden und auf die Peripherie ausweichen. Eine genetisch bedingte Neigung zur Bevorzugung des peripheren Gesichtsfeldes würde in diesem Mutter-Kind-Zusammenspiel bestärkt werden und sich auf diese Weise zu einem dominierenden Wahrnehmungsmodus ausformen. Aus Laborversuchen mit Tieren ist bekannt, daß die angeborenen visuellen Fähigkeiten in den ersten Lebenswochen auch geübt und benutzt werden müssen, um einsatzbereit zu werden. Die nicht zur Funktion gebrachten Sehfähigkeiten können dauerhaft verloren gehen (Guski 1989).

Vermag die Mutter jedoch den Säugling in der Verarbeitung seiner schmerzlichen Trennungswahrnehmungen unterstützen und ihm ein basales Sicherheitsgefühl bereiten, wird der Anblick des Gesichts der Mutter und der Augenkontakt mit ihr besonders attraktiv und deshalb vermehrt gesucht. Die Disposition zur Randwahrnehmung würde bei einer aufmerksamen und haltgebenden Mutter wahrscheinlich nicht nur nicht verstärkt, sondern vielleicht sogar kompensiert werden. Es ist eine empirische Tatsache, daß die Dysfunktionen der visuellen Perzeption von autistischen Kindern positiv beeinflußt werden können (Dalferth 1989).

Nach diesem interaktiven Modell zur Pathogenese des Autismus würde sich ein neurobiologischer Marker im Sinne einer abweichenden Wahrnehmungstendenz nur dann in einer fixierten Wahrnehmungsstörung manifestieren, wenn das Kind mit dieser Disposition auf eine Mutter trifft, die diese Disposition nicht durch besondere Aufmerksamkeit und Einfühlung auszugleichen vermag.

Welches im einzelnen die Vorbedingungen auch sein mögen, das für die Entstehung des psychogenen Autismus entscheidende traumatisierende Erlebnis ist, daß diese Kinder auf das Bewußtsein des Getrenntseins »gestoßen« wurden, bevor sie in der Lage waren, diese schmerzliche Realität auszuhalten. Diesem Trauma versuchen sie mittels heftiger Vermeidungsreaktionen zu entrinnen. Sie hören auf, die Mutter »und andere Menschen anzuschauen, und richten ihre Aufmerksamkeit statt dessen auf die peripheren Formen, die sie erzeugen können, indem sie Dinge aus den Augenwinkeln betrachten« (Tustin 1988, 150).

»Formen« spielen in der Wahrnehmung autistischer Kinder eine besondere Rolle. Häufig sprechen sie nur auf solche psychologischen Tests an, in denen der Umgang mit Formen gefordert wird. Tustin (1988) berichtet, daß ihr viele autistische Kinder, sobald sie sprechen konnten, von ihren »Formen« (i.O. »shapes«) erzählten. Diese »Formen« sind mehr oder weniger konturierte aber unspezifische »Empfindungskonstellationen«. Die wahrgenommenen Gegenstände werden nicht in ihren konventionellen Sinnbedeutungen erlebt. Stofftiere von autistischen Kindern werden beispielsweise häufig nicht als bestimmte Tiere, sondern als unspezifische »Formen« erlebt und verwendet. Diese von den autistischen Kindern wahrgenommenen »Formen« entsprechen nicht den normalerweise wahrgenommenen differenzierten Formen der Gegenstandswelt, sondern eher einem individualspezifischem körperlichen »Gefühl« von Formen. Deswegen nannte Tustin (1988) sie »autistische Formen«.

Autistische Kinder nehmen ihre »Formen« zwar durch Augen, Ohren, Nase und Zunge wahr, erleben diese aber viel weniger in der spezifischen Qualität des Gesehenen, Gehörten, Gerochenen oder Geschmeckten, als daß sie sie vielmehr unspezifisch fühlen. Fast alle ihre Wahrnehmungen sind von dieser Qualität eines körperlichen Gefühls. Das körperliche Gefühl von Formen kann sich auf Körpersubstanzen wie dem eigenen Speichel oder verschmierten Exkrementen beziehen, aber auch aus extrakorporalen Objekten erzeugt werden. Diese Transformation der Formen extrakorporaler Objekte in körperliche Form-Gefühle basiert auf der visuell-taktilen und visuell-propriozeptiven Koordinationsfähigkeit der Wahrnehmungsorganisation.

Um sich die Form-Wahrnehmung autistischer Kinder annähernd vergegenwärtigen zu können, schlägt Tustin Ihren Lesern vor, den Stuhl auf dem sie gerade sitzen, sich bewußt nicht als »Stuhl« vorzustellen, sondern auf die Empfindungen des Gesäßes zu konzentrieren, die als »Abdruck« dieses Stuhls bezeichnet werden können:

Das schafft ein 'Form'. Solche 'Formen' sind nur Ihnen zugänglich. Die Aufmerksamkeit des autistischen Kindes ist so sehr auf diese persönlichen 'Formen' fixiert, daß der Stuhl als solcher unwichtig wird, obgleich es dessen Vorhandensein vage wahrnimmt und ihn möglicherweise auch benennen kann (Tustin 1988, 121).

Durch diese grobe Autosinnlichkeit versuchen sich autistische Kinder davor zu schützen, erneut mit dem Erleben der körperlichen Getrenntheit von der Mutter konfrontiert zu werden. Die autistischen Formen haben die Funktion einer Plombe, die das klaffende Loch der Getrenntheit füllen und verdecken soll.

Es sind nicht mitteilbare, für dieses eine Kind typische persönliche Formen. Ihr einziger Zweck besteht darin, ihm zu ermöglichen, die 'unaussprechliche' Angst des 'schwarzen Loches' der Trennung von der Mutter zu vermeiden, die es einmal als Körperteil empfunden hatte und die sich plötzlich als nicht zum Körper gehörig herausgestellt hat (Tustin 1988, 140). Die Folge ist eine Negation der Mutter und ihrer menschlichen Eigenschaften. Sie wird ersetzt durch taktile Formen, die unter der tyrannischen Kontrolle des Kindes stehen. Sie sind nicht ein *Stellvertreter* für die Mutter, der dem Kind etwa ermöglichte, auf die Wiederkehr der Mutter zu warten. Sie sind für sie vielmehr ein handhabbarer *Ersatz*, der imaginative Repräsentation blockiert (141). Autistische Formen sind vor-bildlich, vorgegenständlich und folglich vorsymbolisch (143).

Die autistischen Kinder versuchen nicht, sich die Mutter vorzustellen, die Vorstellung zu speichern und eine Repräsentanz der Mutter zu entwickeln, sondern sie versuchen die Mutter zu substituieren. Um nicht auf ihre schmerzhafte Abhängigkeit hingewiesen zu werden, setzen sie an die Stelle der Mutter und der wirklichen Welt ihre autistischen Formen, die ihnen das Gefühl eigener Kontrolle vermitteln.

'Formen' sind einfacher zu manipulieren als wirkliche Gegenstände, die als wirkliche Gegenstände behandelt werden; folglich scheinen 'Formen' wirklicher zu sein (120).

Autistischen Kindern erscheint nur das als wirklich, was sie leicht manipulieren können. Weil sie die Wahrnehmung ihres Körpers und der Außenwelt fast ausschließlich zur Erzeugung ihrer autistischen Formen verwenden, wird die Einbindung in eine praktisch funktionale und sozial geteilte Wirklichkeit bei ihnen verhindert[56]. Sie bilden keine »wirksame Repräsentanz der Außenwelt ..., die sie uns mitteilen könnten« (Tustin 1988, 145).

Autistische Kinder befinden sich damit in einem circulus vitiosus. Ihre Formbildungsprozesse erfahren weder durch den Umgang mit den wirklichen Eigenschaften der Objekte noch durch kooperative Interaktionen mit anderen Menschen eine Modifikation, die sie an die sozial geteilte Wirklichkeit heranführen könnte.

Daher wird für sie das 'Nicht-Ich' in zunehmendem Maße fremd und beängstigend. Autistische Objekte und autistische Formen lenken ihre Aufmerksamkeit von diesem fremden, erschreckenden 'Nicht-Ich' ab. Je mehr sie ihre Aufmerksamkeit auf diese autistischen Vorgänge richten, desto entlegener und fremder wird für sie die Alltagswelt gewöhnlicher Menschen (128).

56 »Manche autistischen Kinder sind sich der faktischen Existenz von Gegenständen so wenig bewußt, daß sie durch sie hindurchzugehen versuchen, als gäbe es sie nicht. In gleicher Weise horchen sie auf die Stimme fremder Menschen nicht um zu kommunizieren, sondern um sich selbst einzuhüllen in beruhigende Formen. Daher werden sie oft für taub gehalten, bis man erkennt, daß es sich um Autismus handelt« (Tustin 1988, 118f). Bei autistischen Kindern hat damit in extremer Weise ein Wahrnehmungsmodus die Vorherrschaft übernommen, der durch die intermodale Koordination allen Kindern zur Verfügung steht: »Zu hören, was gesehen wird, nicht was gesagt wird« (Stern 1985, 50).

Tustin verbindet ihre klinischen Erkenntnisse mit den neonatologischen Befunden zur intermodalen Wahrnehmung und leitet daraus allgemeine Überlegungen zur normalen Wahrnehmungsentwicklung ab:

Daher ist es durchaus annehmbar, daß mit der Verbindung der Tast- und Geruchswahrnehmungen mit den weiter ausgreifenden wie Sehen und Hören sich ein Gespür für im Raum befindliche Objekte entwickelt und das Kind in zunehmendem Maße Augenblicke erlebt, in denen es weiß, daß sein Körper von dem der Mutter verschieden ist. Diese Augenblicke kommen und gehen in flüchtiger Weise, vielleicht sogar von den ersten Lebenstagen an. Es ist entscheidend, daß dem Kleinstkind durch Herstellung einer geistigen Beziehung zur Mutter geholfen wird, die Belastung dieser Momente differenzierter Wahrnehmung seines körperlichen Getrenntseins von der Mutter zu ertragen. Wenn mit dieser Unterstützung die neuromentale Organisation integriert wird und er ein Gesamt befriedigender Erfahrungen mit einer reagierenden Mutter internalisiert, wird der Säugling allmählich in die Lage versetzt, die Zeiten zu ertragen, wo er sich des Fehlens einer körperlichen Verbindung zu ihr bewußt ist. Um der Drohung des 'schwarzen Lochs' ihrer Abwesenheit entgegenzuwirken, gibt es taktile, Geruchs-, Gehör- und visuelle *Erinnerungen* an enge Erfahrungen mit ihr. .. Letzten Endes wird sich dieses 'Unfaßbare' [der Erinnerungen und Vorstellungen, B.W.] als beruhigender erweisen als die geheimen oberflächlichen Tröstungen selbsterzeugter taktiler Empfindungsformen (144f).

Tustin (1988) vermutet, daß der intermodalen Koordination »psychobiologische Gestalten« (i.O. »psychobiological gestalts«) zugrundeliegen. Sie ist der Auffassung, daß Formen und Rhythmen dem Neugeborenen nicht nur als Qualitäten der abstrakten Repräsentation mitgegeben sind, sondern im Sinne »formbildender Prädispositionen« bereits die Matrix einer Struktur oder eines Musters aufweisen[57]. Bei normaler Entwicklung führen die formbildenden Prädispositionen das Kind »zur Auffassung von Gegenständen als eigenständigen, von ihm unabhängigen Gebilden mit unterschiedlichen Formen«, aus denen »differenzierte Bilder dieser Objekte geformt« werden (145). Diese Entwicklung setzt »in der Pflegesituation ein, wenn die Gesamtheit der Stillerfahrungen, wie die Empfin-

57 Diese Hypothese Tustins ist eng verwandt mit dem Konstrukt der »preconceptions« bei Bion.

dungen des Mundes, die glänzenden Augen und die umschließenden Arme, in der Wahrnehmung und im Begriff der 'Mutter' zusammenfließt« (160). Wenn es aufgrund der beschriebenen Interaktionsstörung nicht zu einer solchen ganzheitlichen Repräsentation der Mutter kommt, werden die formbildenden Prädispositionen einseitig entwickelt und verzerrt, so daß die autistischen Formen daraus hervorgehen.

Die formbildenden Prädispositionen sind Grundlage der ersten »Empfindungsformen« des Säuglings. In Abhängigkeit von den ersten Beziehungserfahrungen werden sie der Außenwelt angeglichen oder in bizarrer Form an deren Stelle gesetzt.

Bei normaler Entwicklung werden diese Empfindungsformen mit tatsächlichen Gegenständen in der Außenwelt assoziiert, wahrscheinlich zuerst mit der Mutterbrust. Diese Transformation von Empfindungen in Begriffe und Wahrnehmungen, wenn die formbildenden Dispositionen des menschlichen Geistes mit faktischen Gegenständen in Zusammenhang gebracht werden, ist bei autistischen Kindern infolge des Fehlens von einem Austausch mit der Außenwelt behindert. Statt dessen werden faktische Gegenstände benutzt, um autistische Objekte und autistische Formen zu erzeugen, die, da sie aus einem selbst stammen, wie eine Fata Morgana sind. Sie haben keine wirkliche Existenz (283).

Die angeborenen Dispositionen der Wahrnehmungsorganisation verschaffen dem Kind sehr schnell nach der Geburt Erlebnisse der Getrenntheit, die es nur durch die Hilfe einer verstehenden und tragenden Mutter innerlich verarbeiten kann. Ohne den mütterlichen Halt wird das Kind von Gefühlen der Panik, Wut und Verzweiflung bedroht, denen es dadurch zu entgehen versucht, daß es die ihm gegebene Wahrnehmungsorganisation auf eine Weise verformt oder zerstört, die ihm die Wahrnehmung der Getrenntheit erspart.

Diese »aktive Desintegration« der phänomenalen Welt ist verstehbar als Reaktion,

die in Abwehr gegen die Unintegration beim Fehlen von Ich-Stützung durch die Mutter aktiv das Chaos hervorbringt, d.h. sie richtet sich gegen die unvorstellbare oder archaische Angst, die im Stadium der absoluten Abhängigkeit entsteht, wenn das Halten fehlt. Das Chaos der Desintegration kann ebenso 'schlimm' sein wie die Unzuverlässigkeit der Umwelt, aber es hat den Vorteil,

... hervorgebracht und daher nicht umweltbedingt zu sein (Winnicott 1974, zit.n. Auchter 1989, 164).

Hierin kann auch die Wurzel für den Gestaltzerfall im autistischen Syndrom schizophrener Erwachsener gesehen werden. Erwachsene mit einer psychotischen Struktur konnten als Kleinkind nur eine sehr brüchige Mutter-Kind-Beziehung internalisieren. Diese innere Objektbeziehung können sie gegenüber äußeren Getrenntheitserlebnissen häufig nicht aufrecht erhalten. Vor dem Verlust oder Zerfall der inneren Beziehung versuchen sie sich zu schützen, indem sie durch präventive Zerstörung der Beziehung das Erleben von Getrenntheit vermeiden. Dazu unterdrücken sie genau jene ganzheitlichen Wahrnehmungsfähigkeiten, die dem Erleben und der Verinnerlichung der primärganzheitlichen Interaktionsrepräsentationen zugrundeliegen und zugleich die Wahrnehmung der Getrenntheit bewirkten. Sowohl in der inneren wie in der phänomenalen Welt wird die Repräsentation gestaltförmiger Einheiten vermieden und an deren Stelle Chaos und bizarre Rigidität gesetzt. Der Schizophrene erzeugt sich so eine phänomenale Welt, die seiner inneren Welt entspricht.

Der Schizophrene ist auf das präverbale Entwicklungsniveau regrediert, von dem Tustin (1988) ähnlich wie Reiff (1987) annimmt, daß auf diesem das Ich-Erleben qua Veräußerlichung expliziert wird. Sie vermutet, daß dabei die formbildenden Prädispositionen, die »psychobiologischen Gestalten«, der Formierung und Strukturierung der inneren Zustände dienen. »Die formbildenden Prädispositionen geben ein Mittel an die Hand, um 'Ich'-*Empfindungen* in *Wahrnehmungen* der 'Nicht-Ich'-Außenwelt zu verwandeln« (Tustin 1988, 158). Insofern sind 'Formen' »das primäre Mittel, mit dem wir sowohl unsere Innenwelt als auch unsere Außenwelt erschaffen« (120).

Tustin vermutet, daß es elementare Formen der angeborenen »psychobiologischen Gestalten« gibt. Als solche elementaren Formen sieht sie neben rhythmisch-musischen Formen vor allem geometrische Formen an.

Geometrische Figuren, eine spezifische Art der »angeborenen Formen«, tragen dazu bei, Ordnung in die Tast- und Sehempfindungen zu bringen, wenn das Getrenntsein von der Mutter zur Kenntnis genommen wird. Andernfalls würde der Raum als formlose Leere und die hereinströmenden Empfindungen simultan und ungeordnet erlebt werden (163). Somit strukturieren geometrische Formen in spezifischer Weise Empfindungsmuster, die durch Berühren und Sehen entstehen, und verwandeln sie so in Wahrnehmungsinhalte und Begriffe, die sich auf die Eigenschaften des Raumes beziehen (158).

Unter den geometrischen Formen sieht Tustin wiederum Kreis und Dreieck als die elementarsten Formen an. Die Prädominanz dieser Formen im menschlichen Früherleben wird auch von der Gestaltpsychologie unter dem Prägnanzprinzip beschrieben, welches jedoch nicht auf Kreis und Dreieck allein begrenzt ist:

In der kindlichen Welt ist das *Prägnante*, u.a. das durch besonders regelmäßige und einfache Form ausgezeichnete (Kugel, Kreis, Quadrat usw.) in sehr viel stärkerem Maß als später aus der Mannigfaltigkeit des Gleichgültigen und Unregelmäßigen herausgehoben (Metzger 1975, 330).

Tustin hebt Kreis- und Dreiecksfiguren deswegen nochmals aus den prägnanten geometrischen Figuren heraus, weil ihrer Meinung nach Kreis und Dreieck allgemein als ikonische Zeichen für die primären Objektbeziehungen verwendet werden:

Der Kreis scheint eine vorsprachliche Ausdrucksweise dieser Erfahrung des Sich-gehalten-Fühlens - des Umkreistseins - durch das nährende Ambiente mit dem Säugling als Mittelpunkt und Zentralfigur zu sein. Der Kreis ist Ausdruck dieses Gefühls immerwährenden Gehaltenseins und immerwährender Zufriedenheit. Die eckige Figur mit Spitzen verkörpert die Störung dieser als ewig empfundenen Kreislage. ... Ein Grund dafür besteht darin, daß die Situation (die Zwei-Linien oder Zwei-Körper-Situation), in der ausschließlich Mutter und Kind zusammen sind, von anderen ins Bewußtsein dringenden Linien (anderen Körpern) gestört wird. Ein weiterer Grund besteht darin, daß dort, wo sich die unabhängigen Linien verbinden, die Idee von Endpunkten sowie von plötzlichen, abrupten Richtungsänderungen ins Spiel kommt (160).

Während der Kreis eine ikonische Figur für symbiotische Beziehungsqualitäten darstellt, ist das Dreieck ein wichtiges vorsprachliches Zeichen für Diskontinuitäten und Unterbrechungen im Kontakt zur Mutter. Solche Diskontinuitäten und Unterbrechungen können auch durch einen Dritten ausgelöst werden, der in der Phase der frühen Triangulierung die primäre Dualunion erweitert und hierdurch dem Kind bei der Loslösung von der Mutter behilflich sein kann. Für die mit der Vergegenwärtigung des Dritten verbundenen Empfindungen stellt das Dreieck ebenfalls eine naheliegende ikonische Repräsentationsform dar.

Diese spezifisch-semiotische Funktion von Kreisen und dreiteiligen Figuren zeigt sich auch in den Zeichnungen von Kindern, sobald sie in ihrer sensomotorischen Entwicklung dazu in der Lage sind (Bischof 1989b). Kreisfiguren sind die ersten Zeichnungen, die von Kleinkindern kontrolliert zu Papier gebracht werden (Bischof 1989b). Kreisfiguren bilden eine geschlossene Grenze, die die Figur vor der Auflösung schützen. Sie verweisen auf eine innere Repräsentation von Grenzen und sind damit Ausdruck einer ersten intrapsychischen Struktur (Blatt & Lerner 1985). Sie reflektieren das sich herausbildende Selbst-Gefühl des Kindes (Bischof 1989b). Wie wir inzwischen wissen, basiert das Selbst-Gefühl auf Wahrnehmungen des Getrennt- und des Gehalten-Seins, was beides in der Kreisfigur zum Ausdruck kommt. Späterhin zeichnen Kinder häufig dreiteilige Gebilde, in denen sich das Ende der exklusiven Beziehung zur Mutter und die Vergegenwärtigung des Vaters als eigenständige dritte Beziehungsperson abbildet (Bischof 1989b).

An dieser inneren Bedeutung von Kreis- und Dreiecksfiguren stellt sich nochmals dar, wie sich die innere Welt in der phänomenalen Welt expliziert. Im folgenden Kapitel soll der Versuch unternommen werden, die bis zu dieser Stelle zusammengetragenen Materialien und Gedanken zu einer theoretischen Gestalt zusammenzuschließen.

10. Gestalt-Schluß - Versuch einer metapsychologischen Integration

Zur Entwicklung von innerer und phänomenaler Welt

In den beiden vorangehenden Kapiteln wurde aufgezeigt, wie die innere Welt aus der phänomenalen Welt hervorgeht und im Prozeß ihrer Konstitution bereits beginnt, auf die phänomenale Welt zurückzuwirken. Die in der inneren Welt gebildeten mentalen Strukturen identifizieren in der phänomenalen Welt Zeichen ihrer selbst. Die phänomenale Welt wird für die innere Welt zu einer Zeichenwelt. Aktuelle Wahrnehmungen, die früheren in die ersten Repräsentanzen eingegangen Wahrnehmungen entsprechen, vermögen diese Repräsentanzen zu aktivieren. Aus dem Entsprechungsverhältnis wird ein Ansprechungsverhältnis.

In diesem Vorgang verbinden sich Transponierungen mit Induktionen vom Teil auf das Ganze. Die Transponierung von Wahrnehmungskonfigurationen basiert auf der abstrakten Repräsentation ihrer internen Struktur. Deshalb können auch solche aktuellen Wahrnehmungen den Charakter indexikalischer Zeichen erhalten, die mit den originalen in die Repräsentanzen eingegangen Wahrnehmungen nicht identisch sind, aber eine vergleichbare interne Struktur aufweisen. Solche Wahrnehmungskonfigurationen, die einem spezifischen Teil einer »generalisierten Interaktionsrepräsentation« entsprechen, vermögen diese als Ganze zu aktivieren. Diese Induktion vom Teil auf das Ganze ist ebenfalls ein aus der Wahrnehmung bekannter Vorgang. Die Wahrnehmungsorganisation erzeugt häufig auch dann die Repräsentation einer ganzen Figur, wenn von dieser objektiv nur ein Teil zu sehen ist. Durch ein sinnlich aufgenommenes Teil wird ein inneres Ganzes evoziert.

Mit der Bildung der ersten »generalisierten Interaktionsrepräsentationen« werden diese durch neuere Wahrnehmungen wieder aktiviert und dabei modifiziert. Die Aktivierung von »generalisierten Interaktionsrepräsentationen« verleiht den evozierenden Wahrnehmungen »rückwirkend« eine spezifische Bedeutung. Auf diesem Wege wird die »Welt der wahrnehmbaren Formen im Sinn der Gestaltpsychologie durch die gefühlsmäßige Bedeutung der menschlichen Beziehung mitumfaßt« (Meltzer 1989, 24). Die phänomenale Welt gerät in die Dynamik der inneren Welt. Diese Verschränkung von innerer und phänomenaler Welt intensiviert sich mit der Erweiterung der indexikalischen Zeichenfunktion um die ikonische Zeichenfunktion. Während indexikalische Zeichen Vorgänge in der inneren Welt auslösen, was sie eigentlich erst rückwirkend zu indexikalischen Zeichen macht, setzen sich über ikonische Zeichen Vorgänge der inneren Welt in die phänomenale Welt um. Wie auf diese Weise die innere Welt die Konstruktion der phänomenalen Welt beeinflußt oder gar bestimmt, soll in diesem Kapitel nach einigen grundlegenden Vorklärungen systematisch zusammengefaßt werden.

Die Untersuchung der Wahrnehmungsprozesse autistischer Kinder zeigte schließlich, daß emotionale Beziehungen nicht erst nach der Bildung der ersten Repräsentanzen die Wahrnehmung »mitumfassen« (Meltzer 1988), sondern schon bei der Entfaltung der angelegten Wahrnehmungsfähigkeiten eine wesentliche Rolle spielen. »Voraussetzung für die Entfaltung des »gegenständlichen Wahrnehmungsbewußtseins«« (Loch 1989a, 39) ist eine Beziehung zu einem zuverlässigen und verständnisvollen Objekt, das ein basales Gefühl von Sicherheit vermittelt.

Die dem Säugling von Geburt an gegebene differenzierte Wahrnehmungsorganisation konfrontiert ihn mit einer Fülle von Wahrnehmungen und Gefühlen, die er vorher noch nie erlebt hat und die ihm daher nicht sofort ihren Sinn offenbaren. Ihm fehlen noch die strukturierenden Konzepte, um seine differenzierten Wahrnehmungen auch emotional verarbeiten zu können (Pine 1985). Hierfür ist er auf die verständnisvolle Unterstützung einer real präsenten Mutterperson angewiesen. Auch deshalb ist für ihn die Wahrnehmung der physischen Getrenntheit von der Mutter besonders schmerzhaft. Gerade diese schmerzhafte Wahrnehmung kann nur durch eine besonders enge emotionale Verbindung zu ihr ertragen werden. Fehlt dem Säugling eine solche basale emotionale Unterstützung, wie das für psychogen autistische Kinder angenommen wird, dann versucht der Säugling sich selbst vor Wahrnehmungen zu schützen, die er emotional nicht alleine verarbeiten kann. Autistische Kinder vermeiden den Blickkontakt und deformieren die Vielseitigkeit ihres Wahrnehmungsvermögens zu einer extrem verzerrenden Einseitigkeit. Sie engen die Weite ihres Blickfeldes auf einen röhrenförmigen Ausschnitt ein, der ihnen leicht überschaubar und kontrollierbar erscheint.

Wie Spitz (1972) in seinen Untersuchungen mit hospitalisierten Kindern zeigen konnte, kann das Fehlen einer stabilen und unterstützenden Beziehung sich bis hin zu neurophysiologischen Schädigungen auswirken. Manche der von Spitz beobachteten Kinder, die eine ähnliche Kontaktabwehr zeigten wie autistische Kinder, starben sogar aufgrund solcher neuronaler Degenerationen. Die neurobiologische Organisation des Babys ist folglich nicht nur zu ihrer Entfaltung, sondern auch zu ihrer Erhaltung auf emotionale Beziehungen angewiesen:

> Für die Ontogenese gilt als ... Organisationsindikator, daß ein mit besonderem 'Wert' ausgestattetes spezifisches Objekt zum Katalysator der strukturierenden Organisation wird. Im Sinne der Neurobiologie würde dies bedeuten, daß durch Wiederholungen bestimmter wiederkehrender Zustandsveränderungen (emotionale Zuwendungen, Nahrungssicherung, Pflege, Hautkontakt etc.) neuronale Relationen entstehen, die eine vorläufige Invarianz von Strukturen bilden. ... Diese Invarianz wiederholbarer Erfahrungen bleibt eine Invarianz der Relation Organismus-Umwelt, die jedoch nicht einfach eine Invarianz der physikalischen Parameter darstellt, sondern der Organismus reguliert duch Interaktionen mit der Umwelt, durch die er Informationen aus dieser selektiert, sein Verhalten auf eine Weise, die zur *Sicherung* seines Überlebens weitere Interaktionen erlaubt. Dadurch erzeugt das Lebewesen Sinn, 'und durch seine Schaffung von Sinn erzeugt es Realität' (Maturana 1982, 137) (Brocher & Sies 1986, 85f).

Das Baby kann den ihm von seiner Wahrnehmungsorganisation vermittelten Interaktionserlebnissen zunächst nur sehr begrenzt Sinn verleihen, weil ihm dazu noch die mentalen Strukturen fehlen. Es hat noch keine »innere Welt der Beziehungen« aufbauen können, in der »Sinn erzeugt und auf Beziehungen in der Außenwelt ausgedehnt wird« (Meltzer 1988, 42). Deshalb muß zunächst die Mutter die Bearbeitung der emotionalen Erfahrungen für das Baby übernehmen. Diese psychische Funktion der Mutter für das Baby wurde erstmals von Bion herausgestellt. Auf der Grundlage seiner klinischen Arbeit mit Schizophrenen kam er zu dem Schluß, daß eine haltgebende emotionale Unterstützung durch eine primäre Beziehungsperson nicht nur versorgende und dienende Aspekte beinhaltet, sondern auch die Übernahme psychischer Verarbeitungsprozesse für den Säugling umfaßt. Weitere Belege für diese Hypothese ergaben sich auch aus der klinischen Arbeit mit autistischen Kindern (Meltzer 1988, Tustin 1988, 1989). Da das Baby zur emotionalen Verarbeitung all seiner differenzierten und komplexen Wahrnehmungen und Erlebnisse noch nicht in der Lage ist, muß »die Mutter und ihre Psyche ... die Funktion des Denkens, das heißt des Verstehens, Beurteilens, Klärens, Orientierens für das Baby übernehmen« (Beland 1990, 4). Schließlich lernt es diese psychischen Funktionen selbst auszuüben, indem es die Mutter - genauer »das Verstehenspaar« (Beland 1990, 4) - internalisiert. Wenn keine primäre sinnerzeugende Objektbeziehung internalisiert werden konnte, wird die Welt als chaotisch und sinnlos erlebt, wie dies bei autistischen Kindern der Fall ist.

Es läßt sich vermuten, daß sich diese stellvertretende Ausübung psychischer Verarbeitungsprozesse durch die Mutter und die sukzessive Internalisierung dieses Vorgangs durch das Baby in jenen von Stern (1985) als »Affektabstimmung« beschriebenen Austauschprozessen zwischen Mutter und Kind abspielt. Das Baby projiziert seine ihm neuen emotionalen Erfahrungen in die Mutter, indem es via Ausdrucksverhalten ein Zeichen seines inneren Zustandes an die Mutter sendet. Das »träumerische Ahnungsvermögen« (Bion) der Mutter ermöglicht ihr, den emotionalen Zustand des Babies in sich aufzunehmen und ihm in verarbeiteter Form zurückzugeben. Die innere Bearbeitung durch die Mutter zeigt sich darin, daß sie das Ausdrucksverhalten des Babys in einer anderen Modalität beantwortet. Diese Transponierung in eine andere Modalität läßt das Baby die gemeinsame invariante Struktur erkennen, die es nun als mentale Interaktionsrepräsentanz in sich anlegen kann. Die internalisierte Interaktionsstruktur steht ihm nun für die Verarbeitung vergleichbarer zukünftiger Erfahrungen zur Verfügung.

Im Erkennen der gemeinsamen Struktur des ausgesendeten und zurückerhaltenen Ausdrucksverhaltens erlebt das Kleinkind wiederum seine eigene Organisation, was zu dem »Gefühl des auftauchenden Selbst« beiträgt. In diesem Vorgang der Affektabstimmung ist das Erleben der eigenen Organisation untrennbar eingebunden in das Erleben eines dyadischen Prozesses. Über die fortlaufenden dyadischen Verarbeitungsprozesse internalisiert das Baby allmählich auch das Ganze dieses Prozesses als innere »Metastruktur«, die es ihm ermöglicht, zukünftig auch neue emotionale Erfahrungen alleine zu verarbeiten. Diese »Metastruktur« ist die Objektbeziehungsrepräsentanz des Mutter-Kind-Verstehenspaares. Sie ist zunächst eine tendenziell verschmolzene Selbst- und Objektrepräsentanz. Erst wenn diese Struktur es dem Baby ermöglicht, die bis dahin von der Mutter übernommenen psychischen Funktionen selbst auszuüben, kann sich die differenzierte Repräsentation von Selbst und Mutter in der phänomenalen Welt auch in differenzierten Repräsentanzen von Selbst und Mutter in der inneren Welt niederschlagen.

Diese Überlegungen decken sich mit dem empirischen Befund der Kleinkindforschung, daß »die Mutter als letzte unter den Personen der Umgebung als jemand erlebt wird, von dem es ein Vorstellungsbild gibt, das auch bei Nichtvorhandensein eines Wahrnehmungsreizes und einer Affekt-Handlungs-Reaktion existiert« (Lichtenberg 1990, 895). Weil die Mutter für das Kind zunächst mit ihm in ein einheitliches Verstehenspaar eingebunden ist, wird sie erst als letzte »erkannt« (Lichtenberg 1990). Das Kleinkind wird »sich mit dem Problem ihrer Getrenntheit zuallerletzt durch die Schaffung eines Bildes auseinandersetzen, das im Gedächtnis festgehalten und in ihrer Abwesenheit erfahren werden kann« (Lichtenberg 1990, 895). Vor der Bildung einer solchen Repräsentanz ist das Baby noch angewiesen auf die reale Präsenz der Mutter, die für es seine emotionalen Erfahrungen verarbeitet. Das Baby internalisiert schließlich sukzessive die Mutter und ihre psychischen Verarbeitungsfunktionen als Repräsentanz seiner Objektbeziehung zu ihr. Dieser Separationsprozeß konstituiert einen »inneren psychischen Raum« (Green). »Die Separation führt dazu, daß das mütterliche Objekt in seiner Eigenschaft als Objekt der Verschmelzung ausgelöscht und zur rahmengebenden Struktur des Ich wird« (Green, zit.n. Kittler 1991, 114).

Die Objektbeziehungsrepräsentanzen »bilden sich gemäß der Vorgänge, die den jeweiligen Entwicklungsstufen eigentümlich sind. Ihre 'Niederschrift' entspricht also der gerade herrschenden perzeptuellen und kognitiven Modalität« (Loch 1988, 63). Die Bildung der ersten Repräsentanzen ereignet sich in einer »Schicht im Seelenleben ..., die dem 'eigentlich Unbewußten' S. Freuds (1938, 82) entspricht. Für diese Schicht wären die enaktiven und bildmäßigen Modalitäten der Kodierung der Erlebnisse ausschlaggebend« (Loch 1988, 63). In der ikonisch-bildmäßigen Form sind insbesondere »diejenigen Erfahrungen repräsentiert ..., die zum frühen Selbst gehören« (64).

Aus den referierten Untersuchungen mit normalen und autistischen Kindern ergab sich, daß »formbildende Prädispositionen« (Tustin 1988) der Wahrnehmungsorganisation den frühen Empfindungen eine Struktur geben, indem diese in Formen der Außenwelt ikonisch-bildhaft dargestellt werden. Bei der Übersetzung der frühen Empfindungen in Wahrnehmungen der Außenwelt wirken die Gestaltprinzipien der Wahrnehmungsorganisation strukturierend ein. Über die Re-Internalisierung der in der phänomenalen Welt strukturierten Empfindungen erweisen sich die Gestaltprinzipien so als basales Konstruktionsprinzip nicht nur der phänomenalen sondern auch der inneren Welt. Die Strukturierung der frühen Repräsentanzen entspricht der Strukturierung der in sie eingegangenen sensorischen Inhalte (Imbasciati 1989).

Die primären Repräsentanzen werden zwar immer wieder inhaltlich modifiziert, ihre Modalität bleibt jedoch bewahrt, weil »sie unsere Kontinuität garantiert« (Loch 1988, 64). Mit der Kontinuität der bildhaften Modalität der primären Repräsentanzen geht auch eine Kontinuität der gestalthaften Konstruktionsprinzipien als basale Organisationsmodi der inneren Welt einher. Diese Konstruktionsprinzipien strukturieren maßgeblich die weitere Entwicklung der inneren Welt. Nach ihnen werden die räumlich-situativen »RIGs« (Stern), d.h. die Teilobjektrepräsentanzen, zu ganzen personalen Objektrepräsentanzen integriert, wenn der Erwerb der Sprachsymbole dies ermöglicht. Damit scheint mir auch der Zusammenhang aufgedeckt, auf den die begrifflichen und theoretischen Affinitäten zwischen Gestaltpsychologie und Objektbeziehungstheorie verweisen. Er findet sich in bestätigender Weise erneut bei einer gestaltlich-objektbeziehungstheorischen Analyse des Ichs, dessen wesentlicher Funktion, der Abwehr und bei der Funktionsweise der Abwehr, dem Primärprozeß.

Das Ich, die Abwehr, der Primärprozeß und ihre Bezüge zur Wahrnehmung

Aus objektbeziehungstheoretischer Sicht basiert das Ich auf verinnerlichten Objektbeziehungen. Kernberg (1988), der sich um eine Integration von Objektbeziehungstheorie und Ich-Psychologie bemüht, bezeichnet die Objektbeziehungsrepräsentanz als »essentiellen Ich-Organisator«. Vor dem Hintergrund dieser Konzeption des Ichs und den in dieser Arbeit referierten Befunden über die Rolle der Wahrnehmung bei der Genese der Objektbeziehungsrepräsentanzen erhält eine metapsychologische Annahme Freuds beträchtliche Evidenz. Freud nahm an, daß sich das »Ich ... aus dem W-System [Wahrnehmungssystem, B.W.] als Kern entwikkelt« (1923, 251).

Der erkenntnistheoretische Status des Ichs ist der eines Konstrukts (Loch 1989a). Es existiert ausschließlich als Funktionsprozeß. Der Begriff des Ichs kann als »hypothetische Metapher angenommener Strukturen eines seelischen Apparates« (Brocher & Sies 1986, 81) bezeichnet werden. Das Ich gilt als »*Organ der Anpassung*«, welches der »*Selbsterhaltung*« dient (Loch 1989a, 38). Das Ich verfügt über verschiedene Apparate oder Funktionen. Zu diesen gehören autonome, primär von Konflikten unabhängige Ich-Apparate wie die Wahrnehmung, die Motorik und die Intelligenz, die unmittelbar der Anpassung an die Umwelt dienen. Von diesen lassen sich konfliktabhängige Funktionen des Ich unterscheiden, wie in erster Linie die Abwehr, die primär der Anpassung in der inneren Welt dient. Abwehrvorgänge sind ein komplexes, affektiv-kognitives Regulationsgeschehen, das dynamisch unbewußt verläuft. Ihnen liegen Konflikte zwischen widersprüchlichen Einheiten von Selbst- und Objektrepräsentanzen zugrunde (Kernberg 1988). Wie das Ich im allgemeinen, wird auch die Abwehr im besonderen durch innere Objektbeziehungen organisiert. Welcher Abwehrmodus zur Regulation des inneren Gleichgewichts jeweils eingesetzt wird, ist abhängig von den involvierten Objektbeziehungsrepräsentanzen.

Die Abwehrstrukturen werden »über Primärprozesse aufgebaut« (Loch 1989a, 44). Der Primärprozeß ist die Funktionsweise des Unbewußten.

Die primärprozeßhafte, »unbewußte Bearbeitung [ist] nichts anderes als der infantile Typus der Denkarbeit« (Freud 1905, 194), es ist ein unbewußtes »Denken in Bildern« (Freud 1923, 248). Insofern ist dem Primärprozeß ebenfalls die ikonische Repräsentationsform eigen (Loch 1988). Weiterhin zeichnet er sich durch die beiden Funktionsprinzipien der Verdichtung und Verschiebung aus, die sich - wie zu zeigen sein wird - aus seiner bildhaften Modalität ableiten lassen.

Die bildhafte Modalität des Primärprozesses wird auch durch neuere Erkenntnisse der Neuropsychologie belegt. Auf deren Grundlage lassen sich Primär- und Sekundärprozesse als zwei verschiedene semantische Formen begreifen (McKinnon 1979). Die semantische Form des Sekundärprozesses ist »auditorisch-sequentiell«, die des Primärprozesses »visuell-räumlich« (McKinnon 1979). Im Primärprozeß werden psychologische Elemente so angeordnet, »als ob sie Teile eines visuellen Bildes wären, welche simultan im Raum zu einem Ganzen zusammengesetzt werden. ... Die Bedeutung einer solchen Anordnung liegt nicht in ihren Teilen, sondern in deren simultanen Integration zu einem komplexen Ganzen« (McKinnon 1979, zit.n. Lichtenberg 1983, 136). »Die Simultaneität wird erzeugt durch Verschiebungen, bei denen eine Einheit durch eine andere substituiert wird, und Verdichtungen, bei denen verschiedene Elemente räumlich zusammen-fallen« (Lichtenberg 1983, 228)[58].

Verschiebung und Verdichtung, die beiden grundlegenden Funktionsmodi des Primärprozesses, sind ebenso grundlegenden Prinzipien der Wahrnehmungsorganisation analog. Der Vorgang der Verschiebung entspricht der Transponierung einer Wahrnehmungskonfiguration in strukturähnliche Konfigurationen gleicher oder auch anderer Modalität. Schumacher (1971) beschrieb den Vorgang der Verschiebung »als Transponierung einer Gestalt oder Teile von Gestalten auf andere« (170). Wegen seiner ungegliederten und unbestimmten Repräsentationsform, die dem frühkindlichen ganzheitlichen Erleben entspricht, kann der Primärprozeß auch »Transponierungen auf Gebilde vornehmen, die dem reifen Erleben hierfür völlig indisponent erscheinen würden« (170). Verschie-

58 Übersetzungen der Zitate in diesem Absatz: B.W.

bungen erfolgen also nicht völlig beliebig - wie die energetische Erklärungshypothese behauptet - aus dem Drang zu sofortiger Spannungsabfuhr heraus, die die Triebbesetzung an jedes Objekt anheften läßt, das eine Befriedigung zu versprechen scheint. Vielmehr erfolgen sie entlang strukturanaloger Konfigurationen. Formal stellen sie einen kognitiven Vorgang dar, der der Transponierungsfähigkeit der Wahrnehmungsorganisation entspricht. Der Drang zur Spannungsabfuhr kann jedoch eine motivationale Grundlage sein, die je nach Ausprägung die Genauigkeit der Transponierung zu moderieren vermag.

Die Verdichtung korrespondiert jenem Vorgang der Gestaltwahrnehmung, bei dem verschiedene Elemente aufgrund ihrer Nähe, ihrer Ähnlichkeit oder der ihnen zugeschriebenen Bedeutung zu einem Perzept »zusammen-fallen« (Lichtenberg 1983). Die für den Primärprozeß typischen Verdichtungen entsprechen dem Niveau der kindlichen Gestaltwahrnehmung, d.h. der »Fähigkeit, Ganzgestalten zu bilden, und zwar unter weitgehender Vernachlässigung der hierzu verwendeten Einzelteile, in diesem Falle durch einfache Verschmelzung derselben« (Schumacher 1971, 170). Es sind die im Primärprozeß persistierenden Qualitäten des frühkindlichen Erlebens, welche die Bildung solch primitiver Ganzgestalten ermöglichen. Auf einer höheren Differenzierungsstufe, die im späteren Erleben den Modus des Sekundärprozesses hervorbringt, erscheinen die in der Verdichtung zusammengeschmolzenen Elemente häufig unvereinbar.

Die beiden Charakteristika des Primärprozesses, »daß dem primären Perzept analoge Perzepte leicht ersatzweise besetzt und womöglich zudem mehrere Perzepte zu einem zusammengeschmolzen werden« (Loch 1989a, 33), entsprechen den Gestaltprinzipien der Wahrnehmungsorganisation. »Es handelt sich ausnahmslos um primitive gestaltliche Modifizierungen, um Zusammenziehungen, Umwendungen oder auch sonstige Abänderungen an einfachen Ganzgebilden. Sie werden dadurch möglich, daß das primäre Auffassungsfeld [welches auch dem Primärprozeß eigen ist, B.W.] noch ungefügt, undifferenziert, eben ganzheitlich organisiert ist« (Schumacher 1971, 171). Die von Schumacher so genannten »primitiven gestaltlichen« Erlebnisqualitäten sind die der Wesenseigenschaften. Hierin trifft sich seine Argumentation mit der von Bischof (1989a,

1989b), der von gestaltpsychologischer Seite die Erlebnisqualitäten der Wesenseigenschaften dem Primärprozeß gleichstellte.

An dieser Stelle können auch die Hinweise aus der Kleinkindforschung auf die Herkunft der Abwehr aus der Wahrnehmungsorganisation wieder aufgegriffen werden. Da die »Abwehrstrukturen über Primärprozesse aufgebaut werden« (Loch 1989a, 44), liegt es nahe, daß auch diese den Organisationsmodi der frühkindlichen Wahrnehmung entsprechen: »In beiden Fällen werden ähnliche Funktionen erfüllt, normale wahrnehmungsbezogene ... Mechanismen werden für aversive (Abwehr-)zwecke benützt« (Lichtenberg 1991, 94). Alle Abwehrmechanismen lassen sich formal auf die beiden Funktionsmodi des Primärprozesses, Verschiebung und Verdichtung, zurückführen:

Vom Ich, vom Subjekt und dem Erhalten seiner (zumindest) Minimalfunktion imponiert Abwehr als eine 'Verschiebung' der seelischen Tätigkeit auf jeweils diejenige intrapsychische wie interpersonale Interaktionsform, die unter den herrschenden Umständen die psychosexuelle Ökonomie des Subjekts optimiert und so seine Identität zu wahren versucht. Bei der Gruppe der 'Internalisierungen' und 'Projektionen' handelt es sich dabei um 'Verschiebungen der Richtungen', d.h. um Verschiebungen auf der Raumachse (z.B. von 'innen' nach 'außen' und umgekehrt). Bei der Gruppe der Regression um 'Verschiebungen' auf der Zeitachse; bei den Abwehrformen der 'Spaltung und Verleugnung' um solche auf der Zahlenachse (z.B. 'gutes' und 'böses' Objekt, Verleugnung der Wahrnehmung etc.); im Falle von Abwehrformen, die 'Bedeutungen' und 'Affekte' betreffen, handelt es sich um 'Verschiebungen' auf einer Achse von 'Ähnlichkeit und Differenz' (z.B. Symbolisierungen, Verdichtung und Darstellung durch das Gegenteil, durch Verschiebung von unten nach oben usw.) (Loch 1989a, 60).

Für all diese Abwehrformen gilt daher dasselbe, was Schumacher (1971) über die Verschiebung und Verdichtung aussagte, nämlich daß es sich bei ihnen um »gestaltliche Modifizierungen« handelt[59]. Die von Loch ge-

59 Diese Sichtweise dürfte M. Wertheimer vorgeschwebt haben, als er in dem ihm von E. Levy erläuterten Vorgang der Affektverschiebung »ungeheuere Möglichkeiten« (E. Levy 1990, persönliche Mitteilung) erkannte (s. Kap.2). Es dürfte deshalb wohl auch kein Zufall gewesen sein, daß E. Levy Wertheimer ausgerechnet den Mechanismus der Verschiebung nahezubringen versuchte und Wertheimer sich diesem Bestandteil der psychoanalytischen Theorie am ehesten öffnen konnte.

nannten »Abwehrformen auf der Zahlenachse« lassen sich noch um die Verneinung ergänzen: »Gestaltlich gesehen eine ebenfalls höchst einfache Modifizierung. Sie besteht sozusagen lediglich in einer Veränderung des Vorzeichens« (Schumacher 1971, 171).

Der Primärprozeß ist die Funktionsweise der Abwehr im besonderen und des Unbewußten im allgemeinen. Sofern der Begriff des Unbewußten systematisch verstanden wird, wie dies Freud in Revision seines topologischen Modells in seiner Strukturtheorie tat, kann er mit dem objektbeziehungstheoretischen Konzept der inneren Welt gleichgesetzt werden (Meltzer 1988). Diese Gleichsetzung impliziert, daß auch die innere Welt primärprozeßhaft organisiert ist. Dies gilt zumindest für diejenigen Bereiche der inneren Welt, die ihr Fundament darstellen, d.h., die aus Internalisierungen frühkindlicher Erlebnisse hervorgingen und die deshalb auch in der bildhaften Modalität des frühkindlichen Erlebens kodiert sind. Doch auch die symbolisch strukturierten Repräsentanzen sind in ihrer »Bedeutung, freilich in verwickelter Weise, über viele Zwischenglieder, in einem Bereich nicht-sprachlicher Phänomene ... verankert« (Loch 1988, 56) und deshalb der primärprozeßhaften Bearbeitung zugänglich.

> Die [sprachliche, B.W.] Loslösung vom ursprünglich anschaulich-visuellen Handeln im Raum gelingt ... nur sehr begrenzt. ... Die ursprüngliche Herkunft der Sprache vom Anschauungsraum bleibt ... für immer erkennbar. Alle Begriffe, gerade auch die vermeintlich abstrakten, sind bei genauem Hinsehen Abbildungen von Handlungsvollzügen im Raum. So z.B. das Wort »Begriff«, »begreifen«, »erfassen« ... usw. ... Durch unsere Sprache bleiben wir für immer der bildhaften Anschaulichkeit des Primärvorganges verbunden (Schumacher 1971, 166f).

Die Strukturanalyse des Primärprozesses führt erneut zu der Auffassung, daß die phänomenale und die innere Welt gleiche Organisationsmodi aufweisen. Letztlich muß jedoch unklar bleiben, ob dieser Kongruenz eine umfassendere gemeinsame Organisationsmatrix zugrundeliegt, aus der die Organisationsmodi der inneren Welt ebenso unmittelbar hervorgehen wie die der phänomenalen Welt, oder ob sich die Funktionsmodi der inneren Welt über Internalisierungsvorgänge mittelbar aus der

Wahrnehmungsorganisation ableiten. Für die zweite Hypothese, daß die primärprozeßhaften Funktionsprinzipien ebenso internalisiert werden wie die Inhalte der inneren Welt und deren perzeptiv-kognitive Modalität, spricht ihre Konsistenz.

Die visuell-räumliche Form des Primärprozesses (McKinnon 1979) entspricht der ikonischen Repräsentationsform der dem frühen Selbst zugehörigen Erlebnisse (Loch 1989a). In Differenzierung der Hypothese Kernbergs, daß die innere Objektbeziehung der essentielle Organisator des Ichs ist, können die Objektbeziehungsprepräsentanzen des frühen Selbst, die zwar in ihrer Struktur immmer wieder modifiziert wurden, aber in ihrer Modalität gleich blieben, als spezifische Organisatoren des Primärprozesses begriffen werden. Jedes primärprozeßhafte Geschehen wird durch bildhaft kodierte Repräsentanzen organisiert. Jede Aktivierung dieser Repräsentanzen löst gleichzeitig primärprozesshafte Vorgänge aus.

Innere Welt, unbewußte Phantasien und ihre erlebnishafte Repräsentation

In der inneren Welt vollziehen sich fortwährend in der Form unbewußter Phantasien Transaktionen zwischen den Objektbeziehungsrepräsentanzen. Die unbewußten Phantasien bilden einen kontinuierlichen Prozeß innerer Problemlösungsversuche. In dieser »organisierten Funktion« (Sandler & Joffe 1969, 467) fallen die unbewußten Phantasien in den nicht-erlebnishaften Bereich. Dort sind sie »die Basis aller unbewußten und bewußten Denkprozesse« (Isaacs 1943, zit.n. Beland 1989, 93). Dazu gehören Gedanken, Vorstellungen, Imaginationen, Träume und Gefühle. Diese »Produkte des Phantasierens ... fallen in den (bewußten oder unbewußten) Erlebnisbereich« (Sandler & Joffe 1969, 467). Die unbewußten Phantasien sind von primärprozeßhafter Qualität und werden ebenfalls durch die inhaltlich zwar modifizierten, in ihrer Modalität aber gleichgebliebenen Repräsentanzen des frühen Selbst organisiert. Diese visuell-räumlich kodierten Strukturen bilden das Fundament der inneren Welt und sind über unbewußte Phantasien in alles psychische Geschehen involviert[60]. Als einmal erzeugte Strukturen gehen sie in der weiteren Entwicklung nicht mehr verloren, sondern werden lediglich überformt.

> Strukturen werden fortgesetzt auf der Grundlage des Erlebens modifiziert, doch diese Modifikation geschieht in Form der Überlagerung durch weitere Strukturen (die wesentliche Anteile der älteren beibehalten können). Eine wesentliche Komponente der überlagernden Strukturen besteht darin, daß sie Elemente enthalten, die die Verwendung der von ihnen überlagerten älteren Strukturen hemmen. ... Fortschreiten in der Entwicklung bedeutet allmähliche Hemmung früher strukturierter Aktivitätsmodi und deren Ersetzung durch revidierte Formen (Sandler & Joffe 1969, 475).

Die früheren Strukturen können jedoch wieder aktiviert werden und dann auch zugleich die späteren hemmen, wenn mit den späteren Strukturen eine vergleichsweise weniger befriedigende Anpassungslösung verbunden ist. Jedem Anpassungsvorgang geht »eine schnell-rekapitulierende Durchsicht früherer Lösungen voran« (Sandler & Joffe 1967, 149). Dabei werden auch die tiefer liegenden persistierenden Strukturen »abgetastet« (Sandler & Joffe 1967) und zu ihrer versuchsweisen Testung temporär »angeschaltet« (Brocher & Sies 1986). Die Erprobung und Überprüfung der früheren Interaktionsstrukturen konstituiert den kontinuierlichen Problemlösungsprozeß der unbewußten Phantasie.

Die Überprüfung der Adaptivität der »abgetasteten« Strukturen erfolgt über (bewußte oder unbewußte) erlebnishafte Repräsentationen. »Veränderungen in der nicht-erlebnishaften Sphäre (werden) durch das Erleben vermittelt« (Sandler & Joffe 1969, 467). Als Beispiele einer solchen »Vermittlung« nennen Brocher und Sies (1986) »Angstsignale, psychosomatische Symptome, *Wahrnehmungsblockaden*, Stimmungen etc.« (23, Hervorhebung B.W.). Die Problemlöseprozesse in der inneren Welt werden reguliert durch »die Selbst-Wahrnehmung von Veränderungen« im erlebnishaften Bereich (Sandler & Joffe 1969, 465). Das Erleben dient dem »psychischen Apparat als Wegweiser« (467). Es enthält sowohl Repräsentationen der Außenwelt, die dem psychischen Apparat den Zu-

60 Ihre visuell-räumliche Kodierung bestätigt M. Kleins geographische Auffassung von der inneren Welt als einem seelischen Raum.

stand der Anpassung an die Außenwelt anzeigen, als auch Repräsentationen der inneren Welt, die dem psychischen Apparat den Zustand der intrapsychischen Anpassung anzeigen. Gleichzeitig versucht der psychische Apparat Konflikte der inneren Welt über erlebnishafte Repräsentationen auszuhandeln und zu lösen. Der erlebnishafte Bereich dient der inneren Welt gleichsam als »Bühne«, auf der sie ihre Problemlösungsversuche erprobt und überprüft.

Die in den erlebnishaften Bereich umgesetzten Problemlösungsprozesse werden bei befriedigendem Verlauf wieder reinternalisiert, um so eine Veränderung im nicht-erlebnishaften Bereich zu erzielen. Dieser Vorgang entspricht auf einer intrapsychischen Ebene dem Prinzip der projektiven Identifizierung, die sich auf der interpersonalen Ebene abspielt. Bei der projektiven Identifizierung wird ein Selbstanteil in eine andere Person hineinprojiziert, um ihn schließlich von dieser Person wieder identifikatorisch zu reinternalisieren. Auch die projektive Identifizierung dient der inneren Problemlösung. Für Bion ist sie der grundlegende Modus, mit dem das Baby seine neuen emotionalen Erfahrungen durch die Mutter bearbeiten läßt. Dieser Externalisierungs-Reinternalisierungs-Modus wird mit der verstehenden Mutter internalisiert und kann sich dann auch in der Welt der inneren Objekte abspielen (Meltzer 1988). Ebenso kann sich dieser ursprünglich interpersonale Modus auch intrapsychisch-intermediär zwischen innerer Welt und phänomenaler Welt abspielen. Die innere Welt projiziert mittels ikonischer Zeichen einen inneren Zustand in die phänomenale Welt, wo er bearbeitbar und verstehbar wird. Er muß nicht mehr von der Mutter aufgenommen und von ihr in bearbeiteter Form zurückgegeben werden, sondern kann über die ikonische Selbstexplikation selbst verstanden werden. Schließlich werden diese erlebnishaften Vollzüge des Problemlösungsprozesses reinternalisiert, um so eine Strukturveränderung zu erzielen. Dieser intrapsychisch-intermediäre Externalisierungs-Internalisierungsvorgang wird notwendig, wenn Anpassungsaufgaben eine Modifikation bestehender Strukturen erfordern.

Die Umsetzung nicht-erlebnishafter Konfigurationen in den erlebnishaften Bereich muß in der »Währung« erfolgen, in der sie in der inneren Welt angelegt wurden, also meist räumlich-bildhaft. Die direkteste Form einer solchen Umsetzung des Geschehens in der inneren Welt in die phänomenale Welt ist der Traum. Bis auf wenige subliminale Wahrnehmungen bestimmt sich sein Inhalt allein aus Transaktionen der inneren Welt. Im Traum inszeniert sich die innere Welt, indem sie »Formen und Funktionen aus der Außenwelt übernimmt, sie mit Wörtern aus der Außenwelt vermischt und sie benützt, um die *Bedeutung* emotionaler Erfahrungen darzustellen« (Meltzer 1988, 48). Im Traum konzentriert sich das psychische System auf die Bearbeitung der am Tage ausgelösten unbewußten Phantasien, die am Tage nicht ausreichend bearbeitet werden konnten, weil sie im Interesse der Realitätsanpassung gehemmt wurden. Diese Konzentration auf die inneren Problemlösungsprozesse wird durch den Schlaf ermöglicht, da in ihm »die anderen psychischen Prozesse der Beschäftigung mit der Außenwelt ruhen« (Meltzer 1988, 104). Im Schlaf steht die phänomenale Welt uneingeschränkt der szenischen Verbildlichung, Erprobung, Bearbeitung und Überprüfung innerer Transaktionen zur Verfügung.

Im Traum wird die phänomenale Welt maximal durch die innere Welt determiniert. Den Gegenpol einer minimalen Determinierung der phänomenalen Welt durch die innere Welt bildet die »störungsfreie« Wahrnehmung. Zwischen diesen beiden Polen erstreckt sich ein Kontinuum zunehmender bzw. abnehmender Determinierung der phänomenalen Welt durch die innere Welt. Dieses Kontinuum durchzieht das »Übergangsfeld von Vorstellung, Traum, Halluzination und Wahrnehmung« (Stadler & Kruse 1990, 143).

Wahrnehmung und Traum, die beiden Pole minimaler und maximaler Determinierung der phänomenalen Welt durch die innere Welt, sind an Wach- und Schlafzustand gebunden und wechseln sich mit diesen Zuständen ab. Im Schlaf ist die Wahrnehmung primär gehemmt, durch die geschlossenen Augen und die Anhebung der Bewußtseinsschwelle gegenüber akustischen, olfaktorischen und taktilen Außenreizen. Sie wird also nicht erst durch die Traumimpulse aus der inneren Welt gehemmt. Bei den Vorstellungen, Wahrnehmungsverzerrungen und Halluzinationen ist dagegen die Wahrnehmung nicht primär gehemmt, sondern wird durch Impulse aus der inneren Welt, die sich in das Wachbewußtsein umsetzen, zurückgestellt, umgestaltet oder ausgeschaltet. Die Zurückstellung der

Wahrnehmung bei Vorstellungen oder Phantasien ist in der Regel jederzeit willentlich oder durch bedeutsame Signale aufhebbar. Dies ist der Fall, wenn die »reflexive Selbstrepräsentanz« (Schafer 1968, zit.n. Beland 1989, 91) im Hintergrund erhalten bleibt, d.h. dem Individuum hintergründig bewußt ist, daß es sich gerade etwas vorstellt. Diese Zurückstellung der Wahrnehmung ist jedoch nicht mehr willentlich aufhebbar, wenn die »reflexive Selbstrepräsentanz« im Zuge einer anhaltenden tiefen Regression verloren ging und das Individuum seine Vorstellung für die Wirklichkeit hält.

Für Schafer basiert jede Abwendung von der Wahrnehmung auf der »Aufhebung der reflexiven Selbstrepräsentanz .... [als] wesentlichem Mechanismus« (Schafer 1968, zit.n. Beland 1989, 91). Diesen Mechanismus sieht er »gleicherweise in Tagträumen, Träumen, und in den Realitätsverzerrungen der Neurose, der Perversion und der Psychose« (91) gegeben. Das Vorstellungsgeschehen im Tagtraum oder der Phantasie unterscheidet sich jedoch von den halluzinatorischen Vorstellungen bei Psychosen durch die sofortige Rerversibilität dieses Mechanismusses:

> Der Tagträumer regrediert auf eine frühe Funktionsstufe, auf jenen Aspekt des Primärprozeßdenkens, der in dem Noch-nicht-wissen besteht, daß man der Denker des Denkens ist. Das normale Tagtraumdenken hat nun mit dem Primärprozeßdenken den Charakter gemein, daß die reflexive Bewußtheit, der Denker des Gedankens zu sein, aufgehoben ist, aber es erlaubt die sofortige Reversibilität, also das Aufwachen zur Bewußtheit, der Bildner dieses Tagtraumes zu sein (Beland 1989, 91).

Dieser Vorgang entspricht einer Ich-Spaltung. Die reflexive Selbstrepräsentanz wird in einer passageren Regression aufgegeben, die Steuerungsfähigkeit des reifen Ichs, mit der dieses die Regression jederzeit zurücknehmen kann, bleibt jedoch erhalten. Die Vorstellung kann im Erlebnisvordergrund mit einem gewissen Wirklichkeitscharakter ausgestattet sein, im Erlebnishintergrund bleibt jedoch repräsentiert, daß es sich im Erlebnisvordergrund um eine Vorstellung handelt.

Solche reversiblen Abwendungen von der Wahrnehmung können auch durch kurzfristige Anschaltungen primärprozeßhafter Strukturen motiviert sein, die eine selektive Ausblendung bestimmter Wahrnehmungsinhalte bewirken. Selektiv ausgeblendet werden spezifisch solche Wahrnehmungsinhalte, die durch die Aktivierung bestimmter Repräsentanzen innere Konflikte auszulösen vermögen. Eine solche Wahrnehmungsabwehr ist ein Regulationsmodus der intrapsychischen Abwehrorganisation zur Wiederherstellung bzw. Aufrechterhaltung der inneren Homöostase. Dieser dynamische Vorgang leitet sich ab aus der angeborenen selektiven Wahrnehmungsorganisation, die »solche Stimuli zuläßt, die mit den Adaptationsbedürfnissen am ehesten übereinstimmen, und diejenigen ausschließt, die die Adaptationsfähigkeit überfordern« (Esman 1991, 154).

Bleibt der Eingriff der inneren Welt in die phänomenale Welt zeitlich und räumlich begrenzt, die Vorherrschaft des sekundärprozeßhaften Strukturierungsniveaus über das Bewußtsein also prinzipiell erhalten, so kann von einer neurotischen Wahrnehmungsstörung gesprochen werden. Längerfristige Aktivierungen primärprozeßhafter Strukturen entsprechen dagegen einer psychotischen Regression, bei der die späteren Strukturen, u.a. auch die reflexive Selbstrepräsentanz, anhaltend gehemmt werden.

Die repräsentationale Bedeutung psychotischer Wahrnehmungsstörungen

Bei psychotischen Wahrnehmungsstörungen wird die Wahrnehmung verzerrt oder durch Halluzinationen ausgeschaltet. Psychotische Wahrnehmungsstörungen sind im Gegensatz zu Vorstellungen und Tagträumen nicht willentlich und auch nur bedingt durch bedeutsame Signale aufhebbar. Sie lassen sich hinsichtlich drei Dimensionen differenzieren: dem Grad ihrer Determinierung durch die innere Welt, ihrer Aktualgenese und ihrer Strukturierungsqualität.

In der ersten Dimension, dem Grad der Determinierung durch die innere Welt, sind Wahrnehmungsverzerrungen von Halluzinationen zu unterscheiden. Optische Halluzinationen sind in dieser Dimension am ehesten dem Traum vergleichbar. In ihnen greift das traumbildende Geschehen, die Verbildlichung von Vorgängen der inneren Welt bei gleichzeitiger Aufhebung der reflexiven Selbstrepräsentanz, auf das Wachbewußtsein über. Die innere Welt hält Zwiesprache mit den selbstinduzierten Bildern statt mit der Außenwelt. Dieses im Schlafzustand anpassungsförderliche Geschehen kollidiert im Wachzustand mit den Anforderungen der Anpassung an die Umwelt und gilt im Wachzustand deshalb als pathologisch. Wahrnehmungsverzerrungen stellen gleichsam einen Kompromiß zwischen Halluzination und Wahrnehmung dar. In ihnen ragen unbewußte Phantasien in die Wahrnehmung hinein und bringen in ihr innere Transaktionen zum Ausdruck. Möglicherweise gehen manchen Halluzinationen erfolglose Versuche einer Wahrnehmungsverzerrung voraus. Wenn es nicht gelingt, als bedrohlich erlebte Wahrnehmungen hinreichend umzugestalten oder die aus der inneren Welt andrängenden Traumbilder mit den aktuellen Perzepten zu verschmelzen, dann wird die aktuelle Wahrnehmung ausgeschaltet. Die innere Welt greift stattdessen auf Erinnerungen von Wahrnehmungen zurück und konstruiert aus diesen ein inneres Bild, die Halluzination.

Damit ist bereits die zweite Dimension, die Aktualgenese der psychotischen Wahrnehmungsstörungen, angesprochen. Hinsichtlich der Aktualgenese läßt sich differenzieren, ob eine Wahrnehmungsstörung eher der Abwehr aktueller Wahrnehmungsreize oder eher der Umsetzung unbewußter Phantasien in erlebnishafte Repräsentationen dient.

Eine primär der Wahrnehmungsabwehr dienende Wahrnehmungsstörung ergibt sich, wenn sensorische Hinweise Repräsentanzen aktivieren, die mit schmerzhaften Affekten verbunden sind oder mit anderen Repräsentanzen in Konflikt stehen. Eine erste mögliche Reaktionsform zur Wiederherstellung der Gefühlshomöostase ist die Umgestaltung und Verzerrung der Wahrnehmung. Wenn sich dies jedoch nicht in befriedigender Weise vollziehen läßt, sondern immer noch solche indexikalische Zeichen aus der Wahrnehmung hervorragen, die auf bedrohliche innere Konfigurationen hinweisen, dann wird die Funktionsrichtung des Wahrnehmungsapparates gleichsam umgekehrt. Die Wahrnehmung wird ausgeblendet und durch innere Bilder ersetzt.

Weniger aus der aktuellen Wahrnehmung als aus den prozessierenden inneren Transaktionen heraus kommt es zu Wahrnehmungsstörungen, wenn der kontinuierliche Strom der unbewußten Phantasien nicht mehr durch den Sekundärprozeß aus dem Wachbewußtsein ferngehalten werden kann; entweder weil aktuelle Erlebnisse unbewußte Phantasiebildungen in Gang setzten, deren erlebnishafte Bearbeitung sich nicht bis in den Schlaf aufschieben läßt, oder weil die unbewußten Phantasien in den Träumen keine hinreichenden Problemlösungen erzielen. Das psychische System ist dann von Transaktionen der inneren Welt so überlastet, daß diese gleichsam in das Wachbewußtsein hineindrängen und sich der phänomenalen Welt bemächtigen. Dieser Vorgang wird in einer Psychose dadurch unterstützt, daß die den Primärprozeß hemmenden Strukturen mit der Reaktivierung sehr früher Strukturen ausgeschaltet wurden. Er läßt sich aber auch artifiziell herbeiführen, indem der inneren Welt durch Schlafentzug jener Teil des erlebnishaften Bereiches genommen wird, in dem sie vorzugsweise ihre Problemlösungsprozesse vollzieht. Die unbewußten Phantasien können dann nicht mehr ausreichend in Träumen bearbeitet werden und verschaffen sich deshalb in der phänomenalen Welt des Wachbewußtseins Ausdruck.

Hinsichtlich der Strukturierungsqualität variieren psychotische Wahrnehmungsstörungen zwischen ungegliedert-ganzheitlichen und atomistisch-zerfallenen Wahrnehmungen. Erstere lassen sich als Kontaminationen oder Figur-Grund-Verschmelzungen, zweitere als Gestaltzerfall, Fragmentierung oder Inkohärenz beschreiben. Sie wurden bereits an früherer Stelle jeweils dem symbiotischen und dem autistischen Syndrom der schizophrenen Psychose zugeordnet.

Mit der Reaktivierung der in der symbiotischen Phase gebildeten Interaktionsstrukturen erlangt auch wieder jene perzeptuell-kognitive Modalität die Vorherrschaft über das Erleben, in der die Bildung dieser Strukturen erfolgte. Es handelt sich um jene ganzheitliche Wahrnehmungs- und Erlebnisweise, die schließlich mit dem Erwerb der Sprache zergliedert wurde. Durch die Regression auf ein vorsprachliches Strukturierungsniveau in der inneren Welt werden die infantilen Ganzgestalten dem Erleben wieder zugänglich.

In die Zeit des Spracherwerbs fällt nach der Vermutung Lichtenbergs (1990) auch die Differenzierung der verschmolzenen Mutter/Kind-Repräsentanz. Mittels der Sprachsymbole wird es dem Kind zunehmend besser möglich, die bis dahin von der Mutter übernommenen psychischen Verarbeitungsfunktionen selbst eigenständig auszuüben, so daß es die Repräsentanz des einheitlichen Verstehenspaares nun auflösen kann. Bei Schizophrenen ist diese frühe Repräsentanz des Verstehenspaares aufgrund fundamentaler Mißverständnisse oder Defizite in der primären Objektbeziehung schon so brüchig, daß die darauf aufbauenden Strukturen diese Brüchigkeit mehr oder weniger nur reproduzieren können und einen sehr labilen Stand haben. Die Schizophrenen sind in ihrer inneren Welt immer wieder damit beschäftigt, diese basale Repräsentanz zu suchen und zu rekonstruieren. Wenn diese inneren Reparationsversuche hinreichend gelingen und die späteren Strukturen nicht durch die aktuellen äußeren Anpassungsanforderungen überlastet werden, kann die Psychose kompensiert werden. Ist dies nicht der Fall, dann brechen die späteren Strukturen zusammen und der Psychotiker versucht, sich in den (imaginierten) Schutz der verschmolzenen Mutter/Kind-Repräsentanz zurückzuziehen. Auf diesem Regressionsniveau zielen die inneren Problemlösungsprozesse dann verstärkt auf die Reparation dieser brüchigen Repräsentanz. Ihre Stabilisierung erhält im psychischen System absolute Priorität vor nahezu allen anderen Aufgaben, weil sie für den Erhalt eines minimalen Sicherheitsgefühls fundamental ist.

Die Umsetzung, Erprobung und Überprüfung dieses inneren Problemlöseprozesses kann wiederum nur in der »Währung« (Loch 1988) erfolgen, in der die reaktivierten Strukturen angelegt wurden. Die Regression auf frühe Repräsentanzen impliziert auch eine »semiotische Regression«. Der inneren Welt steht zu ihrer Selbstexplikation wieder nur die ikonische Zeichenfunktion zur Verfügung, wofür sie die phänomenale Welt verstärkt in ihren Dienst stellen muß. Der Versuch, in der inneren Welt eine ungeschiedene Ganzheit zu reetablieren, stellt sich in der phänomenalen Welt als Verschmelzung differenter Teile zu undifferenzierten Ganzgestalten dar. Kontaminationen und Figur-Hintergrund-Verschmelzungen können so als vorsprachliche Ausdrucksformen der regressiven Wiederverschmelzung der Selbst- und Objektrepräsentanzen verstanden werden. Diesen Formen ikonischer Veräußerlichungen der inneren Welt kommt die Wiedereinsetzung der ungegliedert-ganzheitlichen Wahrnehmungsweise entgegen. Die Hemmung ihrer Organisationsmodi ist weggefallen. Durch diese Organisationsmodi können sich die Problemlöseversuche der inneren Welt über Verschiebungen und Verdichtungen in der phänomenalen Welt verbildlichen. Doch nicht nur im konstruierten Bild, sondern auch im Konstruktionsvorgang selbst, versucht die innere Welt die frühesten Ganzheitserfahrungen des »auftauchenden Selbst« (Stern 1985) zu re-konstruieren, um sich ihrer Ganzheitlichkeit zu vergewissern und diese zu stabilisieren. Durch die Re-Internalisierung der rekonstruierten primärganzheitlichen phänomenalen Welt versucht das psychische System, die brüchige innere Welt zu reparieren. Dieser Vorgang entpricht dem an früherer Stelle konzipierten Externalisierungs-Reinternalisierungs-Modus, und zwar im intrapsychisch-intermediären Raum zwischen innerer und phänomenaler Welt.

Wenn der Zerfall der basalen Repräsentanzen nicht mehr abgewendet werden kann, kommt es zum autistischen Syndrom. In ihm sind die primären intrapsychischen Strukturen schließlich zerfallen, oder sie wurden, um ihrer Fragilität nicht unerträglich ausgeliefert zu sein, regressiv zerstört. Eine solche aktive Desintegration richtet sich, wie es Winnicott formulierte, »gegen die unvorstellbare oder archaische Angst, die im Stadium der absoluten Abhängigkeit entsteht, wenn das Halten fehlt« (zit.n. Auchter 1989, 164). Zerfall und Desintegration kennzeichnen im autistischen Syndrom sowohl das Strukturierungsniveau der inneren wie der phänomenalen Welt. Die phänomenale Welt wird so konstruiert, daß in ihr kaum noch evozierende Zeichen für die instabilen primären Repräsentanzen zu erkennen sind. Deren Evokation würde wegen ihrer enormen Fragilität mehr Leid und Schmerz als Schutz bedeuten. Deshalb wird ihre Wiederkehr vermieden. Überhaupt werden bedeutungsvolle Wahrnehmungen vermieden oder zerstört, weil sie wegen der zerstörten basalen Objektbeziehungsrepräsentanz emotional nicht mehr verarbeitet werden könnten. Die Wahrnehmung emotional zu verarbeitender Stimuli wird auf ein Minimum beschränkt.

Die Ganzgestalten werden rigoros partialisiert, weil ihre Wahrnehmung auf die Entstehung der inneren Repräsentanzen verweisen und damit an diese erinnern könnten. Auch hier ist wahrscheinlich nicht nur der Wahrnehmungsinhalt, sondern auch der Konstruktionsvorgang selbst bedeutungsvoll. Mit den ganzheitlichen Wahrnehmungsmodi werden genau jene Konstruktionsprinzipien gehemmt, die das Kleinkind seine Selbstorganisation erleben ließen und damit auch zu dem Erleben beitrugen, eine physisch getrennte und eigene Einheit zu sein. Da im autistischen Syndrom keine innere Struktur zur Verfügung steht, die das Erleben der Getrenntheit innerlich verarbeiten und durch die Repräsentanz einer engen Beziehung kompensieren könnte, kann es nicht ertragen werden. Es wird vermieden, indem die phänomenale Welt zerstückelt und mit »disparaten Partikeln psychischer Stimulation« (Meltzer 1988, 139) ausgefüllt wird. Dabei handelt es sich um eine primitive und archaische Form der Abwehr, die »den primär handelnden und erlebten Umgang mit dem Objekt aufspaltet in seine Faktoren, in emotional-affektives, cognitives (vorstellendes und erkennendes) und conatives Geschehen und Erleben. Auf diese Weise bilden die Affekt-, die Vorstellungs-, die Selbst- und Objektrepräsentanzen Sprengstücke des ursprünglichen globalen Ereignisses, ... der 'totalen Erfahrung'« (Loch 1989a, 58f). Der Prozeß der inter- wie intramodal ganzheitlich-integrativen Wahrnehmung wird gleichsam in einen Rückwärtslauf umgekehrt. Durch ihre Dekomponierung werden Selbst und Objekte nicht mehr in ihrer ganzheitlichen Wucht wahrgenommen. Stattdessen wird eine stabil erscheinende, unlebendige Wahrnehmungswelt erzeugt, aus der gravierende emotionale Erfahrungen verbannt sind. Indem die Eigendynamik der Gestaltwahrnehmung und deren Bedeutungshaltigkeit ausgeschaltet wird, erscheint die Umwelt nahezu beliebig manipulierbar. Die disparaten Partikel werden zu beliebigen Konfigurationen mit beliebiger Bedeutung angeordnet. Das Wahrnehmungssubjekt kann sich so suggerieren, daß nicht es abhängig von der Umwelt, sondern die Umwelt abhängig von ihm ist.

Die Regression in das autistische Syndrom impliziert auch einen Zerfall oder eine Zerstörung der semiotischen Funktionen. Die Einwirkungen der inneren Welt auf die Konstruktion der phänomenalen Welt dienen nicht mehr einer Repräsentation innerer Objektbeziehungen, sondern deren Substitution. Auch wenn der Gestaltzerfall von außen als Zeichen für die Vorgänge der inneren Welt gelesen werden kann, ist diese Zeichenhaftigkeit dem Vorgang selbst nicht eigen. Im Gestaltzerfall erfolgt weder eine ikonische Umsetzung von Vorgängen in der inneren Welt, noch vermag die innere Welt sich in ihm wie in einem indizierenden Zeichen wiederzuerkennen. Der Gestaltzerfall ist keine erlebnishafte Repräsentation, über die die innere Welt mit sich selbst kommunizieren könnte. Gleichwohl kann er von außen als »negativer« Ausdruck innerer Vorgänge verstanden werden und dadurch eine sekundäre kommunikative Bedeutung erhalten.

Das Chaos in der phänomenalen Welt soll das Chaos in der inneren Welt also nicht ausdrücken, sondern es vielmehr ersetzen und von ihm ablenken. In der phänomenalen Welt wird die Suggestion eines konkreten und manipulierbaren Substitutes für die zerfallenen oder zerstörten Repräsentanzen errichtet. Gleichzeitig soll damit der Verlust des inneren Problemlöseprozesses der unbewußten Phantasie verdeckt werden. Die autistische Wahrnehmungswelt wird als einzige und unumstößliche Wirklichkeit erlebt, jenseits der keine andere (innere) Wirklichkeit vorstellbar ist. Der damit implizierte Verlust der Realitätsprüfung ist insofern nicht etwa ein Begleiteffekt, sondern eine notwendige Stabilisierungsreaktion der intrapsychischen Selbstorganisation. Sie stützt die trügerische Sicherheit des autistischen Wirklichkeitserlebens. Eine funktionierende Realitätsprüfung würde den in ein autistisches Syndrom regredierten Psychotiker mit einer für ihn extrem bedrohlichen Wirklichkeit konfrontieren. Deshalb veranlaßt das übergeordnete emotionale Regulationsprinzip eine Störung des untergeordneten kognitiven Konsistenzprinzips. Dabei trägt auch der Zerfall der ganzheitlichen Wahrnehmung zu der Ausschaltung der Realitätsprüfung bei. Intermodale Konkordanz und die Gestalteigenschaften sind wesentliche Bewertungskriterien, nach denen unsere kognitionsinterne Konsistenzprüfung die Wirklichkeit des Wahrgenommenen beurteilt (Stadler & Kruse 1990). Mit ihrer Zerstörung sind folglich der kognitiven Wirklichkeitsprüfung wesentliche Kriterien genommen.

Zur Konstruktion der phänomenalen Welt

Aus den vorangehenden Überlegungen läßt sich nun ein Modell der Konstruktion der phänomenalen Welt ableiten: Die von den Sinnesrezeptoren aufgenommenen Stimulationen werden als neuronale Erregungen an das Gehirn weitergeleitet, wo sie vom affektiv-kognitiven System übernommen werden. »Das Organ der Aufmerksamkeit tastet ab, wählt aus, organisiert und setzt den Denkapparat in Gang, um das Bild sinnvoll zu machen. Vielleicht gehört zum ersten Schritt dieser Eingabe von Bedeutung die Entscheidung zwischen innerem Traumbild und Wahrnehmung der Außenwelt« (Meltzer 1988, 142f). Bei einem reifer strukturierten »Denkapparat«, dem auch eine reflexive Selbstrepräsentanz angehört, ist diese Entscheidung durch das Bewußtsein beinflußbar. Auf diesem Strukturierungsniveau mündet die Entscheidung für ein inneres Traumbild in Tagträume oder Vorstellungen, die in ihrem Hintergrund auch als solche repräsentiert sind.

Solche »Phantasien und Erinnerungen ... sind ... Versuche, einen Sinn zu schaffen, um weiterleben zu können« (Loch 1986, 189). Brocher und Sies (1986) sehen hier einen direkten Anknüpfungspunkt für die radikalkonstruktivistische Wahrnehmungstheorie: »Deutlicher läßt sich die Notwendigkeit, subjektive Wirklichkeit zu erfinden, um zu *überleben*, als Prinzip der Autopoiese kaum formulieren. Die Wahrnehmung läßt stets nur das zu, was ein Andauern der Autopoiese sichert« (97).

Nur geringe Freiheitsgrade der Entscheidung zwischen Traumbild und Wahrnehmung bestehen, wenn der Denkapparat auf einem früheren Strukturierungsniveau funktioniert. Die Entscheidung erfolgt dann meist völlig unwillkürlich. Phantasien und Erinnerungen sind nicht mehr durch das Bewußtsein zu beeinflussen. Die Entscheidung für ein inneres Traumbild mündet in eine Halluzination, die nicht als Vorstellung, sondern als Wahrnehmung erlebt wird. Auf diesem Strukturierungsniveau kann die innere Welt nur über ikonische und indexikalische Zeichen mit sich kommunizieren. Der Problemlöseprozeß der unbewußten Phantasie ist durch die der Regression zugrundeliegenden Konflikte überlastet und drängt deswegen zu baldigen Umsetzungen in den erlebnishaften Bereich. Gleichzeitig kann das psychische System durch diese Überlastung der inneren Vorgänge kaum noch einen Reizzuwachs von außen aufnehmen. Unter diesen Umständen wird die Entscheidung für ein inneres Traumbild zwingend. Die unbewußten Phantasien brechen dann häufig mit kaum zu hemmendem Veräußerlichungsdrang in die phänomenale Welt ein.

Auch bei einem späteren »Schritt der Eingabe von Bedeutung« (Meltzer 1988) kann sich die »Entscheidung zwischen innerem Traumbild und Wahrnehmung der Außenwelt« (ebd.) immer wieder erneut stellen. Die Eingabe von Bedeutung erfolgt über eine »schnell-rekapitulierende Durchsicht« (Sandler & Joffe 1969) von Strukturen im nicht-erlebnishaften Bereich. Bei dieser Durchsicht können auch Repräsentanzen temporär evoziert werden. Die evozierende Wahrnehmungskonfiguration bekommt dadurch den Charakter eines indizierenden Zeichens. Die temporär aktivierten Repräsentanzen fließen in den kontinuierlichen Strom der unbewußten Phantasien ein, der in der Regel durch stabile überlagernde Strukturen daran gehemmt wird, sich unmittelbar in die phänomenale Welt umzusetzen. Diese Hemmung der erlebnishaften Umsetzung unbewußter Problemlöseversuche kann jedoch vom inneren Anpassungssystem zurückgenommen werden, wenn durch die Aktivierung einer konflikt- oder schmerzauslösenden Repräsentanz eine gravierende Destabilisierung des inneren Gleichgewichts droht. Darauf reagiert das innere Anpassungssystem unter Umständen mit einer sofortigen Umgestaltung der phänomenalen Welt, wobei der weitergehenden Entscheidung zur völligen Ausschaltung der Wahrnehmung zugunsten eines inneren Traumbildes der Versuch vorausgehen kann, zunächst nur den sensorischen Hinweisreiz selektiv auszublenden oder so zu verzerren, daß seine indizierende Zeichenhaftigkeit verhüllt wird. Solche selektiven Ausblendungen und Verzerrungen bei der Konstruktion der Wahrnehmung entsprechen den von Freud (1900) aufgedeckten Vorgängen der »Traumentstellung« bei der Konstruktion des Traumes. Es ist ein allgemeines Prinzip der Konstruktion der phänomenalen Welt, daß die einer Konfiguration zugeschriebene Bedeutung entscheidend über ihre Aufnahme und Gestaltung im Konstruktionsprozeß mitbestimmt. Dieses Prinzip konnte von Kruse (1986) auch experimentell aufgezeigt werden.

Auf die Zuschreibung von Bedeutung und damit auf die Konstruktion der phänomenalen Welt kann in extrem divergierendem Ausmaß die innere Welt einwirken. Extrempole maximaler und minimaler Determinierung der phänomenalen Welt durch die innere Welt sind Traum und »ungestörte Wahrnehmung«. Zwischen diesen Extrempolen eines »Übergangsfeldes« (Stadler & Kruse 1990, 143) lassen sich auf einem Kontinuum zunehmender Determinierung der phänomenalen Welt durch die innere Welt Vorstellungen, Tagträume, Wahrnehmungsverzerrungen und

Halluzinationen anordnen. Allgemein läßt sich sagen, daß die phänomenale Welt um so mehr von der inneren Welt determiniert wird, je unstrukturierter die innere und/oder phänomenale Welt ist. Eine wenig strukturierte phänomenale Welt geht häufig damit einher, daß für die Wahrnehmungsinhalte keine kulturell konventionalisierten Bedeutungen vorliegen. Dann erfolgt zur Bestimmung der Bedeutung eine Durchsicht tieferer, individueller Strukturen. Die dann auch persönlichkeitsabhängige Bedeutungsverleihung kann sich wiederum auf die Figurbildung im Wahrnehmungsprozeß auswirken. Eine durch tiefere, individuelle Strukturen mitbestimmte Konfigurierung der Wahrnehmung erfolgt insbesondere dann, wenn die Stimulusgrundlage sehr reizarm, unstrukturiert, instabil oder multistabil[61] ist. Die Strukturierung der phänomenalen Welt

61 Die Reversibilität oder Ambiguität multistabiler visueller Reizmuster (z.B. Kippbilder) eignet sich besonders für die ikonische Darstellung von Übergangsphänomenen. In dem von Freud (1920) beschriebenen »Fort-Da«-Spiel seines Enkels erschuf sich dieser eine ikonische Repräsentation seiner abwesenden Mutter. Er warf eine Holzspule außerhalb seines Blickfeldes, gefolgt von dem Ausruf »o-o-o« (fort), um sie sodann mit einem freudigen »da« wieder hervorzuholen. In diesem Spiel reinszenierte das Kind die erlittene Trennung von seiner Mutter und setzte an die Stelle der abwesenden Mutter ein Zeichen ihrer Gegenwart. Winnicott hob in seiner Theorie der *Übergangsobjekte und Übergangsphänomene* (1953) hervor, daß das Spielzeug des Kindes gleichzeitig Anwesenheit und Abwesenheit der Mutter repräsentiert. Das Übergangsobjekt steht für die abwesende Mutter, da es aber nicht die Mutter ist, repräsentiert dessen Anwesenheit auch deren Abwesenheit. Diese Ambiguität von »Ist« und »Ist-Nicht« läßt sich an multistabilen Wahrnehmungsmustern hervorragend bildlich darstellen. Der Wechsel zwischen den verschiedenen Wahrnehmungsalternativen ist als »Fort-Da«-Spiel erlebbar. Abwesendes wird anwesend und Anwesendes abwesend. Die jeweils dominierende Wahrnehmungsalternative repräsentiert die verborgene, wenn wir diese bereits kennen und sie uns vorstellen können, ohne sie schon wahrzunehmen. Solange die verborgene Wahrnehmungsalternative aber noch verborgen ist, wir sie noch nicht wahrnehmen, repräsentiert die dominierende Wahrnehmungsalternative auch deren Abwesenheit. Multistabile Wahrnehmungsmuster eignen sich von daher nicht nur für die ikonisch-zeichenhafte Wahrnehmungsinszenierung von Trennung und Wiederkehr, sondern in ihnen läßt sich auch ein äußeres Spiegelbild der inneren Zeichenfunktionen selbst sehen. Daß diese strukturelle Entsprechung nicht erst im theoretischen Diskurs als Metapher geboren wurde, sondern multistabile Muster tatsächlich zur Veräußerlichung innerer Prozesse verwendet werden, läßt sich an vielen gemalenen oder geformten Kultobjekten von Naturvölkern (Doleve-Gandelman & Gandelman

ist dann ein bildhafter Ausdruck, ein ikonisches Zeichen der Strukturierung der inneren Welt. Auf diesem Prinzip basiert die diagnostische Aussagekraft des Rorschach-Verfahrens.

Wenn die innere Welt wenig strukturiert ist, wie dies im Rahmen einer Psychose der Fall ist, dann spricht das aktuelle Wahrnehmungsgeschehen häufig frühe fragmentarische Repräsentanzen an, die mit massiven Ängsten und schmerzhaften Affekten verbunden sind. Die Abwehr des evozierenden Wahrnehmungsgeschehens durch Verzerrung oder Ausblendung könnte ein erster innerer Versuch sein, die Aktivierung dieser schmerzhaften Repräsentanzen zu vermeiden. Gelingt dies nicht, dann erfordert die Aktivierung dieser Repräsentanzen häufig einen weitergehenden inneren Problemlösungsversuch. Hierbei ist von Bedeutung, daß bei einer psychotischen Regression wieder die Repräsentanzen des frühen Selbst vorherrschen. Da diese räumlich-visuell strukturiert sind, können sie sich nur als ikonische Zeichen in den erlebnishaften Bereich umsetzen. Reifere Strukturen, die eine Problemlösung auf der Ebene symbolischer Zeichen ohne Beeinträchtigung der Wahrnehmung ermöglichen würden, stehen nicht mehr zur Verfügung. Da eine psychotische Regression meist auf eine erhebliche Destabilisierung des inneren Gleichgewichts zurückgeht und weitherhin mit dieser einhergeht, werden innere Anpassungsprozesse, die sich über den erlebnishaften Bereich vermitteln, sehr dringlich und lassen sich deshalb häufig nicht mehr auf den nächtlichen Traumvorgang verschieben oder begrenzen. Hinzu kommt, daß mit dem Untergang der reiferen Strukturen auch deren Funktion aussetzt, unbewußte Phantasien an ihrer Bewußtwerdung zu hindern. Diese beiden Faktoren, der imperative Drang der bildhaften unbewußten Phantasien zu ihrer ikonischen Umsetzung in den erlebnishaften Bereich und die Schwächung der diesen Vorgang hemmenden Strukturen, bedingen bei einer psychotischen Strukturierung des psychischen Systems die Determinierung der phänomenalen Welt durch die innere Welt.

An einem sicherlich nicht zufällig räumlich-geographischen Bild versuchte Meltzer (1988) allgemein darzustellen, wie die Strukturierung der

1988) ebenso aufzeigen wie etwa an den Gemälden von Dali und Escher (s. Kruse 1988).

inneren Welt die Konstruktion der phänomenalen Welt strukturiert und formt. Er projizierte diesen Zusammenhang auf ein Koordinatensystem,

> in dem die x-Achse die bildliche Vorstellung und die y-Achse den Grad der Integration oder Fragmentierung des Bildes darstellen würde. 0, der Ausgangspunkt, würde etwas wie hysterische Blindheit anzeigen, der rechte obere Quadrant die Sicht des Künstlers von der Landschaft, der untere rechte Quadrant wäre der Präokkupation des Zwanghaften mit Kleinigkeiten vorbehalten, die Anschauung des Paranoiden fände sich im oberen linken Quadranten, und die des verwirrten Psychotikers im linken unteren (142).

Eine in diesem Kapitel nicht eigens diskutierte Variante der Einwirkung der inneren Welt auf die Konstruktion der phänomenalen Welt stellen plötzlich einschießende, lebhafte optische Bilder dar, die am ehesten als spontanes, blitzartiges Tagtraumgeschehen bezeichnet werden können. Nicht selten tun sich solche Bilder in der psychoanalytischen Situation vor den Augen des Analysanden (Meltzer 1988) oder des Analytikers (Zimmermann 1989) auf. Hier sind sie meist ein unmittelbarer ikonischer Ausdruck der aktuellen Übertragungsbeziehung. Noch bevor die Übertragung sprachlich erfaßt und benannt werden kann, kann sie sich in solchen blitzartigen ikonischen Zeichen darstellen. An diesen Übertragungsbildern, insbesondere an den Gegenübertragungsbildern des Analytikers, läßt sich einsehen, wie sich im Unbewußten des Analytikers seine Schlüsse zusammenfügen. Von diesem Phänomen der Übertragungsbilder ausgehend sollen im nächsten Kapitel die zusammengetragenen Gemeinsamkeiten zwischen Objektbeziehungstheorie und Gestaltpsychologie im Hinblick auf die psychoanalytische Einsicht diskutiert und erweitert werden.

11. Gestaltwechsel - Produktives Denken und psychoanalytische Einsicht

Auf der Basis der vorangegangenen Untersuchungen lassen sich die von Bernfeld (1934), Schumacher (1971) und Argelander (1979) durch gestaltpsychologische Reflexionen gewonnenen Annahmen über die Schlußbildungsprozesse des Psychoanalytikers um einige Aspekte ergänzen. Zur Erinnerung werden die betreffenden Textstellen dieser Arbeiten noch einmal systematisch zusammengestellt:

Bernfeld (1934):

Der deutende Psychoanalytiker sieht neue Zusammenhänge, die gegebene Deutung eröffnet dem Analysanden neue Zusammenhänge. ... Kriterium des Zusammenhanges ist uns dabei, eben wie bei Gestalten, daß alles zusammenpaßt (49).

Bernfeld zitiert dann aus einer Arbeit Scheerers über *Die Lehre der Gestalt*, in der dieser eine denkpsychologische Untersuchung Wertheimers darstellt:

Tatsächlich dürfte von den vielen möglichen anderen Zusammenhängen der genannte erst derjenige sein, in dem die einzelnen Angaben nicht nebeneinander, sondern auf ein übergeordnetes Ganzes bezogen 'Sinn' erhalten ... Und dann ist charakteristisch, wie beim Finden oder beim Zurkenntnisnehmen der Lösung ein merkwürdiges 'Einschnappen', 'Ineinanderkippen' stattfindet. Wertheimer verwendete hierfür den Bühlerschen Ausdruck 'Aha-Prozess', und das veranschaulicht wohl auch das intensive Erlebnis, welches beim 'Zusammenschießen' des diskret Nebeneinanderstehenden zu einem Sinnganzen vor sich geht und das nun auf einmal die mehrdeutigen Stücke verankert (50).

Bernfeld bemerkt dazu:

Es ist verblüffend, wie genau solches denkpsychologisches Experiment die Bedingungen herstellt, unter denen der Analytiker deutet und den Erlebnissen gerecht wird, die er beim Deuten hat und von denen er sich als Kriterien leiten läßt (50).

Schumacher (1971):

Was immer erscheint, ob ein Vorstellungsbild, ein Handlungsfragment, ein Gedanke, immer sind gewisse, übereinstimmende Züge im Aufbau, in der Anordnung oder im Wesen des bewußten Einfalls erkennbar. Es sind gestaltliche Qualitäten, die hier korrespondieren. Sie werden vom Analytiker erkannt und in der Deutung verwertet. Formal definiert heißt Deuten das Zusammenbringen psychischer Bestände ... aufgrund ihrer gestaltlich konfigurativen Zusammengehörigkeit (177). Die Aufgabe des Analytikers (besteht) darin, zuzulassen, daß sich sein eigenes Erlebnisfeld umstrukturiert gemäß den Ordnungen und Zentrierungen, die beim Patienten vorliegen. In dieser Identifikation muß er die primärgestaltlichen Konfigurationen erspüren, die hinter den Äußerungen des Patienten stehen, um sie mittels Sprache zusammenzuschließen. ... Die Deutung, d.h. das Festmachen der Zusammenhänge durch Verbinden mit Wortvorstellungen, macht die Zusammengehörigkeit auch für den Patienten erlebbar ... Zugleich wird dadurch eine Umordnung und Umzentrierung seines Erlebnisfeldes im Sinne einer nunmehr gesamtheitlichen (nicht mehr partialen) Integration erreicht. Unter den Fähigkeiten, die vom Analytiker verlangt werden, wäre also vor allem zu nennen, daß er über ein fein ausgebildetes Empfinden für Gestaltordnungen, insbesondere für gestaltliche Zusammenhangsbeziehungen verfügen muß (187f).

Argelander (1979 u. 1991):

In ihr [der freischwebenden Aufmerksamkeit des Analytikers, B.W.] organisiert sich die Wahrnehmung nach den Prinzipien des frühmenschlichen Erlebens unter Beachtung aller zugänglichen Details. Das umgangssprachlich vermittelte Sinngefüge tritt in seiner Bedeutung zurück. Das unbewußte Thema bildet sich im Sinne der Gestaltkohärenz, die einzelnen Elemente warten in ihrer funktionellen Bedeutsamkeit auf ihre Ergänzung (1979, 99). Das unbewußte Thema (zeichnet sich) als eine Gestalt ab ..., von der die einzelnen Elemente ihren Sinn erhalten (1979, 127). Es handelt sich um Gestaltwahrnehmungen von unbewußten Strukturen auf dem Hintergrund der gleichschwebenden Aufmerksamkeit des Analytikers (1991, zit.n. Vogt 1991, 127).

Um die »primärgestaltlichen Konfigurationen zu erspüren« (Schumacher), müssen die kognitiven Vorgänge des Analytikers deren Strukturniveau entsprechen. Sie müssen nach den »Prinzipien des frühmenschlichen Erlebens« (Argelander) organisiert, d.h. von ikonischer Modalität sein. Die unbewußten Phantasien des Analysanden veräußerlichen sich ikonisch-szenisch und können vom Analytiker auch nur in dieser »Währung« (Loch) aufgenommen werden. Wie im vorigen Kapitel erläutert, werden die unbewußten Phantasien durch die visuell-räumlich kodierten, aus den ersten Internalisierungen hervorgegangenen Repräsentanzen organisiert. Diese präverbalen Repräsentanzen setzen sich über ikonische Zeichen in Szene, in der analytischen Situation metaphorisch in der Sprache, d.h. unterhalb ihrer konventionalisierten Bedeutungen, im Ausdrucksverhalten oder in inszenierten Interaktionssequenzen. Die ikonischen Repräsentationen der inneren Welt des Analysanden können für den Analytiker die Bedeutung ikonischer oder indexikalischer Zeichen eigener Repräsentanzen annehmen.

Entsprechen die Repräsentationen der inneren Welt des Analysanden solchen Repräsentationen, die in die frühen Repräsentanzen des Analytikers eingegangen sind, werden diese Repräsentanzen in ihm »angesprochen«. Dadurch werden in ihm unbewußte Phantasien ausgelöst, die - wenn er bereit ist, sich diesen zu widmen, nicht selten aber auch »unfreiwillig« - »sein eigenes Erlebnisfeld umstrukturieren gemäß den Ordnungen und Zentrierungen, die beim Patienten vorliegen« (Schumacher). Zwischen Analytiker und Analysand kommt es zu einer konsensuellen Koppelung: »Die Voraussetzung hierfür ist Isomorphie ... durch Selbsterneuerung des Analytikers (Bereitstellung von Strukturveränderungen des Analytikers »isomorph« zur subjektiven Wirklichkeit des Analysanden)« (Brocher & Sies 1986, 97). Gleich der amodalen Wahrnehmung transponiert sich im Analytiker die innere Struktur der Repräsentationen des Analysanden in eigene Strukturmuster. So stellt sich in der analytischen Situation eine Übertragungsbeziehung her, die »ein Abbild der Originalübertragung ... [ist], und zwar in dem Sinne, daß sie Elemente aufweist, die zueinander in eben derselben Beziehung stehen, wie es beim Original der Fall war. ... Bezüglich einer Abbildung dieser 'infantilen Welt' im Rahmen der analytischen Situation käme es darauf an, daß sich Beziehungen herstellen, die mit den früheren in der Struktur übereinstimmen. ... In der Gleichheit der internen Struktur ... sehen wir die Wahrheit der Übertragungskonstellation und die Grundlage ihrer Wirksamkeit verankert« (Loch 1988, 62f)[62].

Eine solche strukturelle Isomorphie stellt sich im Analytiker über die sukzessive Verarbeitung zahlreicher Zeichen der inneren Welt des Analysanden her. Diese Zeichen aktivieren im Analytiker zum Teil recht unterschiedliche Repräsentanzen, deren erlebnishafte Repräsentationen er erst in sich zu einem neuen Bild integrieren muß. Die Aktivierung unterschiedlichster Repräsentanzen im Analytiker bewirkt in ihm zunächst eine »Vervielfachung der Blickwinkel« (Bion, zit.n. Meltzer 1988), die für ihn mit einem »Bedrohtsein von Verwirrung« (Meltzer 1988) verbunden sein kann. Es ist »eine Phase irritierten 'Nicht-Verstehens'« (Buchholz 1988, 288). Reik spricht von einem »kurzfristigen Entfremdungsgefühl«, das sich einstellt, wenn die erste Idee, die aus dem Unbewußten auftaucht, »verwirrt und in sich selbst widersprüchlich ist« (Reik 1976, zit.n. Argelander 1979, 95). Der Analytiker befindet sich in dieser Phase in einer »Krise der Instabilität« (Brocher & Sies 1986, 66).

Die unbewußten Phantasien des Analytikers versuchen der verwirrenden Vielheit seiner erlebnishaften Repräsentationen einen verstehbaren einheitlichen Sinn zu geben. Die dominierende Funktionsweise dieser inneren Problemlösevorgänge, der Primärprozess, fügt die verschiedenen Erlebniselemente über Verschiebungen und Verdichtungen so zusammen, »wie es vom Ganzen her gesehen passend erscheint« (Schumacher 1971, 170). Dieser Vorgang entspricht der bei Kleinkindern beobachteten und im 6. Kapitel beschriebenen Kondensierung verschiedener Repräsentationen zu einer prototypischen verallgemeinerten Repräsentation, die eine neue Struktur darstellt. Die ersten probeweisen Lösungsversuche der unbewußten Phantasien des Analytikers bleiben häufig zunächst unbe-

62 Aus dieser Sicht stellt sich die Streitfrage »Narrative Wahrheit versus Historische Wahrheit« (Spence 1982) als Scheinkontroverse dar, die sich durch die hier ausgeführte Hypothese einer »isomorphen Wahrheit« psychoanalytischer Konstruktionen auflösen läßt.

wußt[63], insbesondere dann, wenn diese untereinander oder mit anderen psychischen Inhalten des Analytikers in Widerspruch stehen. Sie bilden dann unbewußte Vorannahmen, die auf ihre Bestätigung »warten«. Die in verschiedenen unbewußten Vorannahmen probeweise zusammengeschlossenen »einzelnen Elemente warten in ihrer funktionellen Bedeutsamkeit auf ihre Ergänzung« (Argelander).

Der mit dieser Erwartung verbundene innere Zustand ist demjenigen des Kleinkindes vergleichbar, das einen Gegenstand bereits in einer Modalität wahrgenommen hat, und nun Erwartungen über Wahrnehmungen dieses Gegenstandes in anderen Modalitäten ausbildet. Stern (1985) verglich die Erfüllung einer solchen Erwartung mit einem »déjà-vu-Erlebnis«. Strukturell ist die Erfüllung der unbewußten Erwartungen des Analytikers einem solchen déjà-vu allerdings nicht vergleichbar. Bei dem von Stern beschriebenen déjà-vu-Vorgang wird keine neue Ganzheit gebildet, sondern eine innerlich bereits gebildete Ganzheit um ein weiteres, passendes Teil ergänzt. Bei der Bestätigung einer Vorannahme des Analytikers durch eine passende Ergänzung werden für ihn hingegen die bis dahin disparat erscheinenden Teile erstmals als Gestalt erlebbar. Die primärprozeßhafte Verdichtungsleistung seiner unbewußten Phantasie tritt schlagartig in sein Bewußtsein und erzeugt - im Unterschied zum »déjà-vu-Erlebnis« - ein »Aha-Erlebnis«. »Der Primärprozeß ist die Quelle jener Ereignisse, in denen verwirrende Disparitäten plötzlich zu einem verständlichen Zusammenhang im »Aha-Erlebnis« zusammenfallen« (Lichtenberg 1983, 228; Übersetzung B.W.).

Die auf ihre Ergänzung wartenden unbewußten Vorannahmen des Analytikers konstituieren gleichsam eine »Lücke«[64] (Argelander 1981) in seinem Verstehen. Freud (1930) sprach von einem »Sprung im Zusam-

63 Reik schrieb, daß »die Idee unter der Oberfläche Gestalt annimmt« (1976, zit.n. Argelander 1979, 97).

64 Freud empfahl bereits 1895 das »Aufspüren von Lücken in der ... Darstellung des Kranken« (299), also dessen psychischer Oberfläche, was aus unserer Sicht nichts anderes heißen kann, als - wie oben ausgeführt - Lücken im eigenen Verstehensprozeß des Analytikers. Wertheimer schrieb in seiner Monographie über Produktives Denkens (1954), daß dieses u.a. daraus bestehe, »daß Lücken ... gesehen und strukturell behandelt werden« (221).

menhang«. Das unbewußte Thema zeichnet sich bereits als Gestalt ab (Argelander), ist aber gedanklich noch nicht faßbar . Der Analytiker ist unbewußt auf der Suche nach weiteren Details, die in die Lücke passen könnten. Diese Suche folgt dem Gestaltprinzip der Geschlossenheit und bewirkt »das *Einfallen* - und *Auffallen* - dessen, was zur ... Durchführung einer bestimmten Absicht im Augenblick fehlt, was z.B. in eine bestehende Lücke paßt« (Metzger 1975, 128). Das die »Lücke« oder den »Sprung« schließende Detail vermittelt dem Analytiker eine plötzliche Einsicht, die einem »Umschaltvorgang« (Argelander 1979) entspricht. Wertheimer sprach in seinem Buch über *Produktives Denken* (1957) von einem »Umschlag«, der die Einsicht einleite. Er beobachtete, daß auch bei Intelligenzaufgaben oder wissenschaftlichen Fragestellungen der Problemlöseprozeß häufig eine intensive dynamische Qualität besitzt: »Oft geht es mächtig dramatisch her« (1957, 147). Ähnlich dem hier entfalteten Modell der psychoanalytischen Einsicht beschrieb Wertheimer für rein intellektuelle Denkprozesse, daß bei diesen der Einsicht ebenfalls häufig eine Krise, »ein unklarer Stand der Dinge« (171) vorausgeht, aus der »dann irgend eine unklare Ahnung« (171) der Lücke auftaucht, »die auf Richtungen der Umzentrierung hinweist« (171), bis diese irgendwann plötzlich in eine zündende Idee umschlägt.

Wertheimer (1957) führte Einsicht und produktives Denken wesentlich auf innere »Operationen der Umzentrierung« zurück. Dieses Prinzip ist auch in der psychoanalytischen Einsicht wirksam. Mit der Einsicht wird im Erlebnisfeld des Analytikers »eine Umordnung und Umzentrierung ... im Sinne einer nunmehr gesamtheitlichen (nicht mehr partialen) Integration erreicht« (Schumacher). Umzentrierungen setzen meist eine vorübergehende Dezentrierung voraus. Diese liegt der »Vervielfachung der Blickwinkel« (Bion) und dem »Bedrohtsein von Verwirrung« (Meltzer) zugrunde. Insofern ist als eine wesentliche Voraussetzung der psychoanalytischen Einsicht die Geduld und innere Bereitschaft zu nennen, sich »Krisen der Instabilität und Verwirrung aus(zusetzen), um schließlich zu einem neuen Niveau ... zu gelangen, was zu einer Entspannung führt, wenn das Niveau dann erreicht ist« (Brocher & Sies 1986, 66). Der Analytiker gelangt nur dann zu neuen Einsichten, wenn er immer wieder bereit ist, bestehende Ordnungen zu verlassen, um »Lösungen höherer Ordnung durch Strukturbildung« (Buchholz 1990, 130) zu finden. Die Gestalt ist immer wieder zu öffnen, um zu weiteren Schlüssen zu gelangen. Instabilität und Ambiguität beinhalten »die Möglichkeit eines sinnhaften Gestaltwechsels« und sind deswegen »nicht nur zuzulassen, sondern vielleicht sogar gezielt aufzusuchen« (Kruse 1988, 53). Dies setzt eine hohe Ambiguitätstoleranz des Psychoanalytikers voraus (Hohage 1989). Unter dieser Voraussetzung ist es ihm möglich, »in der Einsicht dialektische Ambiguität in verschiedenen Dimensionen durch Selbstreflexion« zu integrieren (Hohage 1989, 748). In der Einsicht konkretisiert sich dem Psychoanalytiker Sinn, wobei »Konkretisation meint, 'Elemente sind zu einer neuen Gestalt« zusammengewachsen' (Loch 1988, 59).

Der Analytiker überführt den sich darstellenden Sinn in eine sprachliche Ordnung. Er übersetzt seine ikonisch-szenisch erschlossene Einsicht in die Formulierung einer Deutung. Dies setzt voraus, daß der Analytiker in seiner eigenen Analyse symbolische Umsetzungen seiner eigenen Objektbeziehungsrepräsentanzen erarbeitet hat. Wenn »Übertragung und Gegenübertragung im Hinblick auf die intendierten Objekte und deren Beziehungsstrukturen *und* die diesen korrelierten Gefühle strukturell isomorph sind« (Loch 1988, 60), dann gelangt der Analytiker über symbolische Umsetzungen seiner eigenen unbewußten Phantasien zu Konstruktionen, die bedeutungsvolle Einsichten in die gegenwärtige innere Welt des Analysanden erbringen können.

Die Formulierung solcher Konstruktionen in einer Deutung, »d.h. das Festmachen der Zusammenhänge durch Verbinden mit Wortvorstellungen, macht die Zusammenhänge auch für den Patienten erlebbar« (Schumacher).

Die Deutung liefert den Baustein zu einer Gestalt, die wir über die unbewußte Seite des Patienten entwickeln. Mit dieser gedanklichen Gestalt können wir empathisch umgehen und sie durch weitere Deutungen verfeinern oder korrigieren, bis der Patient sich selbst in dieser gedanklichen Vorstellung wiedererkennen kann (Argelander 1991, 123).

In der Deutung werden ikonische Repräsentationen der inneren Welt des Patienten durch den Analytiker in symbolische Konstruktionen übersetzt, die dem Analysanden einen Einblick in seine innere Welt vermitteln. Dadurch eröffnen sich ihm zunächst im erlebnishaften Bereich neue Erlebnismöglichkeiten, die sich wiederum auch im nicht-erlebnishaften Bereich niederschlagen können. Dort bewirkt dies eine »Umstrukturierung der Objektbeziehungen« (Hohage 1989, 737).

Einen weiteren Effekt können Deutungen auf solche Repräsentanzen haben, die durch Abwehr an einer Weiterentwicklung zu einer höheren symbolischen Ordnung gehemmt, oder die »desymbolisiert« (Lorenzer 1974) wurden. In dieser Situation können Deutungen die Neubildung sprachlich strukturierter Repräsentanzen anstoßen oder die unterdrückten »symbolischen Interaktionsformen« re-konstruieren (Lorenzer 1974).

Die sprachliche Benennung des sich präverbal abspielenden Beziehungsgeschehens in der Deutung wiederholt für den Analysanden jenen Einschnitt, den die Einführung der Sprache für das ganzheitliche Erleben des Kleinkindes bedeutete. Die Einführung einer symbolischen Repräsentation durch den Analytiker stellt für den Analysanden ein ähnlich »zweischneidiges Schwert« (Stern 1985) dar, wie die Vermittlung der Sprachsymbole durch die primären Beziehungsobjekte für das Kleinkind. Auf der einen Seite bewirken sie eine Trennung und Aufteilung, auf der anderen Seite erschließen sie eine neue Ebene der Gemeinsamkeit und Zusammengehörigkeit (Stern 1985). »Eine Übertragungsdeutung unterbricht das Erleben der unmittelbaren Beziehung und regt an, die Dyade zu verlassen, um einen 'exzentrischen Standpunkt' einzunehmen« (Körner 1990, 99). So wie die Einführung der Sprache ein Keil zwischen das unmittelbare Erleben der Interaktion und deren Repräsentation trieb, so fordert die Deutung den Analysanden dazu auf, aus dem unmittelbaren Erleben der Übertragungsbeziehung herauszutreten und von einem exzentrischen Standpunkt seine Repräsentationen dieser Beziehung zu betrachten. Andererseits bietet sich ihm auf dieser Ebene eine neue Verbindung: »Indem er sich mit seinem Analytiker auf die (trennende) Übertragungsdeutung einigt, hebt er die Trennung doch wieder auf: Denn nun teilt er mit ihm den 'exzentrischen Standpunkt' und ist ihm darin wieder nahe« (Körner 1990, 100).

Die psychoanalytische Einsicht des Analysanden durchläuft denselben dynamischen Prozeß, wie die des Analytikers. Er muß ebenso den vormaligen sicheren Zustand verlassen und sich der Instabilität öffnen, um seine bestehende Strukturierung in Richtung auf eine höhere Ordnung überschreiten zu können. Dieser produktive Gestaltwechsel entspricht dem Prinzip der »Ordnung durch Fluktuation« (Prigogine 1977, zit.n. Brocher & Sies 1986). Freud und Wertheimer empfahlen unabhängig voneinander, sich diesem Prozeß geduldig hinzugeben, um zu neuen Einsichten zu gelangen. Beinahe einhellig formulierten sie als Regel einer produktiven Erkenntnishaltung, innere Instabilität und Ambiguität zuzulassen und sie eine Weile offenzuhalten, ohne die innere Organisation neuer Ordnungen durch »voreilige Schließungen« (Wertheimer 1957) zu behindern. Freud (1912) formulierte als Grundregel für den Psychoanalytiker, eine Haltung »gleichschwebender Aufmerksamkeit« einzunehmen. Argelander spezifizierte diese Regel im Rahmen seiner gestaltlichen Formulierung des psychoanalytischen Erkenntnisprozesses:

> Abwarten, bis die einzelnen Elemente in ihrer funktionalen Bedeutsamkeit aufeinander verweisen und sich daraus das unbewußte Thema als eine Gestalt abzeichnet, von der die einzelnen Elemente ihren Sinn erhalten (1979, 127).

Mündlich ist von Freud die folgende Formulierungsvariante seiner Grundregel für den Analytiker überliefert: »Wenn Sie mit der Analysestunde beginnen, vergessen Sie alles, was Sie wissen, und tun sie nur eines: so gut wie möglich zuhören« (zit.n. J. Lampl-de Groot, in Kuiper 1991, 251). Eine ganz ähnliche Haltung empfahl Wertheimer (1957) bei der Lösung komplexer Probleme einzunehmen: »Oft muß man vergessen, was man zufällig gewollt hat, bevor man aufnahmefähig wird für das, was die Sachlage selbst fordert« (158). In ihren Formulierungen produktiver Erkenntnisstrategien besteht die offenkundigste Übereinstimmung zwischen Freud und Wertheimer. Ihr gemeinsames Ziel, jene psychischen Vorgänge aufzuklären, die uns zu erweiterten Einsichten in unsere Welten verhelfen, brachte sie einander näher, als sie einzusehen bereit waren.

Literatur

Argelander, H. (1979): Die kognitive Organisation psychischen Geschehens. Ein Versuch zur Systematisierung der kognitiven Organisation in der Psychoanalyse. Stuttgart: Klett-Cotta.

Argelander, H. (1991): Über das psychoanalytische Denken. In: H. Luft & G. Maas (Hg.), Der psychoanalytische Prozeß. Kongreßband zur Arbeitstagung der DPV in Wiesbaden vom 21.-24. November 1990, 3-20.

Ash, M.G. (1989): Max Wertheimer's university career in Germany. *Psychological Research* 51, 52-57.

Auchter, Th. (1989): Gesundsein und Kranksein. Ein fiktives Gespräch mit Donald W. Winnicott. *Forum der Psychoanalyse* 5, 153-167.

Baumeyer, F. (1971): Zur Geschichte der Psychoanalyse in Deutschland. *Zeitschrift für Psychosomatische Medizin und Psychoanalyse* 17, 203-240.

Beebe, B. & Lachmann, F.M. (1988): The contribution of mother-infant mutual influence to the origins of self and object representations. *Psychoanalytic Psychology* 5, 305-337.

Beebe, B. & Stern, D. (1977): Engagement-disengagement and early object experience. In: N. Freedman & S. Grand (Eds.), Communicative structures and psychic structures (35-55). New York: Plenum.

Behr, H.L., Hearst, L.E. & van der Kleij, G.A. (1985): Die Methode der Gruppenanalyse im Sinne Foulkes. In: P. Kutter (Hg.), Methoden und Theorien der Gruppenpsychotherapie (93-120). Stuttgart - Bad Cannstatt: frommann-holzboog.

Beland, H. (1987): Wie verstehen sie sich selbst? *DPV-Information* Nr. 2, 9-14.

Beland, H. (1989): Die unbewußte Phantasie. *Forum der Psychoanalyse* 5, 85-98.

Beland, H. (1990): Wilfred R. Bion: Einführung in sein Werk. *PSA-Info* 34, 3-20.

Berghahn, W. (1963): Robert Musil. Reinbek bei Hamburg: Rowohlt.

Bernfeld, S. (1934): Die Gestalttheorie. *Imago* 20, 32-77.

Bernfeld, S. (1944): Freuds früheste Theorien und die Helmholtz-Schule. In: S. Bernfeld & S. Cassirer Bernfeld, Bausteine der Freud-Biographik (54-77). Frankfurt/M.: Suhrkamp 1988.

Bischof, N. (1966): Erkenntnistheoretische Grundlagenprobleme der Wahrnehmungspsychologie. In: W. Metzger & H. Erke (Hg.), Wahrnehmung und Bewußtsein. Handbuch der Psychologie, Bd. 1 (21-78). Göttingen: Hogrefe.

Bischof, N. (1989a): Was geschieht wirklich in der ödipalen Phase? Vortrag auf der Jahrestagung der Deutschen Gesellschaft für Psychotherapie, Psychosomatik und Tiefenpsychologie in Darmstadt.

Bischof, N. (1989b): Phase transitions in psychoemotional development. In: H. Haken & M. Stadler (Eds.), Synergetics of cognition (361-378). Berlin/Heidelberg/New York: Springer.

Bischof, N. (1989c): Emotionale Verwirrungen. Oder: Von den Schwierigkeiten im Umgang mit der Biologie. *Psychologische Rundschau* 40, 188-205.

Blatt, S.J. & Lerner, H. (1985): Investigations in the psychoanalytic theory of object relations and object representations. In: J. Masling (Ed.), Empirical studies of psychoanalytical theories (189-249). Hillsdale: Analytic Press.

Bower, T.G.R. (1967): Phenomenal identity and form perception in an infant. *Perception and Psychophysics* 2, 74-76.

Brauns, H.-P. & Schöpf, A. (1989): Freud und Brentano. Der Medizinstudent und der Philosoph. In: B. Nitzschke (Hg.), Freud und die akademische Psychologie. Beiträge zu einer historischen Kontroverse (40-79). München: Psychologie Verlags Union.

Brecht, K., Friedrich, V., Hermanns, L.M., Kaminer, I.J. & Juelich, D.H. (Hg.) (1985): »Hier geht das Leben auf eine merkwürdige Weise weiter ...«. Zur Geschichte der Psychoanalyse in Deutschland. Hamburg: Verlag Michael Kellner.

Briebach, T. (1986): Das Konstanzprinzip im theoretischen Werk Sigmund Freuds. Frankfurt/New York: Campus.

Brocher, T.H. & Sies, C. (1986): Psychoanalyse und Neurobiologie. Zum Modell der Autopoiese als Regulationsprinzip. Stuttgart - Bad Cannstatt: frommann-holzboog.

Brodthage, H. & Hoffmann, S.O. (1981): Die Rezeption der Psychoanalyse in der Psychologie. In: J. Cremerius (Hg.), Die Rezeption der Psychoanalyse in der Soziologie, Psychologie und Theologie im deutschsprachigen Raum bis 1940 (135-253). Frankfurt/M.: Suhrkamp.

Brückner, P. (1975): Sigmund Freuds Privatlektüre. Köln: Horst.

Buchholz, M.B. (1988): Die therapeutische Situation. *Forum der Psychoanalyse* 4, 273-291.

Buchholz, M.B. (1990): Die Rotation der Triade. *Forum der Psychoanalyse* 6, 116-134.

Carotenuto, A. (1986): Tagebuch einer heimlichen Symmetrie. Sabina Spielrein zwischen Jung und Freud. Freiburg: Kore.

Chasseguet-Smirgel, J. (1986): Anmerkungen zum Hamburger Kongreß. (Stimmen zum Hamburger IPA-Kongreß). *Psyche* 40, 871-872.

Conrad, K. (1958): Die beginnende Schizophrenie. Stuttgart: Thieme.

Corino, K. (1973): Ödipus oder Orest? Robert Musil und die Psychoanalyse. In: U. Bauer & D. Goltschnigg (Hg.), Vom »Törleß« zum »Mann ohne Eigenschaften« (123-235). München/Salzburg: Fink.

Corino, K. (1988): Robert Musil. Leben und Werk in Bildern und Texten. Reinbek bei Hamburg: Rowohlt.

Cremerius, J. (1979): Robert Musil. Das Dilemma eines Schriftstellers vom Typus »poeta doctus« nach Freud. *Psyche* 33, 577-599.

Dahlferth, M. (1989): Wie und was sehen autistische Kinder? *Acta Paedopsychiatrica* 52: 121-133.

Deneke, F.-W. (1989): Das Selbst-System. *Psyche* 43, 577-608.

Devereux, G. (1951): Some criteria for the timing of confrontations and interpretations. *International Journal of Psycho-Analysis* 32, 19-24.

De Wind, E. (1986): Hamburg und die Juden. *Psyche* 40, 905-908.

Doleve-Gandelman, T. & Gandelman, C. (1988): Gestalt-switches in primitive artifacts: The application of a Gestalt principle to ethnology. *Gestalt Theory* 10, 290-303.

Ehrenfels, Chr.v. (1890): Über Gestaltqualitäten. *Vierteljahrsschrift für wissenschaftliche Philosophie* 14, 249-292.

Ehrenfels, Chr.v. (1903): Sexuales Ober- und Unterbewußtsein. *Politisch-anthropologische Revue*, Bd.2.

Ehrenfels, Chr.v. (1907): Sexualethik. In: L. Löwenfeld (Hg.), Grenzfragen des Nerven- und Seelenlebens. Wiesbaden.

Ehrenfels, Chr.v. (1932): Über Gestaltqualitäten. *Philosophia* 2 (1937), 139-141.

Ellenberger, H. (1965): Leben und Werk Hermann Rorschachs (1884-1922). In: H. Rorschach, Gesammelte Aufsätze (hg. von K.W. Bash) (19-69). Bern/Stuttgart: Huber.

Elliger, T.J. (1986): S. Freud und die akademische Psychologie - Ein Beitrag zur Rezeptionsgeschichte der Psychoanalyse in der deutschen Psychologie (1895-1945). Weinheim: Deutscher Studien Verlag, Beltz.

Emde, R.N. (1991): Die endliche und die unendliche Entwicklung. I. Angeborene und motivationale Faktoren aus der frühen Kindheit. *Psyche* 45, 745-779.

Erdheim, M. (1984): Die gesellschaftliche Produktion von Unbewußtheit. Eine Einführung in den ethnopsychoanalytischen Prozeß. Frankfurt/M.: Suhrkamp.

Ermann, M. (1989a): Unbewußte Phantasien in der Nachkriegsgeschichte der deutschen Psychoanalyse. In: H.-V. Werthmann (Hg.), Unbewußte Phantasien. München: Pfeiffer.

Ermann, M. (1989b): Freud, unsere Vergangenheit und Gegenwart. *Forum der Psychoanalyse* 5, 177-189.

Esman, A.H. (1991): Die »Reizschranke«. Forschungsbericht und Neubetrachtung. *Psyche* 45, 142-156.

Fabian R. (1986): Leben und Wirken von Christian v. Ehrenfels. Ein Beitrag zur intellektuellen Biographie. In: R. Fabian (Hg.), Christian von Ehrenfels: Leben und Werk (1-63). Amsterdam: Rodopi.

Fischer, G. (1987): Libidinöse Objektkonstanz und soziale Wechselseitigkeit. *Forum der Psychoanalyse* 3, 300-313.

Foulkes, S.H. (1968): Some autobiographical notes. *Group Analysis* 1, 117-122.

French, T.M. (1938): Defense and synthesis in the function of the ego. *Psychoanalytic Quarterly* 7, 537.

French, T.M. (1939): Insight and distortion in dreams. *International Journal of Psycho-Analysis* 20, 287-298.

French, T.M. (1941): Goal mechanism and the integrative field. *Psychosomatic Medicine* 3, 226

French, T.M. (1951): The integrative process. *Dialectica* 5, 246.

French, T.M. (1952, 1954): The integration of behavior. Vol. I and II. University of Chicago Press.

Freud, S. (1895): Studien über Hysterie. GW I.

Freud, S. (1900): Die Traumdeutung. GW II/III.

Freud, S. (1901): Zur Psychopathologie des Alltagslebens. GW IV.

Freud, S. (1905): Der Witz und seine Beziehung zum Unbewußten. GW VI.

Freud, S. (1906): Tatbestandsdiagnostik und Psychoanalyse. GW VII.

Freud, S. (1908): Die »kulturelle« Sexualmoral und die moderne Nervosität. GW VII.

Freud, S. (1912): Ratschläge für den Arzt bei der psychoanalytischen Behandlung. GW VIII.

Freud, S. (1913): Das Unbewußte. GW X.

Freud, S. (1917): Vorlesungen zur Einführung in die Psychoanalyse. GW XI.

Freud, S. (1919): Wege der psychoanalytischen Therapie. GW XII.

Freud, S. (1920): Jenseits des Lustprinzips. GW XIII.

Freud, S. (1923): Das Ich und das Es. GW XIII.

Freud, S. (1925): Die Verneinung. GW XIV.

Freud, S. (1930): Das Unbehagen in der Kultur. GW XIV.

Freud, S. (1933): Warum Krieg? GW XVI.

Freud, S. (1960): Briefe 1873-1939. Ausgewählt und herausgegeben von Ernst und Lucie Freud. Frankfurt/M.: Fischer.

Freud, S. & Pfister, O. (1963): Briefe 1909-1939 (Hg. E.L. Freud & H. Meng). Frankfurt/M.: Fischer.

Frisé, A. (1952): Robert Musil. In: R. Musil, Drei Frauen (89-99). Reinbek bei Hamburg, Rowohlt (1978).

Fuchs, S.H. (1936): Zum Stand der heutigen Biologie. Dargestellt an Kurt Goldstein: Der Aufbau des Organismus. *Imago* 22, 210-241.

Galli, G. (1975): Struktur und Dynamik des phänomenalen Ich. In: S. Ertel, L. Kemmler & M. Stadler (Hg.), Gestalttheorie in der modernen Psychologie (124-133). Darmstadt: Steinkopff.

Galli, G. (1979): Sui rapporti tra F. Brentano e S. Freud. *Annali della Facoltà di Lettere e Filosofia dell' Università di Macerata* XII, 285-304.

Galli, G. (1980): Die Analyse des phänomenalen Ich und die Tragweite der Gestalttheorie. *Gestalt Theory* 2, 71-77.

Galli, G. (1983): Psychoanalyse und Gestalttheorie. Zwei Methoden im Vergleich. *Gestalt Theory* 5, 23-29.

Geuter, U. (1984): Die Professionalisierung der deutschen Psychologie im Nationalsozialismus. Frankfurt/M.: Suhrkamp.

Geuter, U. (1985): Nationalsozialistische Ideologie und Psychologie. In: M.G. Ash & U. Geuter (Hg.) Geschichte der deutschen Psychologie im 20. Jahrhundert. Ein Überblick. Opladen: Westdeutscher Verlag.

Goldstein, K. (1934): Der Aufbau des Organismus. Den Haag: Martinius Nighoff.

Graumann C.F. (Hg.) (1985): Psychologie im Nationalsozialismus. Berlin/Heidelberg/New York/Tokyo: Springer.

Grubrich-Simitis, I. (1988): Siegfried Bernfeld: Mitstreiter der Psychoanalyse. In: S. Bernfeld & S. Cassirer Bernfeld, Bausteine der Freud-Biographik (7-48). Frankfurt/M.: Suhrkamp.

Grüning, M. (Hg.) (1990): Ein Haus für Albert Einstein. Erinnerungen - Briefe - Dokumente. Berlin: Verlag der Nation.

Guski, R. (1989): Wahrnehmung. Stuttgart/Berlin/Köln: Kohlhammer.

Harmat, P. (1986): Leben und Werk von Imre Hermann. *Psyche* 40, 640-651.

Hayman, A. (1990): Some thoughts on the inner world and the environment. Setting the scene. *International Review of Psycho-Analysis* 17, 71-82.

Haynal, A. (1975): Freud und Piaget. *Psyche* 29, 242-272.

Hemecker, W. (1989): »Ihr Brief war mir sehr wertvoll ...«. Christian von Ehrenfels und Sigmund Freud - eine verschollene Korrespondenz. In: J. Claire, C. Pichler & W. Pircher (Hg.), Wunderblock, 561-570. Wien: Löcker.

Hermann, I. (1922): Ordnungssinn und Gestaltwerden im Zusammenhang mit der Sittlichkeit. *Zeitschrift für angewandte Psychologie* 20, 391-401.

Hermann, I. (1925): Max Wertheimer: Über Schlußprozesse im produktiven Denken. [Rezension] *Imago* 11, 200-201.
Hermann, I. (1927): Wertheimer, Max: Über Gestalttheorie. [Rezension] *Imago* 13, 126.
Herrmann, T. (1976): Ganzheitspsychologie und Gestalttheorie. In: H. Balmer (Hg.), Die Psychologie des 20. Jahrhunderts. Bd.I, Die Europäische Tradition (573-658). Zürich: Kindler.
Hochheimer, W. (1954): Zur Analyse des therapeutischen Feldes. *Psyche* 7, 648-675.
Hoffmann-Axthelm, D. (1987): Sinnesarbeit. Nachdenken über Wahrnehmen. Frankfurt/M./New York: Campus.
Hohage, R. (1989): Therapeutische Einsicht und Ambiguitätstoleranz. *Psyche* 43, 736-752.
Hug, R. & Mulligan, K. (1986): Theorie und Trieb - Bemerkungen zu Ehrenfels. In: R. Fabian (Hg.), Christian von Ehrenfels: Leben und Werk (214-246). Amsterdam: Rodopi.
Imbasciati, A. (1989): Towards a psychoanalytic model of cognitive processes: Representation, perception, memory. *International Review of Psycho-Analysis* 16, 223-236.
Jay, M. (1976): Dialektische Phantasie. Die Geschichte der Frankfurter Schule und des Instituts für Sozialforschung 1923-1950. Frankfurt/M.: Fischer.
Jones, E. (1960): Das Leben und Werk von Sigmund Freud, Bd. 1: Die Entwicklung zur Persönlichkeit und die großen Entdeckungen, 1856-1900. Bern/Stuttgart: Huber.
Joraschky, P. (1983): Das Körperschema und das Körper-Selbst als Regulationsprinzipien der Organismus-Umwelt-Interaktion. München: Minerva.
Jung, C.G. (Hg.) (1906): Diagnostische Assoziationsstudien - Beiträge zur experimentellen Psychopathologie, Bd I. Leipzig: Barth.
Kaufmann-Hayoz, R. (1989): Entwicklung der Wahrnehmung. In: H. Keller (Hg.), Handbuch der Kleinkindforschung (401-418). Berlin/Heidelberg/New York: Springer.
Keilson, H. (1986): Der Hamburger Kongreß war ein Anfang, kein Versöhnungsfest. *Psyche* 40, 877-881.
Kernberg, O. (1988): Innere Welt und äußere Realität. Anwendungen der Objektbeziehungstheorie. München/Wien: Verlag Internationale Psychoanalyse.
Kittler, E. (1991): Gedanken zum Werk von André Green. *Jahrbuch der Psychoanalyse* 28, 109-147.
Klein, G.S. (1976): Psychoanalytic theory. An exploration of essentials. New York: International Universities Press.

Körner, J. (1988): Die Rezeption der Psychoanalyse in der Psychologie. In: G. Rudolf & U. Rüger (Hg.), Psychoanalyse der Gegenwart (108-117). Göttingen: Vandenhoeck und Ruprecht.

Körner, J. (1989): Psychoanalyse und akademische Psychologie. Von den Schwierigkeiten eines Dialogs zwischen anwendungsbezogener und theoriegeleiteter Wissenschaft. In: B. Nitzschke (Hg.), Freud und die akademische Psychologie. Beiträge zu einer historischen Kontroverse (22-38). München: Psychologie Verlags Union.

Körner, J. (1990): Übertragung und Gegenübertragung, eine Einheit im Widerspruch. *Forum der Psychoanalyse* 6, 87-104.

Koffka, K. (1928): On the structure of the unconscious. In: W.F. Dummer (Ed.), The unconscious. A symposium. Freeport: Books for libraries (1966).

Koffka, K. (1935): Principles of Gestalt psychology. London: Routledge & Kegan Paul.

Kropiunigg, U. (1990): Psyche und Immunsystem. Wien/New York: Springer.

Krovoza, A., Oestmann, A.R. & Ottomeyer, K. (Hg.) (1981): Zum Beispiel Peter Brückner. Treue zum Staat und kritische Wissenschaft. Frankfurt/M.: Europäische Verlagsanstalt.

Kruse, P. (1986): Wie unabhängig ist das Wahrnehmungsobjekt vom Prozeß der Identifikation? *Gestalt Theory* 8, 141-143.

Kruse, P. (1988): Stabilität - Instabilität - Multistabilität. Selbstorganisation und Selbstreferentialität in kognitiven Systemen. *Delfin* 6, 35-57.

Kuiper, P.C. (1991): Seelenfinsternis. Frankfurt/M.: S. Fischer

Lamott, F. (1988): Prof. Dr. Hans Gross gegen seinen Sohn. Zum Verhältnis von Wissenschaft zu Subjektivität. In: J. Claire, C. Pichler & W. Pircher (Hg.), Wunderblock (611-619). Wien: Löcker.

Laier, M. (1989): Das Frankfurter Psychoanalytische Institut (1929-1933). *Materialien aus dem Sigmund-Freud-Institut Frankfurt* 9.

Leupold-Löwenthal, H. (1986): Handbuch der Psychoanalyse. Wien: Orac.

Levy, E. (1986): A Gestalt theory of paranoia. Introduction, comment and translation of »Heinrich Schulte«. *Gestalt Theory* 8, 230-255.

Lichtenberg, J.D. (1983): Psychoanalysis and infant research. Hillsdale: Analytic Press.

Lichtenberg, J.D. (1990): Einige Parallelen zwischen den Ergebnissen der Säuglingsbeobachtung und klinischen Beobachtungen an Erwachsenen, besonders bei Borderline-Patienten und Patienten mit narzißtischer Persönlichkeitsstörung. *Psyche* 44, 871-901.

Lichtenberg J.D. (1991): Motivational-funktionale Systeme als psychische Strukturen. *Forum der Psychoanalyse* 7, 85-97.

Lincke, H. (1981): Instinktverlust und Symbolbildung. Berlin: Severin und Siedler.

Loch, W. (1988): Rekonstruktionen, Konstruktionen, Interpretationen: Vom »Selbst-Ich« zum »Ich-Selbst«. *Jahrbuch der Psychoanalyse* 23, 37-81.

Loch, W. (1989a): Grundriß der psychoanalytischen Theorie. In: W. Loch (Hg.), Die Krankheitslehre der Psychoanalyse (1-73). Stuttgart: Hirzel.

Loch, W. (1989b): Über einige Zusammenhänge zwischen Psychoanalyse und Philosophie. *Jahrbuch der Psychoanalyse* 25, 57-123.

Lockot, R. (1985): Erinnern und Durcharbeiten. Zur Geschichte der Psychoanalyse und Psychotherapie im Nationalsozialismus. Frankfurt/M.: Fischer.

Lohmann, H.M. (Hg.) (1984): Psychoanalyse und Nationalsozialismus. Frankfurt/M.: Fischer.

Lorenzer, A. (1974): Die Wahrheit der psychoanalytischen Erkenntnis. Frankfurt/M.: Suhrkamp.

Lorenzer, A. (1988): Freud: Die Natürlichkeit des Menschen und die Sozialität der Natur. *Psyche* 42, 426-438.

Luchins, A.S. & Luchins, E.H. (1982): An introduction to the origins of Wertheimers Gestalt psychology. *Gestalt Theory* 4, 145-171.

Luchins, A.S. & Luchins, E.H. (1985): Max Wertheimer: His life and work during 1912-1919. *Gestalt Theory* 7, 3-28.

Luchins, A.S. & Luchins, E.H. (1986a): Max Wertheimer: 1919-1929. *Gestalt Theory* 8, 4-30.

Luchins, A.S. & Luchins, E.H. (1986b): Wertheimer in Frankfurt: 1929-1933. *Gestalt Theory* 8, 205-224.

Luchins, A.S. & Luchins, E.H. (1987): Max Wertheimer in America: 1933-1943. *Gestalt Theory* 9, 70-101.

Lück, H.E., Grünwald, H., Geuter, U., Miller, R. & Rechtien, W. (1987): Sozialgeschichte der Psychologie. Opladen: Leske + Budrich.

Lück, H.E. & Rechtien, W. (1989): Freud und Lewin. Historische Methode und »Hier-und-Jetzt«. In: B. Nitzschke (Hg.), Freud und die akademische Psychologie. Beiträge zu einer historischen Kontroverse (137-159). München: Psychologie Verlags Union.

Mahler, M.S. (1961): Entdifferenzierung der Wahrnehmung und psychotische »Objektbeziehung«. *Psyche* 15, 298-305.

Mahler, M.S., Pine, F. & Bergman, A. (1978): Die psychische Geburt des Menschen - Symbiose und Individuation. Frankfurt/M.: Fischer.

McKinnon, J. (1979): Two semantic forms: Neuropsychological and psychoanalytic descriptions. *Psychoanalytic Contemporary Thought* 2, 25-76.

Meltzer, D. (1988): Traumleben. Eine Überprüfung der psychoanalytischen Theorie und Technik. München/Wien: Verlag Internationale Psychoanalyse.

Meltzoff, A.N. & Barton, R. (1979): Intermodal matching by human neonates. *Nature* 282, 403-404.

Meltzoff, A.N. (1985): The roots of social and cognitive development: Models of man's original nature. In: T.M. Field & N.A. Fox (Eds.), Social perception in infants (1-30). Norwood: Ablex.

Mertens, W. (1983): Die Rezeption der Psychoanalyse in der Psychologie. In: W. Mertens (Hg.), Psychoanalyse, ein Handbuch in Schlüsselbegriffen (226-228). München: Urban und Schwarzenberg.

Mertens, W. (1990/91): Einführung in die psychoanalytische Therapie (Bd. 1-3). Stuttgart/Berlin/Köln: Kohlhammer.

Metzger, W. (1966): Der Ort der Wahrnehmungslehre im Aufbau der Psychologie. In: W. Metzger & H. Erke (Hg.), Wahrnehmung und Bewußtsein. Handbuch der Psychologie, Bd. 1 (3-20). Göttingen: Hogrefe.

Metzger, W. (1972): Wolfgang Metzger. In: L.J. Pongratz, W. Traxel & E.G. Wehner, Psychologie in Selbstdarstellungen, Bd. 1 (192-230). Bern/Stuttgart/Wien: Huber.

Metzger, W. (1974a): Gestalt. In: J. Ritter (Hg.), Historisches Wörterbuch der Philosophie (547-548). Bd. 3. Basel: Schwabe & Co.

Metzger, W. (1974b): Gestaltpsychologie. In: J. Ritter (Hg.), Historisches Wörterbuch der Philosophie (549-550). Bd. 3. Basel: Schwabe & Co.

Metzger, W. (1975): Psychologie. Die Entwicklung ihrer Grundannahmen seit der Einführung des Experiments. Darmstadt: Steinkopff.

Metzger, W. (1976a): Psychologie zwischen Natur- und Geisteswissenschaften. In: H. Balmer (Hg.), Die Psychologie des 20. Jahrhunderts. Bd. I, Die Europäische Tradition (27-40). Zürich: Kindler.

Metzger, W. (1976b): Gestalttheorie im Exil. In: H. Balmer (Hg.), Die Psychologie des 20. Jahrhunderts. Bd. I, Die Europäische Tradition (659-683). Zürich: Kindler.

Metzger, W. (1979): Gestaltpsychologie - ein Ärgernis für die Nazis. *Psychologie heute* 6, 84-85.

Mulligan, K. & Smith, B. (1988): Mach and Ehrenfels: The foundations of Gestalt theory. In: B. Smith (Hg.), Foundations of Gestalt theory. München/Wien: Philosophia Verlag.

Musil, R. (1952): Skizzen einer Autobiographie (Aus dem Tagebuch-Heft 33: 1937-1941). In: R. Musil, Drei Frauen (100-115). Reinbek bei Hamburg: Rowohlt (1978).

Musil, R. (1978): Der Mann ohne Eigenschaften. Reinbek bei Hamburg: Rowohlt.

Nitzschke, B. (1989a): Freud und die akademische Psychologie. Einleitende Bemerkungen zu einer historischen Kontroverse. In: B. Nitzschke (Hg.), Freud und die akademische Psychologie. Beiträge zu einer historischen Kontroverse (2-21). München: Psychologie Verlags Union.

Nitzschke, B. (1989b): Freud und Fechner. Einige Anmerkungen zu den psychoanalytischen Konzepten »Lustprinzip« und »Todestrieb«. In: B. Nitzschke (Hg.), Freud und die akademische Psychologie. Beiträge zu einer historischen Kontroverse (80-96). München: Psychologie Verlags Union.

Nitzschke, B. (1989c): Zur historischen Beziehung zwischen Psychologie und Psychoanalyse. Vortrag auf der Jahrestagung der Deutschen Gesellschaft für Psychotherapie, Psychosomatik und Tiefenpsychologie in Darmstadt.

Nunberg, H. & Federn, E. (Hg.) (1976): Protokolle der Wiener Psychoanalytischen Vereinigung, Band I, 1906-1908. Frankfurt/M.: Fischer.

Nunberg, H. & Federn, E. (Hg.) (1977): Protokolle der Wiener Psychoanalytischen Vereinigung, Band II, 1908-1910. Frankfurt/M.: Fischer.

Nunberg, H. & Federn, E. (Hg.) (1981): Protokolle der Wiener Psychoanalytischen Vereinigung, Band IV, 1912-1918. Frankfurt/M.: Fischer.

Oehler, C. & Remschmidt, H. (1990): Soziale Wahrnehmung bei autistischen Kindern. *Autismus*, 10-12.

Oestmann, A.-R. (1983): Über Peter Brückner. In: P. Brückner, Selbstbefreiung, Provokation und soziale Bewegungen (101-106). Berlin: Wagenbach.

Peters, U.H. (1984): Wörterbuch der Psychiatrie und medizinischen Psychologie. München Wien: Urban & Schwarzenberg.

Piaget, J. (1945): Nachahmung, Spiel und Traum. Die Entwicklung der Symbolfunktion beim Kinde. Stuttgart: Klett 1969.

Piaget, J. (1976a): Die Gestalttheorie in der zeitgenössischen Psychologie der Intelligenz und der Wahrnehmung. In: J. Piaget, Probleme der Entwicklungspsychologie (106-119). Frankfurt/M.: Syndikat 1984.

Piaget, J. (1976b): Das affektive und das kognitive Unbewußte. In: J. Piaget, Probleme der Entwicklungspsychologie (31-45). Frankfurt/M.: Syndikat 1984.

Piaget, J. (1979): Jean Piaget. In: L. Pongratz, W. Traxel & E.G. Wehner, Psychologie in Selbstdarstellungen (149-209). Bern/Stuttgart/Wien: Huber.

Pine, F. (1985): Developmental theory and clinical process. New Haven.

Portele, G. (1985): Gestalttheorie, Theorie der Autopoiese und Gestalttherapie. *Gestalt Theory* 7, 245-259.

Pötzl, O. (1917): Experimentell erregte Traumbilder in ihren Beziehungen zum indirekten Sehen. *Zeitschrift für die gesamte Neurologie und Psychiatrie* 37, 197-278.

PSYCHE (1984): Psychoanalyse unter Hitler. Dokumentation einer Kontroverse (Herausgegeben von der Redaktion der Zeitschrift *Psyche*).

Rapaport, D. (1961): Die Struktur der psychoanalytischen Theorie. Stuttgart: Klett.

Rechtien, W. (1984): Gestalttheorie. In: H.E. Lück, R. Miller & W. Rechtien (Hg.), Geschichte der Psychologie (88-95). München/Wien/Baltimore: Urban und Schwarzenberg.

Reiff, H. (1987): Körper-Ich und Phallus. Versuch über die Entwicklung der Zeichen aus dem Trieb. *Jahrbuch der Psychoanalyse* 21, 205-228.

Reiff, H. (1989): Haut, Körper und Symbol. Zur Rolle des Körperbildes in der Psychosomatik. *Jahrbuch der Psychoanalyse* 25, 236-255.

Reiff, H. (1989): Bedeutung ohne Worte, Wort ohne Bedeutung: Das Vergessen des »aliquis«. Bemerkungen zu Grünbaums Kritik der Verdrängung. *Psyche* 44, 516-532.

Rizzuto, A.-M. (1990): The origins of Freud's concept of object representation (‚Objektvorstellung') in his monograph 'On Aphasia': Its theoretical and technical importance. *International Journal of Psycho-Analysis* 71, 241-248.

Rohmann, U. (1985): Informationsverarbeitung autistischer Kinder. Münster: Lit.

Roth, G. (1985): Die Selbstreferentialiät des Gehirns und die Prinzipien der Gestaltwahrnehmung. *Gestalt Theory* 7, 228-244.

Roth, G. (1987): Erkenntnis und Realität: Das reale Gehirn und seine Wirklichkeit. In: S.J. Schmidt (Hg.), Der Diskurs des Radikalen Konstruktivismus. Frankfurt/M.: Suhrkamp.

Rothe, S. (1989): Siegmund Heinrich Fuchs. Vortrag auf der Tagung des Sigmund-Freud-Institutes Frankfurt aus Anlaß des 50. Todestages von Sigmund Freud, 13.12.89.

Sandler, A.-M. (1975): Comments on the significance of Piaget's work for Psychoanalysis. *International Review of Psycho-Analysis* 2, 365-377.

Sandler, J. (1990): On the structure of internal objects and internal object relationships. *Psychoanalytic Inquiry* 10, 163-181.

Sandler, J, Dare, C. & Holder A. (1979): Die Grundbegriffe der psychoanalytischen Therapie. Stuttgart: Klett-Cotta.

Sandler, J. & Joffe, W.J. (1967): Die Persistenz in der psychischen Funktion und Entwicklung mit besonderem Bezug auf die Prozesse der Fixierung und Regression. *Psyche* 21, 138-151.

Sandler, J. & Joffe, W.J. (1969): Auf dem Wege zu einem Grundmodell der Psychoanalyse. *Psyche* 23, 461-480.

Sandler, J. & Rosenblatt, B. (1962): The concept of the representational world. *Psychoanalytic Study of the Child*, 17, 128-145.

Sarris, V. (1987): Max Wertheimer in Frankfurt - über Beginn und Aufbaukrise der Gestaltpsychologie I. Ausgangsstudien über das Sehen von Bewegung (1910-1912). *Zeitschrift für Psychologie* 195, 283-310.

Sarris, V. (1988): Max Wertheimer in Frankfurt - über Beginn und Aufbaukrise der Gestaltpsychologie III. Weitere Studien über das Sehen von Bewegung. *Zeitschrift für Psychologie* 196, 27-61.

Sarris, V. & Wertheimer, Mich. (1987): Max Wertheimer (1880-1943) im Bilddokument - Ein historiografischer Beitrag. *Psychologische Beiträge* 29, 469-493.

Schilder, P. (1936): Koffka, K.: Principles of Gestalt Psychology. [Rezension] *Imago* 22, 251-255.

Schivelbusch, W. (1985): Intellektuellendämmerung. Zur Lage der Frankfurter Intelligenz in den zwanziger Jahren. Frankfurt/M.: Suhrkamp.

Schumacher, W. (1971): Gestaltdynamik und Ich-Psychologie. *Psyche* 25, 161-191.

Schumacher, W. (1985): Phantasie und Realität. In: H. Luft & G. Maas (Hg.), Phantasie und Realität. Arbeitstagung der Deutschen Psychoanalytischen Vereinigung in Wiesbaden vom 20.-23. November 1985 (13-35).

Segal, H. (1974): Melanie Klein. Eine Einführung in ihr Werk. Frankfurt/M.: Fischer.

Siefert, H. (1989): Medizinische Fakultät und Psychoanalyse in Frankfurt vor 1933. Vortrag auf der Tagung des Sigmund-Freud-Institutes Frankfurt aus Anlaß des 50. Todestages von Sigmund Freud, 13.12.89.

Slater, A. & Morison, V. (1985): Shape constancy and slant perception at birth. *Perception* 14, 337-344.

Smith, B. (1986): The theory of value of Christian v. Ehrenfels. In: R. Fabian (Hg.), Christian von Ehrenfels: Leben und Werk (150-171). Amsterdam: Rodopi.

Spence, D. (1982): Narrative truth and historical truth. New York: Norton.

Spiegel, L.A. (1975): The functions of free association in psychoanalysis: Their relation to technique and theory. *International Review of Psycho-Analysis* 2, 379-388.

Spitz, R. (1945): Hospitalism: An inquiry into the genesis of psychiatric conditions in early childhood. *Psychoanalytic Study of the Child* 1, 53-74.

Spitz, R. (1972): Brücken - Zur Genese der Sinngebung. *Psyche* 28, 1003-1018.

Stadler, M. (1985) Das Schicksal der nichtemigrierten Gestaltpsychologen im Nationalsozialismus. In: C.F. Graumann (Hg.), Psychologie im Nationalsozialismus (139-164). Berlin/Heidelberg/New York/Tokyo: Springer.

Stadler, M. & Crabus, H. (1986): Wolfgang Metzger (1899-1979). In: W. Metzger, Gestalt-Psychologie. Ausgewählte Werke, herausgegeben von M. Stadler & H. Crabus. Frankfurt/M.: Cramer.

Stadler, M. & Kruse, P. (1986): Gestalttheorie und Theorie der Selbstorganisation. *Gestalt Theory* 8, 75-98.

Stadler, M. & Kruse, P. (1990): Über Wirklichkeitskriterien. In: V. Riegas & C. Vetter (Hg.), Zur Biologie der Kognition. Frankfurt/M.: Suhrkamp.

Stadler, M., Seeger, F. & Raeithel, A. (1975): Psychologie der Wahrnehmung. München: Juventa.

Steffens, W. & Kächele, H. (1988): Abwehr und Bewältigung - Mechanismen und Strategien. Wie ist eine Integration möglich? In: H. Kächele & W. Steffens, Bewältigung und Abwehr (1-50). Berlin/Heidelberg/New York/London/Paris/Tokyo: Springer.

Stern, D.N. (1985): The interpersonal world of the infant. A view from psychoanalysis and developmental psychology. New York: Basic Books.

Stern, D.N. (1988): The dialectic between the »Interpersonal« and the »Intrapsychic«: With particular emphasis on the role of memory and representation. *Psychoanalytic Inquiry* 8, 505-512.

Tholey, P. (1988): Gestaltpsychologie. In: R. Asanger & G. Wenninger (Hg.), Handwörterbuch der Psychologie (249- 255). München/Weinheim: Psychologie Verlags Union.

Tillich, P. (1971): Begegnungen. Gesammelte Werke, Bd. XII, herausgegeben von Renate Albrecht. Stuttgart/Frankfurt/M.: Evangelisches Verlagswerk.

Tölle, R. (1988): Psychiatrie. Berlin/Heidelberg/New York/London/Paris/Tokyo: Springer.

Tustin, F. (1989): Autistische Zustände bei Kindern, Stuttgart: Klett-Cotta.

Tustin, F. (1988): Autistische Barrieren bei Neurotikern, Frankfurt/M.: Nexus.

Tustin, F. (1991): Revised understandings of psychogenic autism. *International Journal of Psycho-Analysis* 72, 585-591.

VanGiffen, K. & Haith, M.M. (1984): Infant visual response to Gestalt geometric forms. *Infant Behavior and Development* 7, 335-346.

Vidal, F. (1989): Freud und Piaget, Jean ein »Enkel« von Sigmund. In: B. Nitzschke (Hg.), Freud und die akademische Psychologie. Beiträge zu einer historischen Kontroverse (162-180). München: Psychologie Verlags Union.

Vogt, R. (1986): Warum sprechen die Deutschen nicht? (Stimmen zum Hamburger IPA-Kongreß). *Psyche* 40, 896-902.

Vogt, R. (1988): Innere und äußere Realität in Psychoanalysen. *Psyche* 42, 657-688.

Vogt, R. (1991): Protokoll der Arbeitsgruppe zu H. Argelander, Über psychoanalytisches Denken. In: H. Luft & G. Maas (Hg.), Der psychoanalytische Prozeß. Kongreßband zur Arbeitstagung der DPV in Wiesbaden vom 21.-24. November 1990, 127-128.

Vogt-Heyder, B. (1986): »Und niemand hört ihnen zu, wenn die Deutschen über Psychoanalyse sprechen«. *Psyche* 40, 890-896.

Warsitz, P. (1986): Gestalt und Struktur. Zur Bedeutung von Kurt Goldstein für die Psychoanalyse. *Wunderblock* 15, 33-56.

Wellendorf, F. (1990): Brudermord und Versöhnung - Über Liebe, Haß und Erkenntnis in der Psychoanalyse. Vortrag auf der Jahrestagung der Deutschen Psychoanalytischen Gesellschaft in Hannover.

Wertheimer, Max (1905): Experimentelle Untersuchungen zur Tatbestandsdiagnostik. Leipzig: Engelmann.

Wertheimer, Max (1912): Experimentelle Studien über das Sehen von Bewegung. *Zeitschrift für Psychologie* 61, 161-265.

Wertheimer, Max (1957): Produktives Denken. Frankfurt/M.: Kramer.

Wertheimer, Max (1989): Eine Geschichte dreier Tage. *Gestalt Theory* 11, 68-78.

Wertheimer, Mich. (1961): Psychomotor coordination of auditory and visual space at birth. *Science* 134, 1692.

Wertheimer, Mich. (1980): Max Wertheimer, Gestalt Prophet. *Gestalt Theory* 2, 3-17.

Wertheimer, Mich. (1989): Max Wertheimers challenging legacy. *Psychological Research* 51, 69-74.

Wiggershaus, R. (1986): Die Frankfurter Schule. Geschichte, Theoretische Entwicklungen, Politische Bedeutung. München: Hanser.

Winnicott, D.W. (1953): Übergangsobjekte und Übergangsphänomene. In: D.W. Winnicott, Von der Kinderheilkunde zur Psychoanalyse (293-312). München: Kindler 1976.

Witkin, H.A. (1973): Psychologische Differenzierung und Formen der Pathologie. *Psyche* 27, 555-593.

Witkin, H.A. & Goodenough, D.R. (1981): Cognitive styles: Essence and origins. New York: International University Press.

Wolff, R. (1986): Wider die Seelenblindheit - Nachwort des Herausgebers. In: W. Hochheimer, Tiefenpsychologie und kritische Anthropologie (hg. von R. Wolff). Basel/Frankfurt/M.: Stroemfeld/Roter Stern.

Wolff, W. (1934): Ein Forschungsbericht. Grundlegung einer experimentellen Tiefenpsychologie. *Imago* 20, 104-122.

Zelnick, L. & Buchholz, E.S. (1990): The concept of mental representations in light of recent infant research. *Psychoanalytic Psychology* 7, 29-58.
Zimmermann, F. (1989): Optische Anschauungsbilder als Gegenübertragungsphänomene. *Forum der Psychoanalyse* 5, 237-248.

Namenregister

Sachregister